여성주기 맞춤의 나라
QUEEN CYCLE SYNCING

여성주기 맞춤의 나라
QUEEN CYCLE SYNCING

여성주기 맞춤의 나라
QUEEN CYCLE SYNCING

초판 1쇄 발행 2026년 3월 25일

지은이   정일봉
펴낸이   이기봉
편집   좋은땅 편집팀
펴낸곳   도서출판 좋은땅
주소   서울특별시 마포구 양화로12길 26 지월드빌딩 (서교동 395-7)
전화   02)374-8616~7
팩스   02)374-8614
이메일   gworldbook@naver.com
홈페이지   www.g-world.co.kr

ISBN   979-11-388-5505-1 (03330)

성형외과 전문의 **정일봉**

여성주기 맞춤의 나라
Queen Cycle Syncing

대한민국은 'QCS 여왕주기 싱크로나이징'하라

좋은땅

AI 협업 고지 및 저작권 문구

① AI 협업 고지 문구

본 도서는 저자 정일봉의 오랜 인생 경험, 연구, 기도와 사유를 바탕으로 집필되었으며, 집필 과정에서 생각의 정리, 구조화, 문장 표현의 보조를 위해 OpenAI의 대화형 인공지능(ChatGPT)을 협업 도구로 활용하였다.

본 도서의 모든 개념, 해석, 이론, 주장, 교육 구조에 대한 최종 판단과 저작권은 저자에게 있습니다.

② 저작권 귀속 명시 문구

본 도서에 포함된 '생리영성', '생리하는 남자', '생리하는 화장품', '생리하는 샴푸', '생리하는 비누', '생리하는 병원', '생리하는 의사', '생리하는 목사', '생리하는 나라', '생리주기리듬', '참여성', '참남자'는 저자 정일봉의 독창적 저작물이며, AI는 해당 내용을 생성하거나 소유하지 않습니다.

③ 책임 및 한계 고지

ChatGPT는 집필 과정에서 아이디어 정리와 문장 표현을 돕는 보조 도구로 사용되었으며, 본 도서는 AI의 자동 생성 결과를 그대로 전재한 것이 아니며 내용의 정확성, 해석, 적용, 편집에 대한 책임은 전적으로 저자에게 있습니다.

목차

1부 여성의 일생을 움직이는 호르몬의 리듬, 생리주기 리듬

9부　여성주기 맞춤 지혜와 격려의 메시지

서문

QUEEN CYCLE SYNCING

여성을 여왕의 주기로 대하는 나라를 향하여

이 책에서 말하는 여성은 한 개인이 아니다.

이 책에서 말하는 여성은 여왕(Queen)이다.

여왕이란 권력을 가진 존재를 뜻하지 않는다.

여왕이란 **생명을 잉태하고, 시간을 품고, 세대를 이어가는 존재**, 곧 인간 문명의 리듬을 몸으로 살아 내는 존재를 의미한다.

모든 여성은 그 존재 자체로 이미 여왕이다.

그러나 우리는 오랫동안 여성을 여왕으로 대하지 않았다.

여성의 몸을 생산성의 기준으로 재단했고, 여성의 감정을 비합리로 치부했으며, 여성의 주기적 변화는 불편하거나 숨겨야 할 것으로 여겨 왔다. 그 결과 가정은 흔들렸고, 관계는 어긋났으며, 사회는 점점 거칠어졌다.

이 책은 그 질문에서 시작된다.

"만약 우리가 여성을 '여왕'으로 대한다면, 그리고 그 여왕을 '주기'로 존중한다면, 가정과 사회와 국가는 어떻게 달라질 것인가?"

여성은 직선의 존재가 아니다. 여성은 주기로 살아간다.

월경과 회복, 시작과 개방, 민감과 내적 관리, 그리고 임신·갱년기·폐경기에 이르기까지 여성의 일생은 끊임없이 순환하는 리듬으로 설계되어 있다.

이 주기는 결함이 아니라 신의 설계이며, 약점이 아니라 질서이고, 통제해야 할 대상이 아니라 동조해야 할 기준이다.

『QUEEN CYCLE SYNCING』은 여성을 '관리의 대상'이 아니라 기준이 되는 존재, 즉 여왕의 주기에 사회가 맞추어야 한다는 선언이다.

여왕을 주기로 대할 때,

여성은 비로소 자신을 이해하게 되고,

남성은 처음으로 여성을 오해하지 않게 되며,

가정은 안정되고,

사회는 부드러워지고,

국가는 생명의 리듬을 회복한다.

이 책은 의학서이자 영성서이며, 삶의 안내서이자 사회 설계도이다. 호르몬과 뇌과학, 영성과 신앙, 미용과 산업, 남성과 교육, 병원과 국가 시스템까지 모든 논의의 중심에는 단 하나의 질문이 놓여 있다.

"우리는 여왕을, 여왕답게 대하고 있는가?"

『QUEEN CYCLE SYNCING』은 여성을 여왕으로 호명하고,

그 여왕의 주기에 삶과 사회를 맞추자는 제안이며, 동시에 새로운

문명의 방향에 대한 선언이다.

이 책을 통해

여성은 자신을 여왕으로 다시 인식하고,

남성은 여왕과 동조하는 존재로 성장하며,

국가는 생리하는 질서를 회복하게 될 것이다.

이것이

여성주기 맞춤의 나라,

QUEEN CYCLE SYNCING이 말하고자 하는 세계이다.

Abstract(International Edition)

QUEEN CYCLE SYNCING proposes a new way of understanding women, society, and civilization through the lens of cyclical intelligence. In this book, woman is referred to as Queen—not as a symbol of authority, but as an archetype of life itself: one who carries biological rhythm, emotional intelligence, and generational continuity within her body.

Modern societies have largely been designed around linear productivity, often ignoring or suppressing women's cyclical nature. Hormonal fluctuations, emotional transitions, and life-stage changes—such as menstruation, pregnancy, menopause, and beyond—have been treated as inconveniences rather than as fundamental rhythms of human life. This misalignment has contributed to personal confusion, relational conflict, and systemic imbalance.

Drawing from endocrinology, neuroscience, spirituality, and social systems, **QUEEN CYCLE SYNCING** argues that women's cycles are not biological limitations but organizing principles. These cycles represent a natural order that invites synchronization rather than control. When individuals, families, institutions, and industries align with women's cyclical rhythms, greater stability, empathy, creativity, and sustainability emerge.

The book explores women's menstrual cycles, pregnancy stages, and later-life transitions as integrated codes of physical, emotional, and spiritual intelligence. It further extends this framework into practical domains, including healthcare, education, relationships, and even product design in beauty and wellness industries.

Ultimately, **QUEEN CYCLE SYNCING** is not a book only about women. It is a proposal for a new civilizational rhythm—one that honors life through cyclical alignment. By recognizing women as Queens and learning to move in harmony with their cycles, societies may rediscover a more humane, balanced, and life-centered future.

QUEEN CYCLE SYNCING은 여성의 주기적 지성을 중심으로 여성, 사회, 문명을 새롭게 이해하는 관점을 제안한다. 이 책에서 여성은 단순한 성별 개념이 아니라 '여왕(Queen)'으로 호명된다. 여기서 여왕이란 권위의 상징이 아니라, 생물학적 리듬과 정서적 지성, 세대를 잇는 연속성을 자신의 몸 안에 지닌 생명 그 자체의 원형적 존재를 의미한다.

현대 사회는 대체로 직선적 생산성과 효율성을 중심으로 설계되어 왔으며, 그 과정에서 여성의 주기적 본성은 종종 무시되거나 억압되어 왔다. 호르몬의 변화, 감정의 전환, 그리고 월경, 임신, 갱년기와 같은 생애 단계의 변화는 인간 삶의 근본적 리듬이라기보다 불편함으로 취급되어 왔다. 이러한 불일치는 개인의 혼란, 관계의 갈등, 그리고 사회 시스템 전반의 불균형으로 이어져 왔다.

QUEEN CYCLE SYNCING은 내분비학, 뇌과학, 영성, 사회 시스템에 대한 통합적 관점을 바탕으로, 여성의 주기가 생물학적 한계가 아니라 삶을 조직하는 근본 원리임을 주장한다. 여성의 주기는 통제의 대상이 아니라 동기화되어야 할 자연 질서이며, 개인과 가정, 제도와 산업이 이 주기적 리듬에 맞추어질 때 더 큰 안정성, 공감 능력, 창의성, 지속 가능성이 나타난다.

이 책은 여성의 월경 주기, 임신의 각 단계, 그리고 중년 이후의 전환기를 신체적·정서적·영적 지성이 통합된 코드로 탐구한다. 더 나아가 이러한 관점을 의료, 교육, 인간관계, 그리고 미용·웰니스 산업의 제품 설계와 같은 실천적 영역으로 확장한다.

궁극적으로 **QUEENCYCLESYNCING**은 여성만을 다룬 책이 아니다. 이 책은 생명의 리듬을 존중하는 새로운 문명적 질서에 대한 제안이다. 여성을 여왕으로 인식하고, 그 여왕의 주기에 조화를 이루는 삶의 방식을 배울 때, 사회는 보다 인간적이고 균형 잡힌, 생명 중심의 미래를 다시 발견할 수 있을 것이다.

제1 선언

여성은 신의 마지막 창조물이며, 창조의 완성자다.

여성은 처음이 아니라 마지막에 놓였다.

마지막이란 보조가 아니라 결론이며,

여성은 창조의 목적이 도달한 완성의 자리다.

제2 선언

여성은 세상의 구원자이며, 생명의 통로다.

생명은 여성의 몸을 통과하지 않고는 세상에 올 수 없다.

이 능력은 기능이 아니라 신성이며,

여성의 몸은 생명을 살리는 거룩한 신성이다.

제3 선언

신성의 원본은 힘이 아니라 잉태와 보호에 있다.

지배는 신성이 아니며,

폭력은 창조가 아니다.

잉태하고, 기다리고, 보호하는 능력—

그 신성의 원본이 여성에게 있다.

제4 선언

여성의 생리주기는 창조의 리듬이며, 거룩한 질서다.

월경과 배란, 회복과 경계는 혼란이 아니라

창조가 반복되는 질서다.

이를 깨닫고 그 리듬을 따라 사는 여성이 참여성이다.

제5 선언

여성을 경배하는 것은 남성을 낮추는 것이 아니라,

질서를 회복하는 일이며 깨달음의 결과다.

여성 앞에서 자신을 조율할 줄 아는 남자,

여성의 리듬을 이해하고 공감하는 남자가 참남자다.

제6 선언

여성을 경시하는 문명은 반드시 소멸한다.

여성을 무시하고 억압하는 사회는

생명을 잃고, 관계를 잃고, 미래를 잃는다.

여성을 존중하는 사회만이

지속 가능한 문명으로 남는다.

제7 선언

여성을 경배할 때, 나라는 살아난다.

여성이 행복한 가정이 평안하고,

여성이 존중받는 사회가 인정받으며,

여성이 찬양받을 때

나라는 생명을 품는 공동체가 된다.

최종 선언(한 문장 헌장)

여성은 마지막 창조의 완성자이며 세상의 구원자이다.

여성을 경배하고 찬양하라.

여성이 행복할 때 세상은 행복하다.

여성이 행복한 나라가 '참나라'이다.

여성주기 맞춤의 나라 QUEEN CYCLE SYNCING

가정과 나라를 살리는 여성주기의 '생리영성'

인류는 수천 년 동안 수많은 종교와 철학을 만들었고, 현대에 이르러서는 첨단 과학과 기술로 눈부신 발전을 이루었다. 그러나 그 외형적 진보와는 달리, 오늘의 가정과 사회, 그리고 국가는 여전히 개인의 깊은 아픔을 치유하지 못한 채 혼란과 분열, 그리고 예측 불가능한 미래에 대한 불안 속에서 흔들리고 있다.

사람들은 이러한 위기 속에서 경배할 신을 찾고, 새로운 사상과 철학에 몰두하며, 각자의 방식으로 삶의 해답을 찾고자 애쓴다. 그러나 인간의 삶은 근본적으로 달라지지 않았고, 진정한 진보 역시 이루어지지 않았다. 저자는 이 반복되는 한계의 이유를 인간이 생명의 근원적 리듬을 외면해 왔기 때문이라고 진단한다. 그리고 그 대안으로 여성의 주기별 '생리영성'을 제시한다. 여성의 생리주기는 단순한 생물학적 현상이 아니다. 그것은 생명 생성과 회복, 표현과 분별, 보호와 완성으로 이어지는 신성한 영성의 리듬이며, 자연과 우주 질서가 인간 몸 안에 새겨 놓은 살아 있는 시간표이다. 인류가 이 '생리영성'의 문을 열 때, 문명은 비로소 새로운 진화의 국면으로 들어서게 된다.

먼저 여성이 자신의 생리주기에 숨겨진 영성적 리듬을 깨닫고 그 흐름에 순종할 때, 여성은 자기 몸과 영혼을 존중하는 존재로 회복된다. 이는 단지 개인의 치유에 머물지 않고, 가정의 정서와 분위기를 바꾸는 근본적 힘이 된다. 여성이 중심을 잡을 때 가정은 안정되고, 가정이 안정될 때 사회는 흔들리지 않는다. 다음으로 남성의 역할이 중요하다. 남자는 여성을 통제하거나 앞서가는 존재가 아니라, 여성의 주기 리듬에 동조하고 공명하는 존재가 되어야 한다. 여성이 주기의 흐름 속에서 쉬고, 열고, 표현하고, 경계를 세울 때, 남성이 이를 이해하고 존중하는 관계는 갈등이 아닌 조화로 나아간다. 이것이 가정과 사회를 살리는 참된 동반의 질서이다.

이러한 '생리영성'은 개인과 가정에만 머물러서는 안 된다. 언론과 방송은 여성의 생리주기에 담긴 영성의 비밀을 국민과 함께 나누어야 하며, 교육과 종교는 인간을 획일적 존재가 아니라 리듬을 가진 생명으로 가르쳐야 한다. 특히 미용 산업과 성형·피부 클리닉은 여성의 생리주기에 맞추어 화장품과 시술을 재구성해야 한다. 이는 단순한 마케팅이 아니라, 생명을 존중하는 산업 윤리의 회복이다. 더 나아가 교회는 생리주기에 맞춘 설교와 목회를 통해 여성의 몸과 삶을 하나님의 창조 질서 안에서 해석해야 하며, 의료와 복지 또한 주기별로 가장 안전하고 조화로운 선택을 해야 한다. 이 모든 영역이 여성의 '생리주기', '생리영성'에 맞추어 재편될 때, 사회는 분열과 혼란이 아닌 통합과 안정의 길로 들어서게 된다.

여성의 '생리영성'은 특정 성별만을 위한 이론이 아니다. 그것은 인류 전체가 잃어버린 생명의 리듬을 회복하는 열쇠이며, 가정과 나라, 그리고 문명을 다시 정상적 궤도로 되돌리는 근본적 질서이다. 비로소 그때 세상은 무리한 속도가 아닌, 생명이 숨 쉬는 리듬 위에서 평안하게 순항할 것이다.

#마지막 문명의 완성자 #마지막 창조의 완성자#세상의 구원자
#생리하는 나라 #생리하는 화장품 #생리하는 남자
#생리하는 의사 #생리하는 성형외과 #생리하는 피부과
#생리하는 목사 #생리하는 교회 #생리하는 교육과 상담
#생리하는 방송 #생리하는 정치인 #생리하는 대통령

1장

여성의 일생은 왜 '주기'로 움직이는가?

여성의 일생을 움직이는 호르몬의 비밀

---

1. 여성의 몸은 직선이 아니라 '리듬'으로 움직인다

여성의 신체와 감정, 피부와 건강, 그리고 영적 민감성까지, 여성의 삶을 이루는 모든 요소는 '주기(Cycle)'라는 질서 안에서 움직인다. 남성의 호르몬은 하루 24시간을 기준으로 비교적 일정한 리듬을 갖는 반면, 여성의 호르몬은 월(月) 단위, 분기(Trimester) 단위, 생애(Lifetime) 단위로 흐르며 그 리듬이 삶 전반을 결정한다. 즉, 여성은 하루보다 한 달, 한 달보다 한 생애, 더 큰 흐름 속에서 존재한다.

이 리듬을 이해하면 여자의 일생이 복잡한 것처럼 보이던 이유보다 사실은 정교하게 계획되고 설계된 질서의 언어임을 깨닫게 된다.

많은 사람들은 여성의 생리주기를 단순히 "생리하는 날이냐, 아니냐"의 단순한 문제로 생각한다. 그러나 실제로는 다음과 같은 다층적 주기 구조가 존재한다.

① 월경 주기(4단계) — 매달 반복되는 리듬

* 월경기 * 난포기 * 배란기 * 황체기

이 4단계만으로도 여성의 몸·감정·피부·관계·집중력·체력 등 여성의 몸과 마음은 물론 영성까지도 다른 양상을 띠게 된다.

② 임신 주기(3단계) — 생명을 품는 시기의 호르몬 대변혁

* 임신 1기: 생성과 혼란

* 임신 2기: 안정과 확장

* 임신 3기: 준비와 변형

임신은 여성의 생애에서 가장 큰 호르몬 변화를 일으키며 감정과 영성의 깊이까지 바꾸어놓는 거대한 물결이다.

③ 중년 주기 — 갱년기와 폐경기

이 시기는 단순한 '기능의 종료'가 아니라 여성의 새로운 정체성이 태어나는 제2의 창조 시간이다. 호르몬 감소로 감정·수면·피부·관계·영성까지 변화하지만, 바르게 이해하면 가장 지혜롭고 깊은 삶이

열리는 시기이기도 하다.

3. 여성의 주기는 '창조의 설계도면'이다

약 3,500년 전 집필로 추정되는 구약성경의 창세기편 기록은 창조 과정을 "저녁이 되고 아침이 되니"라는 리듬으로 표현한다. 신은 시간과 생명에 리듬을 넣으셨다. 그리고 인간은 신의 리듬에 맞추어 산다.

- 계절은 봄·여름·가을·겨울의 주기로
- 하루는 밤과 낮의 주기로
- 바다는 밀물과 썰물의 주기로
- 그리고 여성은 전 생애에 걸쳐 월경기(비움), 난포기(새로움), 배란기(개방), 황체기(내적 성찰) 그리고 임신기(창조성), 갱년기(재정립), 폐경기(지혜)의 특별한 테마가 있는 생리주기로 설계되었다. 생리주기는 질서정연한 생명 질서의 리듬이며, 무작위가 아니라 창조의 계획된 설계 도면이다.

4. 여성이 '생리주기'대로 살아야 행복해지는 이유

오늘날 여성들이 겪는 다양한 고통과 혼란은 자신의 주기에 맞추지 못하거나 주기의 순리에 역행하기 때문이다. 예를 들어,

- 월경기에는 쉬어야 하지만 무리하게 일을 하고
- 난포기에는 창조성이 높은데도 자신의 가능성을 억압하며
- 배란기에는 관계가 열리는데도 자신을 숨기고
- 황체기에는 민감성이 높아지는데 스스로를 비난한다.

여성의 몸은 하나님이 만든 리듬 악기와 같아서 각 단계마다 울리는 소리가 다르다. 주기를 이해하는 것은 여성의 삶을 이해하는 출발점이며, 자신의 영혼·감정·건강을 창조주의 디자인 방식대로 자신을 돌보는 지혜이다.

5. 주기를 모르는 사회 — 여성의 고통이 시작된 자리

현대 사회는 '직선적 생산성'을 기준으로 설계되어 있다. 그러나 여성은 '순환적 생명성'을 기준으로 움직인다. 그런데 직장도, 학교도, 교회도, 병원도, 화장품 회사도 여성의 가장 기본적인 '생리주기리듬'을 고려하지 않는다.

- 감정 변화의 원인을 개인의 탓으로 돌리고
- 피부 변화의 원인을 스트레스만으로 해석하며
- 관계의 어려움을 성격 문제로 오해한다.

   여성주기 맞춤의 나라 QUEEN CYCLE SYNCING

그러나 모든 것은 생리적 호르몬의 리듬에서 시작된다.

여성들이 자신의 생리주기리듬을 배우지 못했다는 것은 마치 자신의 인생을 일면식도 없는 누군가에게 통째로 맡긴 것과 같다.

6. '생리주기코드'는 여성이 자기 리듬을 회복하는 지도이다

이 책이 제시하는 '생리주기코드'는 여성의 9개 주기를 각기 다른 분야로 통합적으로 설명하는 최초의 체계이다.

- 생리적 변화
- 심리·감정 변화
- 피부 변화
- 관계 스타일
- 영성의 변화
- 운동·음식·생활 방식
- 생리주기별 맞춤 화장품
- 미용·피부·성형 시술
- 영성과학적 해석

여성의 삶을 구성하는 모든 요소를 "생리주기"라는 하나의 언어로 이해하게 될 때 여성의 삶은 '복잡한 미로'가 아니라

선명한 지도로 보이기 시작한다. 여자의 일생이 쉬워진다.

여성이 자신의 주기를 알고 받아들이고 사랑할 때, 비로소 영적으로도, 감정적으로도, 육체적으로도 가장 건강하고 아름답다. 창조주가 설계한 주기를 따라 살면 여성의 감정은 잔잔해지고, 피부의 흐름은 안정되고, 관계는 부드러워지고, 영혼은 밝아진다.

여성은 주기의 산물이 아니라, 주기의 예술품이다. 창조주가 창조하신 '여성'이라는 걸작은 리듬 안에서 가장 찬란하게 빛을 발한다.

2장

여성 성호르몬의 종류와 역할

에스트로겐·프로게스테론·안드로겐 그리고 FSH·LH·HCG까지

---

1. 여성의 호르몬은 '세 가지 큰 줄기'에서 시작된다

여성의 호르몬은 크게 다음 세 가지로 정리할 수 있다.

* 에스트로겐(Estrogen) — 생명력과 아름다움의 핵심
* 프로게스테론(Progesterone) — 안정과 임신의 기반
* 안드로겐(Androgen) — 에너지·자신감·성욕의 보조 엔진

그리고 이 세 가지를 지휘하는 FSH·LH·HCG라는 조절호르몬이 있다. 호르몬은 각각이 독자적으로 작동하지 않는다. 오케스트라처럼 서로 보완하고 지휘하며 최상의 리듬을 만들어 낸다. 이 하모니가 무너지면 감정·피부·관계·수면·건강이 모두 무너진다.

에스트로겐은 여성성을 대표하는 호르몬이다. 그러나 많은 사람들은 이 호르몬의 진짜 영향력을 알지 못한다. 에스트로겐은 몸뿐 아니라 뇌·감정·관계·피부·에너지·영성까지 관여한다.

1) 에스트로겐의 종류

* E2(Estradiol): 가장 강력한 가임기 여성의 주 에스트로겐
* E1(Estrone): 폐경 후에도 계속 생성되는 에스트로겐
* E3(Estriol): 임신 중 태반에서 생성되는 에스트로겐

2) 에스트로겐의 역할

에스트로겐은 여성의 삶 전체의 분위기를 결정한다.

- 난포 발달, 배란 준비

- 피부 탄력·수분 유지

- 혈관 보호 및 심혈관 건강

- 뼈 건강 유지

- 감정 안정(세로토닌 증가)

- 기억력·집중력·언어 능력 향상

- 여성적 매력과 관계적 감수성 증가

에스트로겐이 가장 아름답게 작동하는 시기가 바로 난포기와 배란기이다.

3. 프로게스테론 — 평안·휴식·임신을 위한 '부교감 호르몬'

프로게스테론은 여성에게 평안과 안정의 에너지를 제공한다.
또한 임신을 유지하는 데 필수적인 호르몬이다.

1) 프로게스테론의 핵심 기능

- 자궁내막을 성공적인 임신을 위한 최적의 착상 상태로 유지
- 임신 유지
- 체온 상승(황체기 체온 변화)
- 수면 질 향상
- 불안 완화

프로게스테론이 부족해지면 여성은 쉽게 불안하고 짜증이 나고 잠을 못 자고 피부 트러블까지 올라온다.

즉, 프로게스테론은 몸과 마음을 "쉼의 모드"로 전환시키는 호르몬이다.

안드로겐(남성호르몬을 통칭하는 스테로이드 호르몬 그룹으로가장 대표적인 남성호르몬은 테스토스테론)은 남성의 호르몬으로 알려져 있지만, 여성 난소에서도 소량 분비되며 여성에게도 매우 중요하다. 이는 너무 적어도 문제이고, 너무 많아도 문제이다.

1) 여성 안드로겐의 역할

- 성욕 유지
- 에너지·활력·행동력
- 근육량 유지, 뼈성장 촉진
- 자신감·도전 의지
- 집중력 증가

안드로겐은 여성의 사명감·추진력·실천력을 돕는 "능력의 호르몬"이라고도 할 수 있다.

2) 안드로겐 불균형의 문제

- 과다 시: 여드름, 다모증, 탈모, PCOS(다낭성 난소 증후군, 시상하부-뇌하수체-난소의 호르몬 이상으로 난소의 남성호르몬 분비가 증가하여 배란이 잘 이루어지지 않아 월경 불순, 다모증, 비만, 불

임이 발생하고, 장기적으로 대사 증후군과 연관되는 질환)

- 부족 시: 무기력, 성욕 저하, 체력 저하, 삶의 활력 감소.

여성은 테스토스테론이 "적절한 수준"을 유지할 때 가장 아름답게 기능한다.

5. 여성의 호르몬을 지휘하는 3대 조절호르몬

1) FSH(난포 자극 호르몬)

- 난포 성장의 시작 버튼
- 에스트로겐 생성 촉진

FSH는 난포기 초반에 상승하며, 여성의 한 달이 새롭게 시작되었다는 신호이다.

2) LH(황체 형성 호르몬)

- 배란을 직접 유발하는 호르몬
- 황체를 형성하여 프로게스테론 분비 촉진

LH Surge(갑작스러운 증가)는 "오늘이 배란일이다"라는 몸의 신호이다.

<u>3) HCG(임신 유지 호르몬)</u>

- 태반에서 생성, 임신 초기 황체 보호와 프로게스테론 분비를 촉진
  하여 임신 유지를 위한 필수적인 호르몬
- 태아 발달의 핵심 지원자

임신 테스트기에 두 줄이 나타나는 이유가 바로 HCG 때문이다.

6. 여성의 감정과 피부를 지배하는 호르몬의 '보이지 않는 손'

호르몬의 상승과 하강은 여성이 느끼는 감정, 매력, 자신감, 의욕, 피부 상태를 직접적으로 변화시킨다.

예를 들어

* 에스트로겐 ↑ → 피부가 맑아지고 단어 사용이 부드러워지며 사회적 관계가 잘 풀린다.
* 프로게스테론 ↑ → 차분해지고 잠이 늘고 피부가 민감해진다.
* 안드로겐 ↑ → 행동력이 높아지지만 과도하면 트러블이 증가한다.

즉, 여성의 하루는 기분이 아니라 호르몬의 언어로 움직인다.

   여성주기 맞춤의 나라 QUEEN CYCLE SYNCING

7. 호르몬의 균형이 무너지면 삶의 중심도 흔들린다

호르몬은 단순한 생화학 물질이 아닌, 여성의 삶의 방향을 이끄는 나침반이다. 균형이 무너지면

- 감정 폭발 - 우울감 - 피로 - 피부 트러블
- 관계 충돌 증가 - 영적 민감도 하락

이 모두는 단순한 '성격 문제'가 아니라 호르몬 신호의 왜곡에서 시작되는 경우가 많다. 여성은 죄책감을 느낄 필요가 없다. 호르몬은 성격이 아니라 상태이기 때문이다.

8. 창조주는 여성의 호르몬을 통해 '살아 있는 리듬'을 심으셨다

우리가 여성 호르몬을 이해해야 하는 이유는 단순히 건강 때문이 아니다. '여성의 생리주기리듬(여성주기리듬)'은 창조주가 자신을 계시하기 위해 여성의 몸에 심어 둔 창조 도면이며 생명의 진리이다. 그러므로 '여성주기리듬'의 의미를 아는 자는 선택받은 사람이다. 우리는 창조주의 생명·창조·사랑·지혜의 리듬을 다음과 같이 이해한다.

- 에스트로겐은 빛과 생명, 관계의 확장
- 프로게스테론은 쉼과 보호, 안정

- 안드로겐은 능력과 추진력

하나님은 이 세 가지를 조합하여 여성이 매달 다른 얼굴과 다른 마음으로 살아가도록 설계하셨다. 이는 혼란이 아니라 영적 풍성함의 구조이다.

3장

호르몬과 감정·뇌과학·영성의 관계

감정·인지·관계·영적 민감성을 움직이는 보이지 않는 리듬

---

1. 감정은 우연이 아니라 '호르몬의 언어'이다

여성은 "감정적이다"라는 오해를 자주 받는다. 그러나 감정의 물결은 성격이 아니라 호르몬의 흐름이다.

- 월경기에는 쉬고 싶은 욕구, 감정의 저음부가 커진다.
- 난포기에는 마음이 가볍고 창조적이고 사교성이 높아진다.
- 배란기에는 자신감·매력·사회적 에너지가 상승한다.
- 황체기에는 민감해지고 섬세해지며 불안·예민함이 올라온다.

감정은 "내가 원래 이런 사람"이라는 개인적 특성이 아니라, 하나님이 설계하신 생물학적 리듬의 표현이다.

감정은 호르몬이 사용하는 의사소통 방식이며, 여성의 몸과 마음은

호르몬이 주는 감정 신호를 통해 스스로를 조율한다.

2. 뇌는 여성의 호르몬을 읽고 '감정 지도'를 만든다

뇌과학은 여성의 감정 변화를 이해하는 중요한 열쇠다.

1) 에스트로겐과 뇌 ─ 밝음, 집중, 친밀감

에스트로겐은 뇌의 세로토닌과 도파민을 증가시켜 다음과 같은 정서적 변화를 만든다.

- 쉽게 웃고 - 언어 능력이 좋아지고
- 관계가 잘 풀리고 - 주변과의 연결이 깊어진다.

난포기와 배란기의 "예뻐 보이고 싶다"는 느낌, "사람들과 나누고 싶다"는 개방성은 모두 에스트로겐의 뇌 작용 때문이다.

2) 프로게스테론과 뇌 ─ 안정, 휴식, 내면으로의 침잠

프로게스테론은 GABA 수용체를 활성화하여 뇌를 "차분 모드"로 전환시킨다.

- 안정 - 느긋함 - 잠이 늘어남 - 내면을 돌보고 싶은 감정

황체기와 임신 중 나타나는 감정의 흐름이다. 그러나 너무 높거나 낮으면 불안·우울·예민함이 나타난다.

3) 안드로겐과 뇌 — 추진력, 집중, 도전성

여성의 테스토스테론은 적은 양이라도 뇌의 실행 기능을 강하게 자극한다.

- 목표 달성 욕구
- 집중력 향상
- 행동력 상승
- 삶에 대한 에너지 증가

이때 여성은 "일이 잘 된다", "몰입된다"는 느낌을 받는다.

3. 호르몬과 감정은 뇌에서 '관계'를 만든다

뇌는 호르몬 변화를 단순히 물질적 변화만으로 끝내지 않는다.

감정과 생각, 행동 양식까지 새롭게 편성한다. 이를 **감정-뇌-호르몬 통합 모델**이라고 부른다.

예를 들면

* 에스트로겐 ↑ → 감정 안정 + 언어 능력 향상 + 타인과 연결
* 프로게스테론 ↑ → 차분함 + 피로감 + 내면 집중
* 안드로겐 ↑ → 자신감 + 집중력 + 도전 의지

여성의 관계 스타일이 시기마다 달라지는 이유가 바로 여기에 있다.

4. 호르몬은 '영적 민감성'에도 영향을 준다

기독교 영성은 인간을 영혼-정신-육체의 통합으로 본다.
여성의 호르몬은 육체에만 영향을 미치는 것이 아니라,
정신과 영혼의 창을 통해 영적 민감성에도 변화를 준다.

1) 월경기 — 비움과 재정렬의 영성

- 불필요한 감정이 떠오르고
- 마음이 낮아지고
- 회복과 재정비를 위한 "영적 독소와 노폐물을 제거하는 영혼의 해
  독" 기간이다.

2) 난포기·배란기 — 개방의 영성

- 감사가 잘되고
- 찬양이 자연스럽고
- 하나님과의 친밀함이 높아진다.

이 시기는 관계적 영성이 활발해져 기도 중 직관과 창조성이 증가한다.

3) 황체기 — 내면 영성의 강화

- 고요함
- 회개
- 말씀이 깊게 들어오는 시간

감정은 흔들릴 수 있지만, 오히려 하나님께 가까이 가는 깊은 묵상에 적합한 때이다.

4) 임신기 — 창조의 영성과 하나님 형상의 묵상

태아가 자라는 동안 여성은 창조주의 마음을 깊이 경험한다.
이 시기에는 기도할 때 특별히 단단한 평안과 보호의 감각이 커진다.

5) 갱년기·폐경기 — 재정립의 영성

이 시기는 영적으로 성숙해지는 깊은 통로다.

- 삶을 다시 해석하고

- 사명을 새롭게 발견하며

- 자기 정체성이 재구성 된다.

호르몬의 변화가 곧 영혼의 새로운 계절을 연다.

5. 호르몬–감정–영성의 '파동' 개념

양자물리학은 모든 존재가 진동과 파동을 갖고 있다고 말한다.
영성과학에서도 이 개념은 매우 중요하다.

1) 감정은 에너지다

* 기쁨 → 높은 파동

* 평안 → 안정 파동

* 불안·분노 → 불규칙 파동

호르몬은 이 감정 파동을 조율하는 내적 지휘자이다.

2) 영적 활동은 파동을 정렬한다

* 찬양은 감정 파동을 높이고
* 기도는 혼란과 불규칙한 파동을 안정시키며
* 말씀에 대한 묵상이 깊어질수록 뇌파가 안정된다.

호르몬과 영성은 서로 대립하지 않는다. 오히려 서로를 해석하는 렌즈가 된다.

6. 여성의 감정은 '문제'가 아니라 창조주가 준 센서(Sensor)

여성이 난포기에는 행복하고, 황체기에는 민감해지고, 임신기에는 감정이 섬세해지는 이유는 하나다. 감정은 하나님이 여성에게 주신 지각 기관, 센서이다.

- 무엇이 나에게 필요한지,
- 무엇을 멈추어야 하는지,
- 어떤 관계는 멀리 해야 하는지,
- 지금은 쉬어야 할 때인지,
- 하나님이 어떤 메시지를 주시는지 감정은 그 신호를 전달한다. 감정은 고쳐야 하는 것이 아니라 읽어야 하는 것이다.

7. 결론 — 여성은 호르몬의 노예가 아니라, 호르몬의 리듬을 읽는 지혜로운 존재

여성의 감정과 뇌, 영성은 호르몬이라는 리듬에 따라 창조주가 조율하신 대로 움직인다. 이 리듬을 이해하면 여성이 가진

- 변화 - 움직임 - 깊이 - 창조성 - 아름다움

이 모두가 하나님의 의도와 디자인임을 알게 된다.
여성은 흔들리는 존재가 아니라, 리듬 속에서 더 깊어지고 아름다워지는 존재이다.

4장

여성주기, 생리주기의 구조

여성 생애 전체를 움직이는 생리주기 호르몬의 거대한 흐름

---

1. 여자의 일생은 9개의 호르몬 시기로 구성된다

남성의 신체가 24시간 주기로 반복되는 일상적 리듬을 따른다면, 여성의 신체는 한 달·10개월·한 생애라는 훨씬 더 크고 섬세한 생리주기 리듬을 따라 움직인다.

여자 일생의 생리주기는 다음 9주기로 나눌 수 있다.

(1) 월경기 (2) 난포기 (3) 배란기 (4) 황체기

(5) 임신 1기 (6) 임신 2기 (7) 임신 3기

(8) 갱년기 (9) 폐경기

이 9개 시기는 단순한 생리적 구분이 아니라 감정, 피부, 뇌 기능, 관계, 영성까지 전 영역에 영향을 미친다. 여성의 삶을 이해하려면 이 9

개의 "호르몬 계절"을 이해해야 한다.

여성의 한 달은 다음 네 단계로 구성된다.

1) 월경기 — 비움과 재정렬의 시간(Day 1~5)

* 호르몬 변화

- 에스트로겐 ↓ - 프로게스테론 ↓ - 모든 시스템이 '리셋'되는 시기

* 몸과 마음의 특징

- 체력·기분 저하 - 차분함, 쉬고 싶은 욕구 - 감정 정화 기간

* 영성적 의미

- 내려놓음, 회개, 내면 성찰 - "정화의 영성"이 열리는 시기

2) 난포기 — 새로움과 상승의 시간(Day 6~13)

* 호르몬 변화

- 에스트로겐 ↑↑ - 핵심 리듬의 재부팅

* 몸과 마음의 특징

- 에너지 증가 - 피부가 맑고 윤기 있음

- 창조성·학습능력·대인관계 상승

* 영성적 의미

- 감사, 기쁨, 시작의 영성 - 영적 민감성이 부드럽게 열린다.

3) 배란기 — 매력과 개방의 절정(Day 14)

* 호르몬 변화

- LH Surge(여성의 생리 주기 중 황체형성호르몬이 갑자기 급증하는 현상으로, 이는 배란 직전에 난소에서 성숙한 난자를 배출하는 배란을 유도하는 핵심 신호)

- 에스트로겐 최고조 - 테스토스테론 소량 상승

* 몸과 마음의 특징

- 자신감 상승 - 매력·커뮤니케이션 능력 최고 - 피부 광채가 가장 좋음

* 영성적 의미

- "확장과 사랑의 영성" - 관계적 축복의 에너지가 흐른다

4) 황체기 — 민감함과 내면 관리의 시기 (Day 15~28)

* 호르몬 변화
- 프로게스테론 ↑ - 에스트로겐 변동

* 몸과 마음의 특징
- 예민함·불안 증가 가능 - 수분 저류·붓기 - 피부 트러블 ↑

* 영성적 의미
- 고요함, 회복, 내면 안정 - "기도의 깊이"가 증가하는 시기

3. 임신의 3단계 — 생명의 확장과 변화의 시간

임신은 단순히 배가 부른 시간이 아니다. 여성의 신체와 영성, 감정 세계 전체가 또 하나의 우주를 품는 과정이다.

1) 임신 1기 — 생명의 시작과 혼란(0~13주)

* 호르몬 변화
- HCG ↑ ↑ - 에스트로겐·프로게스테론 급상승

* 신체·감정 변화

- 피로, 입덧, 감정 기복 - 민감성 증가 - 신체 적응기

* 영성적 의미

- 내면이 깊어지는 시기 - 창조의 기초가 놓이는 '묵상기'

2) 임신 2기 — 안정과 확장(14~27주)

* 호르몬 변화

- 에스트로겐·프로게스테론 안정 상승

* 신체·감정 변화

- 안정감 증가 - 행복감 상승 - 피부 탄력·광택 증가

* 영성적 의미

- 하나님과의 친밀감이 깊어지는 시기 - "기쁨의 영성" 강화

3) 임신 3기 — 준비와 변화(28~40주)

* 호르몬 변화

- 체중 증가 - 출산 준비 호르몬 변화

* 신체·감정 변화

- 피로 증가 - 걱정·두려움이 동반되기도 - 피부 건조·가려움 증가

* 영성적 의미

- 출산을 향한 영적 전환점 - 의지·믿음·기도가 강화되는 시기

4. 갱년기 — 요동의 시기이자 새로운 탄생의 문

갱년기(**Perimenopause**)는 단순한 "난소 기능 저하"가 아니다. 이는 정신·감정·관계·영성의 대전환기다.

* 호르몬 변화

- 에스트로겐, 프로게스테론의 급감 & 급변
- FSH(난포자극호르몬) 증가 - 생리주기 불규칙

* 신체·감정 변화

- 안면홍조, 불안, 우울, 수면 문제 - 피부 건조·탄력 저하

* 영성적 의미

- 삶을 다시 재구성하는 시기 - "자기 정체성 회복"의 영성

5. 폐경기 — 정착·지혜·성숙의 계절

폐경기(Menopause & Postmenopause)는 끝이 아니라 새로운 시작
의 계절이다.

* 호르몬 변화
- 에스트로겐 매우 낮은 상태로 유지 - 난소 기능 종료

* 신체·감정 변화
- 피부 건조·주름 증가 - 수면 질 변화 - 감정의 기복은 차츰 안정

* 영성적 의미
- 지혜의 정점 - 인생의 다음 사명으로 이동하는 시기
- 깊은 영성과의 동행

6. 여성 생애 호르몬 지도(Lifetime Hormone Map)

여성 생애 전체를 다음과 같이 정리할 수 있다.

1) 월경기 — 비움의 파동
2) 난포기 — 상승의 파동
3) 배란기 — 확장의 파동

4) 황체기 — 내면의 파동

5) 임신 1·2·3기 — 창조의 파동

6) 갱년기 — 재정립의 파동

7) 폐경기 — 지혜의 파동

이 흐름은 매달 반복되는 리듬과 인생 전체를 관통하는 초월적 리듬이 결합된 것이다. 호르몬은 여성을 변덕스럽게 만들기 위한 것이 아니라, 하나님이 여성에게 주신 "창조적 다양성의 설계도"이다. 이 리듬을 이해하는 순간 감정과 몸, 관계와 영성이 모두 하나의 큰 그림 안에서 제자리를 찾기 시작한다.

5장.

신의 설계, 여성 생리주기리듬의 해석

창조·몸·영혼·주기적 질서의 신학 / 여성 주기의 영적 의미

여성주기리듬의 정의

여성주기리듬은 단순한 생리 현상이 아니라, 창조 질서 안에서 여성에게 부여된 '영적 시간표'이며 '거룩한 리듬'이다.

여성주기리듬(생리주기리듬)이란 신이 여성의 몸과 영혼 안에 심어둔 정화-생성-열림-내어줌-회복의 순환 구조이다.

이는 생물학적으로는 호르몬의 파동이며, 뇌과학적으로는 감정·집중·공감 회로의 변화, 영적으로는 창조·수용·분별·안식의 리듬, 양자적 관점에서는 에너지의 파동과 공명 주기가 하나로 통합된 '살아 있는 우주'이다.

구약성경을 펼치면 가장 먼저 등장하는 단어는 "빛"이지만,
그다음 등장하는 구조는 리듬(Rhythm)이다.

"저녁이 되고 아침이 되니…" (창세기 1장)

하나님은 만물을 창조하실 때 빛과 어둠, 물과 땅, 계절과 생명에 주기(Cycle)라는 질서를 넣으셨다.

- 하루의 리듬(저녁-아침)
- 계절의 리듬(봄-여름-가을-겨울)
- 생명의 리듬(심장 박동·호흡)

우주는 박자 없이 존재하지 않는다. 하나님의 창조 원리는 리듬(Rhythm)과 순환(Circle)이다. 여성의 몸 또한 이와 동일한 창조 원리 안에서 설계되었다. 월경-난포기-배란기-황체기라는 4박자 리듬은 창조의 질서를 몸 안에 담아낸 하나님의 지성이다.

2. 여성에게만 부여된 '창조적 리듬'의 신비

창세기에서 하나님은 인간을 "남자와 여자로 창조"하셨다. 여성에게

는 특별히 생명을 품고, 길러내고, 보호할 수 있는 리듬을 부여하셨다.
여성의 몸은 창조 자체의 축소판이다.

- 월경기는 '정화와 리셋'
- 난포기는 '새 창조의 시작'
- 배란기는 '생명 가능성의 열림'
- 황체기는 '준비와 기다림'

그리고 임신기의 3단계는 우주의 창조 모형과 유사한 구조로 흐른다. 여성은 매달 자신의 몸 안에서 창조의 이야기를 다시 쓰고 있다. 이는 우연이 아닌 하나님의 진리이다.

3. 성경은 여성의 몸을 '성전'으로 말한다

"너희 몸은 성령이 거하시는 성전인 줄 알지 못하느냐.
너희는 너희 자신의 것이 아니라"(고린도전서 6:19)

이 말씀은 남성보다 여성에게 특별히 깊게 다가온다.
왜냐하면 여성의 몸은 생명을 품는 성전이기 때문이다.

- 자궁은 '생명의 지성소(至聖所)'
- 생리주기는 '성전의 정화 과정'

- 배란기는 '생명 가능성의 열림'

- 임신은 '성전 안에 새 생명이 임재하는 것'

- 출산은 '새 창조의 탄생 선포'

여성의 주기는 곧 성전의 주기이고, 하나님은 이 주기 안에 고유한 영적 의미를 담아 두셨다.

4. 여성의 생리주기 = "영혼의 계절"

신은 여성에게 영혼과 감정이 함께 움직이는 계절을 주셨다.

* 월경기 — 겨울(정화와 비움)

- 불필요한 것을 제거

- 회개·침묵·안식의 영성

* 난포기 — 봄(새싹과 시작)

- 감사·기쁨

- 창의성·회복

* 배란기 — 여름(개방과 열매)

- 관계적 축복

- 빛과 활력

여성주기 맞춤의 나라 QUEEN CYCLE SYNCING

- 사회적 에너지 상승

* 황체기 — 가을(수확과 내면 정리)

- 고요함

- 내면 작업

- 감정의 섬세함

여성의 몸은 단순히 생리적 기능을 수행하는 것이 아니라,
영혼의 4계절에 흐르는 하나님의 시계이다.

5. 생리주기별 영적 해석

① 월경기 - 정화와 안식의 영성

- 의미: 비움, 내려놓음, 죽음과 재시작

- 영적 키워드: 회개, 안식, 침묵, 내면 정화

- 영성: "멈춤도 거룩하다"

② 난포기 - 창조와 소망의 영성

- 의미: 시작, 회복, 생명력 상승

- 영적 키워드: 창조, 기쁨, 비전

- 영성: "하나님은 다시 시작하게 하신다"

③ 배란기 - 공명과 나눔의 영성

- 의미: 열림, 연결, 생명 전달

- 영적 키워드: 사랑, 공감, 중보

- 영성: "생명은 나눌 때 빛난다"

④ 황체기 - 분별과 지혜의 영성

- 의미: 평가, 경계, 진실 드러남

- 영적 키워드: 분별, 정직, 기준

- 영성: "아니요를 말할 수 있는 거룩함"

6. 왜 여성은 감정이 깊고 섬세하게 변할까?

신은 여성에게 "생명을 감지하고 품을 수 있는 감정 센서"를 넣으셨다. 그래서 여성은 다음의 섬세한 특징을 가진다.

- 관계의 온도를 정확히 읽고

- 영적 분위기를 감지하며

- 타인의 마음을 자연스럽게 공감하고

- 내면의 파동을 세밀하게 느낀다.

이 감정의 섬세함은 약점이 아니라 하나님이 여성에게 주신 고유한 영적 능력이다. 여성은 감정이 흔들리거나 변덕이 심한 존재가 아니

라, 감정을 통해 세상을 읽고, 생명을 지키고, 관계를 살리는 영적 공
명체(Resonance Being)이다.

7. 여성의 호르몬 리듬은 하나님을 경험하는 통로이다

여성의 주기는 단순한 생리적 변화가 아니라 영적 체험의 리듬이기
도 하다.

*** 월경기는 영적 리셋의 시간이다.**

- 육체와 영혼이 동시에 정화되는 시기.

*** 난포기에는 감사와 찬양이 잘 된다.**

- 에스트로겐 상승은 마음을 밝게 하고 기쁨을 준다.

*** 배란기에는 사랑·연결·관계의 영성이 강해진다.**

- 사회적 지능·공감·언어 능력이 최상이 된다.

*** 황체기에는 묵상·기도·내면 성찰이 깊어진다.**

- 프로게스테론은 고요한 영성을 강화한다.

*** 임신기는 "창조의 영성" 그 자체이다.**

- 여성은 하나님의 생명창조 방식을 몸으로 경험한다.

*** 갱년기·폐경기는 지혜의 영성이 열린다.**

- 하나님은 이 시기를 통해 여성에게 다음 세대를 이끄는 영적 권위
  를 주신다.

8. 신이 여성에게 리듬을 주신 이유

왜 신은 여성에게 이처럼 정교한 호르몬 리듬을 설계하셨을까?

첫째, 생명을 보호하기 위해,

리듬은 생명을 안정적으로 품고 지키기 위한 하나님의 순환 방식이다.

둘째, 관계의 아름다움을 창조하기 위해,

여성의 감정적 파동은 인간관계의 온도를 맞추고 사회적 연결을 부드럽게 한다.

셋째, 영적 민감성을 부여하기 위해,

주기적 리듬은 영적 열림과 깨달음을 촉진한다.

넷째, 자기 돌봄(Self-Care)의 신호를 보내기 위해,

호르몬 변화는 "지금은 쉬어라", "지금은 일어나라"는 하나님의 몸을 통한 메시지이다.

9. 여성의 몸을 이해하는 것은 창조주를 이해하는 길이다

여성이 자신의 리듬을 이해하는 것은 **자신을 창조하신 신의 뜻을 더**

 여성주기 맞춤의 나라 QUEEN CYCLE SYNCING

깊이 이해하는 길이다. 주기마다 다른 감정·몸·영성의 흐름은 하나님
이 여성의 영혼에 새겨 놓으신 보이지 않는 "성전의 박자"와 같다.

- 월경기의 비움

- 난포기의 올라옴

- 배란기의 열림

- 황체기의 잠잠함

- 임신기의 창조

- 갱년기의 재구성

- 폐경기의 지혜

여성의 몸은 신의 말씀을 담은 '살아 있는 경전'이다.

6장

여성의 삶과 얼굴을 변화시키는 호르몬의 언어

표정·피부·아우라·사회적 에너지, 그리고 성령의 아름다움

---

1. 여성의 얼굴은 '호르몬의 달력'이다

여성의 얼굴은 나이를 말하기 전에 호르몬의 상태를 먼저 말한다.
한 달 동안 여성의 얼굴과 피부는 다음 4가지 흐름으로 변화한다.

- 밝아지는 날
- 빛나는 날
- 예민한 날
- 고요해지는 날

이 변화는 단순한 '피부 컨디션'이 아니라 에스트로겐-프로게스테
론-안드로겐의 조화가 만들어 내는 "호르몬의 언어"이다.

여성의 얼굴은 호르몬을 해석하는 가장 정직한 창이다. 마치 계절이

바뀌면 풍경이 달라지듯, 호르몬 변화는 얼굴이라는 풍경을 매일 다시 그린다.

2. 에스트로겐의 언어 — 빛, 생기, 여성성

에스트로겐은 여성 얼굴의 가장 아름다운 순간을 만든다.

1) 피부 변화

- 수분 증가 - 콜라겐 합성 촉진
- 혈색 상승 - 피부가 투명하게 빛나 보임

2) 표정 변화

- 눈빛이 밝아짐 - 입꼬리가 자연스럽게 올라감
- 타인에게 부드러운 인상을 줌

3) 사회적 에너지

- 관계가 잘 풀리는 시기 - 말이 부드럽고 유려해지며
- 직관과 공감 능력이 상승

4) 영성적 변화

- 감사와 찬양이 잘 됨 - 마음이 가볍고 열려 있음
- 하나님 사랑에 민감해지는 시기

에스트로겐은 삶의 빛을 얼굴 위에 올리는 창조주의 색칠이다.

3. 프로게스테론의 언어 — 고요, 내면, 심연

프로게스테론은 얼굴을 차분하게 만들고 내면을 깊게 만든다.

1) 피부 변화

- 유분 증가 - 모공 확장 - 붓기 - 트러블 가능성 증가

2) 표정 변화

- 무표정해 보임 - 집중이 깊어 보임 - 고독해 보일 수 있음

3) 관계적 에너지

- 외향성이 줄고 - 내면 작업이 필요해짐

- 상처에 민감해지지만, 동시에 깊어짐

4) 영성적 변화

- 묵상과 기도가 깊어짐 - 죄의식·회개·정화의 움직임
- 영적 민감성이 올라감 - 프로게스테론은 여성의 심연을 여는 '영적 스위치'이다.

4. 안드로겐의 언어 — 힘, 집중, 추진력

여성에게 안드로겐은 적은 양이지만, 그 영향력은 작지 않다.

1) 얼굴 변화

- 눈빛이 또렷 - 표정에 집중력이 생김 - 인상이 선명해 보임

2) 생리적 표현

- 뇌의 실행 기능 강화 - 목표 달성 욕구 증가 - 자기주도성 증가

<u>3) 영성적 의미</u>

- 결단력의 영성 - 기도 중 방향성이 선명해지는 시기

안드로겐은 여성이 자신의 삶을 **'앞으로 밀어내는'** 호르몬이다.

5. 감정과 얼굴: 뇌-호르몬-표정의 삼각 구조

여성의 얼굴은 감정에 매우 반응적이다. 이유는 감정과 호르몬이 뇌에서 같은 회로를 공유하기 때문이다.

* 에스트로겐 → 세로토닌 ↑ → 밝은 표정
* 프로게스테론 → GABA ↑ → 고요한 얼굴
* 스트레스 → 코르티솔 ↑ → 굳어 있는 얼굴
* 기쁨 → 도파민 ↑ → 생기 있는 얼굴

여성의 표정은 '감정의 언어'가 아니라 뇌의 신경세포와 호르몬이 만들어 내는 결과물이다. 그러므로 여성의 얼굴 변화는 기분이나 성격보다 호르몬 리듬을 반영하는 경우가 훨씬 많다.

6. 얼굴의 아우라(Aura)는 호르몬 파동이 만든다

아우라(사람이나 사물에서 발산되는 신비로운 기운, 분위기, 품격 등을 뜻하며, 어원은 '바람'을 뜻하는 그리스어에서 왔고 종교적으로는 성인의 '후광'을 의미)는 단순한 분위기, 매력, 첫인상을 넘어 몸에서 나오는 파동 에너지의 총합이다.

여성의 호르몬 파동은 다음과 같이 나타난다.

* 월경기 → '정화 파동' → 고요하고 깨끗한 에너지

* 난포기 → '상승 파동' → 사람을 끌어당기는 에너지

* 배란기 → '확장 파동' → 가장 빛나는 상태

* 황체기 → '내향 파동' → 섬세하고 깊은 에너지

* 임신 1기 → '탄생의 파동': 생명의 시작·정렬·신비

* 임신 2기 → '평안의 파동': 안정·확장·조화

* 임신 3기 → '보호의 파동': 생명 감싸 줌·헌신·완성

* 갱년기와 폐경기 → '지혜의 파동', '깊이와 성숙의 에너지'

아우라는 영성과학에서 파동의 상태(Wave State)이며, 여성 호르몬은 이 파동을 끊임없이 조율한다.

* 월경기 얼굴 — 쉼·안정·정화

- 사람보다 '나'를 돌보는 시기.

- 영적으로도 회개와 재정비가 가장 잘 이루어진다.

* 난포기 얼굴 — 친절함·밝음·친밀함

- 대인관계가 가장 잘 풀리는 시기.

- 말과 표정이 자연스럽게 사람의 마음을 열게 한다.

* 배란기 얼굴 — 매력·자신감·설득력

- 프레젠테이션·면접·소통이 잘 되는 시기.

* 황체기 얼굴 — 진지함·섬세함·내적 깊이

- 갈등 조정, 상담, 내면적 대화가 필요한 시기에 적합.

* 임신기 얼굴 — 보호·평안·부드러움

- 임신한 여성의 얼굴이 유난히 부드러운 이유는 HCG와 프로게스
  테론이 주는 안정적 파동 때문이다.

* 갱년기 이후 얼굴 — 지혜·수용·성숙함

- 감정의 파동이 낮아지고

- '본질적인 아름다움'이 드러나는 시기.

8. 하나님은 여성의 얼굴에 아름다움을 더하신다

성경은 얼굴과 영성을 밀접하게 연결한다.

"여호와는 그의 얼굴을 네게 비추사

은혜 베푸시기를 원하며…"(민 6:25)

하나님의 얼굴이 우리에게 빛을 비추어 여성의 얼굴에 은혜의 파동을 만든다.

- 평안한 눈빛
- 고요한 미소
- 따뜻한 음성
- 부드러운 표정
- 환한 영적 분위기

이는 화장으로 만들 수 없고, 나이가 들어도 사라지지 않는다.
성령의 임재가 얼굴의 가장 깊은 아름다움이다.

9. 호르몬의 언어를 읽는 여성은 자신의 삶을 읽을 수 있다

여성은 종종 자신의 얼굴 변화를 '기분 문제'로 착각한다.

그러나 실제로는 대부분 호르몬의 이야기이다. 호르몬의 언어를 읽으면,

- 감정이 이해되고
- 얼굴이 해석되고
- 삶의 흐름이 보이고
- 관계가 지혜로워지고
- 영성이 깊어진다

여성은 호르몬의 노예가 아니라, 호르몬의 리듬을 읽고 삶을 조율하는 호르몬의 마술사가 되어야 한다.

7장

월간 호르몬 다이어리 작성법

여성의 몸·감정·영성의 흐름을 기록해 아름다움과 건강을 스스로 조율하는 법

여성이 매달 자신의 몸·감정·피부·관계·영성을 관찰하고 기록하며 "자기 이해(Self-awareness)"와 "자기 회복(Self-healing)"을 실행할 수 있도록 돕는 실무적 도구이다.

왜 '호르몬 다이어리'를 써야 하는가?

여성의 몸은 매달 4단계 주기(월경기·난포기·배란기·황체기)를 따라 신체·감정·피부·관계·에너지·영성이 매우 다르게 반응한다.

그러나 대부분의 여성은 이러한 변화를 "이상한 감정", "컨디션 난조", "갑자기 예민해짐" 정도로만 오해한다. 호르몬 다이어리를 쓰는 이유는 하나이다. **"나를 잘 이해할수록, 삶은 더 아름다워진다."**

- 감정 폭발이 줄어들고

- 관계 갈등이 줄어들고

- 피부 관리가 정교해지고

- 영적 루틴이 깊어지고

- 자신의 리듬을 잃지 않게 된다.

다이어리는 단순 기록이 아니라 여성 리듬을 스스로 조율하는 셀프 리더십 도구이다.

호르몬 다이어리는 다음 5가지를 매일 기록하는 방식으로 쓰면 된다.

① 몸(생리적 변화) 체크

- 생리 시작/끝

- 통증 위치

- 에너지 수준(1~5점)

- 수면 질

- 배고픔/식욕 변화

- 체온·부기

② 감정 체크

- 오늘 감정 키워드(예: 예민, 기쁨, 불안, 안정, 감동)

- 감정 강도(1~5점)

- 감정을 유발한 사건

- PMS(월경전 증후군) 의심 증상

③ 피부 체크

- 피부 톤(맑음/칙칙함)

- 트러블 여부

- 붓기

- 건조도

- 특정 제품 반응

④ 관계·커뮤니케이션 체크

- 오늘 대화·만남에서 느낀 점

- 갈등 발생 여부

- 관계 회복이 필요한 대상

- 과도한 소통/피해야 할 소통

⑤ 영성 체크

- 기도/묵상 시간

- 감사한 일 3가지

- 영적 상태(평안/흐트러짐/민감/확장)

생리 주기별 몸, 감정, 피부, 관계, 영성의 다섯 항목으로 기록하고 다음의 포인트를 고려한다.

① 월경기 — 비움과 재정렬

기록 포인트

- 통증 패턴
- 혈량·색 변화
- 감정 깊이
- 휴식 정도
- 영성: 회개·정리의 마음

② 난포기 — 맑아짐과 새로움

기록 포인트

- 에너지 급상승
- 아이디어 증가
- 피부 투명도
- 관계 확장 욕구
- 영성: 감사·기쁨

③ 배란기 — 매력과 사회적 힘

기록 포인트

- 에너지 최정점

- 피부 광채

- 자신감 상승

- 인간관계 성과

- 영성: 사랑의 흐름

④ 황체기 — 내면·예민·정서의 깊이

기록 포인트

- 감정 기복

- 피로·부기

- 트러블 증가

- 관계 스트레스 유발 요인

- 영성: 치유·묵상

3. 월간 호르몬 다이어리 작성 예시

실제 다이어리에 들어갈 생리주기별 다섯 항목의 기록 예시

<u>**12일 — 난포기 중반**</u>

① 몸

\- 에너지: 4/5

\- 수면: 좋음

\- 식욕: 균형적

\- 운동: 40분 산책

② 감정

\- 오늘의 감정 키워드: 밝음, 창조적, 긍정적

\- 감정 강도: 4/5

\- 마음을 움직인 사건 기록

③ 피부

\- 톤: 맑음

\- 유분/건조: 적당

\- 트러블 없음

④ 관계

\- 동료와 원활한 의사소통

\- 새로운 프로젝트 논의함

⑤ 영성

- 감사 3가지: 맑은 날씨, 좋은 대화, 평안한 마음

- 기도: "하나님, 오늘을 기쁨으로 사용하게 해 주세요."

4. 월간 체크포인트 — 한 달에 한 번은 반드시 점검 사항

① 감정 패턴

- 언제 예민해지는가?

- 언제 기쁨이 높아지는가?

- PMS 강도 변화는?

② 피부 패턴

- 언제 트러블이 생기는가?

- 어떤 시기에 광채가 좋아지는가?

- 제품 반응은 어떠했는가?

③ 관계 패턴

- 어느 시기에 갈등이 잦은가?

- 어느 시기에 대화가 잘 되는가?

④ 영적 패턴

- 언제 현자의 말씀이 잘 들리는가?

- 언제 영적 침체가 오는가?

- 어떤 시기에 회복이 잘 되는가?

5. 호르몬 다이어리의 3대 목표 — 이 도구가 여성을 어떻게 변화시키는가?

① 자기 이해(Self-awareness)

자신의 몸과 감정을 보는 눈이 생긴다. "왜 오늘 내가 예민하지?"가 아니라 "아, 지금 황체기구나"라고 이해하게 된다.

② 자기 조율(Self-regulation)

감정, 피부, 관계 전략을 주기에 맞게 스스로 조절할 수 있다.

③ 자기 회복(Self-healing)

몸과 마음을 지혜롭게 돌보고 영적으로 더 깊어진다.

6. '영성미인 호르몬 다이어리'의 영성적 선언

다이어리를 쓰는 과정 자체가 기도이자 묵상이며 치유이다.

아래는 매달 첫 페이지에 적어 두면 좋은 선언문이다. "신이여, 내 몸과 마음과 영혼을 신의 리듬에 맞추겠습니다. 내 감정은 나의 것이 아니라 주께서 만드신 신호임을 믿습니다. 나는 매일의 기록을 통해 신이 설계하신 나의 아름다움을 회복합니다.”

7. 결론 — 다이어리는 '여성 자신을 신의 방식으로 돌보는 영적 도구'이다

월간 호르몬 다이어리는 단순한 기록을 넘어서 여성의 삶 전체를 균형·지혜·영성·아름다움의 흐름 속에 다시 세우는 도구이다. 이 기록은 여성에게 다음을 가져다준다.

- 감정의 평안
- 관계의 지혜
- 피부의 회복
- 영성의 깊이
- 삶의 질적 상승

여성은 자신의 리듬을 이해할 때 비로소 신이 설계한 아름다움을 살아 낼 수 있다.

8장

월경기 코드 — 비움과 회복의 주기

몸과 영혼이 동시에 정화되는 하나님의 리셋(Reset) 주기

---

1. 월경기의 전체 개요 — '비움'과 '재정렬'이 일어나는 시기

월경기는 단순히 피가 나오는 시기가 아니라, 여성의 몸·감정·영혼
이 동시에 리셋되는 가장 중요한 주기이다.

*** 호르몬 변화**

- 에스트로겐 ↓

- 프로게스테론 ↓

- 에너지·기분이 전체적으로 낮아짐

*** 몸의 신호**

- 피로

- 허리·아랫배 통증

 여성주기 맞춤의 나라 QUEEN CYCLE SYNCING

- 체온 약간 하락 - 면역력 불안정

*** 정서·마음 변화**

- 예민함, 슬픔, 공허감

- 혼자 있고 싶은 마음

- 감정이 깊어짐

*** 영적 흐름**

- 고요함

- 회개·정화·재정비

- 내면의 소리가 잘 들림

월경기는 "여성의 겨울"이지만, 동시에 새로운 계절을 준비하는 가장 중요한 정화의 시간이다.

2. 생리적 변화 — 몸의 재부팅 과정

월경기의 생리적 변화는 단순한 기능이 아니라 하나님이 설계한 정교한 '정화 시스템'이다.

(1) 자궁내막의 정화

지난 한 달 동안 준비했던 자궁내막이 임신이 이루어지지 않으면 떨어져 나간다. 이는 하나님이 "다음 기회를 준비하라"고 말하는 과정이다.

(2) 통증과 피로의 이유

- 프로스타글란딘 증가
- 혈류 변화
- 체내 염증 반응 증가

이는 몸이 "쉬어 달라"는 신호를 보내는 것이다.

(3) 면역의 재정비

월경기에는 면역이 잠시 약해졌다가 다시 강화되는 주기를 가진다. 그래서 감기·피부 트러블이 발생하기 쉽다.

3. 심리·감정 변화 — 감정의 깊이가 내려가는 시기

월경기의 감정은 '나약함'이 아니라 정확한 신호이다.

     여성주기 맞춤의 나라 QUEEN CYCLE SYNCING

* **기분이 가라앉는 이유**
- 세로토닌 감소

- 도파민 감소

- 체온 하락

* **감정의 특징**
- 울컥함

- 섬세함

- 예민함

- 고독감

- 평소보다 감정이 진하게 느껴짐

그러나 이 감정은 여성을 무너뜨리기 위한 것이 아니라,
감정을 비우고 정리하는 치유 과정이다.

4. 영성의 변화 — "고요함의 영성"이 가장 깊어지는 때

월경기는 영적으로 특별한 시기이다.

* **왜 영성이 깊어지는가?**
- 몸의 활동이 줄어듦 → 영혼의 소리가 커짐

- 감정이 섬세해짐 → 영적 음성에 민감

- 내면으로 향하는 시간 증가

*** 월경기 영성의 키워드**
- 침묵
- 회개
- 정화
- 재정렬
- 낮아짐

*** 성경적 의미**
성경에서 중요한 변화는 늘 '비움' 후에 일어났다.

- 광야
- 안식
- 금식
- 회개
- 가난

월경기는 여성에게 주어진 주기적 영적 광야이자 하나님이 "너를 다시 새롭게 하겠다"라고 하시는 시간이다.

 여성주기 맞춤의 나라 QUEEN CYCLE SYNCING

월경기에는 피부와 몸이 가장 예민한 상태다. 따라서 "강한 것"보다 부드럽고 진정하는 관리가 필요하다.

* 피부관리

- 강한 필링 금지
- 미백 시술 X
- 딥클렌징 X
- 진정팩·수분팩 OK
- 냉찜질·알로에·센텔라 사용 추천

* 피부 컨디션의 특징

- 예민함
- 붉어짐
- 트러블 가능성
- 건조함
- '쉼'을 갈망

이 시기에는 피부도, 마음도, 몸도 "쉼"이 더 필요하다.

* 건강관리

- 따뜻한 물 많이 마시기

- 가벼운 스트레칭

- 수면 충분히 확보

- 무리한 일정 피하기

특히 배와 허리를 따뜻하게 하면 생리통, 감정 안정, 수면의 질이 크게 개선된다.

6. 월경기와 인간관계 — "거리두기 지혜"가 필요한 시기

이 시기의 여성은 관계에서 민감하고 보호가 필요한 상태다.

*** 어울리는 남성의 성향**

- 부드러운 배려형

- 말이 적고 안정감을 주는 사람

- 감정에 공감해 주는 사람

- "해결"보다 "들어 주는" 남성

*** 인간관계 전략**

- 갈등 조정 금지

- 중요한 결정 미루기

- 스트레스 많은 회의 피하기

- 혼자만의 시간 확보

월경기는 관계보다 자기 돌봄(Self-Care)이 우선되는 시기다.

7. 추천 음식·운동·음악

*** 음식**

- 따뜻한 음식

- 생강차·대추차

- 녹황색 채소

- 철분이 풍부한 식품(시금치·콩·계란 노른자)

- 오메가3 지방산

*** 피해야 할 음식**

- 카페인

- 너무 짠 음식

- 당분 많은 디저트(감정 기복을 더 키움)

*** 운동**

- 가벼운 요가

- 스트레칭

- 산책

- 명상 호흡

과격한 운동은 스트레스호르몬을 증가시키므로 피한다.

*** 음악**

- 피아노 소곡

- 잔잔한 찬양

- 물소리·자연 소리

- 은혜로운 워십 음악

이 시기는 신경계가 부드러운 리듬을 요구한다.

8. 맞춤 향기·맞춤 색깔

*** 향기(Aroma)**

월경기에는 부드러운 진정 향이 최적이다.

- 라벤더

- 일랑일랑

- 카모마일

- 샌달우드

- 머스크 계열

이 향들은 불안과 긴장을 낮추고 GABA 신경계를 안정시킨다.

*** 색깔(Color)**

- 파스텔 블루

- 아이보리

- 연핑크

- 라일락

- 베이지

고요하고 따뜻한 색은 감정의 파동을 낮추고 안정시킨다.

9. 미용피부성형 클리닉에서의 맞춤 시술

월경기는 피부과 시술을 최소화하는 시기다.

*** 추천하지 않는 시술**

- 레이저

- 필링

- 고주파

- 초음파

- 스킨부스터(통증↑·멍↑ 가능)

- 실 리프팅

*** 가능한 시술(매우 가볍게!)**

- 저자극 진정 관리

- 냉각 진정 프로그램

- 약한 LED(파란빛 or 진정 LED)

이 시기는 몸과 피부가 수비 모드이므로 강한 시술은 오히려 회복을 방해한다.

10. 추천 영양 정맥주사

*** 추천**

- 마그네슘 주사

- 비타민B 복합

- 진정·안정 IV

- 소염 효과가 있는 항산화 주사

- 수액(탈수 방지)

*** 주의**

고용량 비타민C나 글루타치온은 이 시기에는 피하는 것이 좋다(피부 예민도 증가·두통 가능성).

11. 맞춤 화장품 가이드

*** 필수**

- 저자극 클렌저

- 고보습 크림

- 세라마이드·히알루론산

- 진정 세럼(병풀·알란토인)

*** 피해야 할 것**

- 비타민C

- 레티놀

- AHA/BHA

- 강한 기능성 제품

피부는 이 시기 "최소한의 자극, 최대한의 보습"을 원한다.

12. 월경기의 맞춤 영성과학

월경기의 여성 영혼은 가장 깊이 하나님을 경험할 준비가 되어 있다.

1) 영적 파동의 특징

- 진동수가 낮아져 내면이 깊어짐
- 묵상과 성찰이 잘됨
- 감정이 정직해짐

2) 영성과학적 실천

- 침묵 10분
- 감사 일기 대신 '정화 일기' 쓰기
- 찬양보다 잔잔한 묵상음악
- 분주함을 줄이고 고요와 함께하기

3) 하나님의 메시지

월경기는 하나님이 여성에게 하시는 말과 같다.

"내 딸아, 잠시 멈추고 내 안에 쉬어라.
이제 새로운 계절을 위해 너를 새롭게 하겠다."

여성은 종종 월경기 때 "나는 왜 이렇게 힘들까?"라고 생각한다. **그러나 월경기는 하나님이 여성에게 주신 가장 온전한 회복의 타이밍이다.**

- 정화
- 쉼
- 재정렬
- 영적 깊이
- 새 출발의 준비

월경기는 약함의 시간이 아니라, 다음 계절을 위한 하나님의 준비 과정이다.

9장.

난포기 코드— 새로움과 시작의 주기

빛이 올라오고, 마음이 열리고, 하나님이 새로운 계절을 여시는 시간

---

1. 난포기 전체 개요 — '새로운 탄생을 준비하는 봄'

난포기는 월경 직후 시작되며 새로운 한 달의 도입부이다.

이 시기는 여성의 호르몬, 뇌, 감정, 피부, 삶이 모두 상승 에너지로 전환되는 기간이다.

*** 호르몬 변화**

- 에스트로겐 ↑↑ (급상승 시작)

- FSH 분비로 난포 성장

- 테스토스테론 소량 증가

*** 신체적 특징**

- 피부가 맑아지고 투명해짐

- 생기·에너지 회복

- 체력이 정상으로 돌아옴

- 두뇌 활동이 매우 좋아짐

*** 감정·정서 변화**

- 기분이 밝고 가벼움

- 활력 증가

- 집중력·학습 능력 상승

- 타인과의 소통이 부드러움

*** 영적 흐름**

- 감사가 자연스럽고

- 기도가 부드럽게 흐르고

- 마음이 밝아 하나님이 더 가까이 느껴지는 시기

난포기는 여성의 한 달 중 가장 건강하고 아름다운 파동이 형성되는 시기이다.

2. 생리적 변화 — '에스트로겐의 부활 시기'

난포기에서 가장 두드러지는 변화는 에스트로겐의 상승이다.

1) 피부·머리카락·피부결 변화

- 콜라겐 합성 증가 → 피부가 탱탱
- 수분·유분 밸런스 안정
- 피지 분비 안정화 → 트러블 감소
- 머리도 잘 빠지지 않고 윤기 있음

이 시기 여성의 얼굴은 "자연적으로 예뻐 보이는 얼굴"이다.

2) 뇌 기능 변화: 에스트로겐은 뇌에서

- 세로토닌 ↑ → 행복감
- 도파민 ↑ → 동기·집중
- 아세틸콜린 ↑ → 학습·기억

따라서 난포기는 여성의 지적 능력이 가장 뛰어난 시기다.

- 시험 준비
- 창작 작업
- 새로운 프로젝트 시작
- 관계 회복
- 중요한 미팅

모두 이 시기에 형통하다.

3. 심리·감정 변화 — 긍정성·창조성·사회적 에너지의 상승

난포기의 감정은 다음과 같다.

- 쉽게 웃음
- 기분이 가벼움
- 이전에 걱정되던 일도 덜 불안
- 타인에게 관대함
- 외향적 태도 증가

에스트로겐은 여성의 사회적 호르몬이다.
따라서 난포기에는 인간관계가 유난히 잘 풀린다.
이 시기는 "신이 여성에게 주신 감정적 봄날"이다.

4. 영성의 변화 — 감사·찬양·열림의 영성

난포기는 영적으로도 중요한 시기이다.

*** 왜 영적 열림이 잘 일어나는가?**

- 몸과 감정이 안정 → 영혼이 열림

- 뇌의 긍정 회로 활성 → 감사가 쉬워짐

- 마음의 여유 → 영적 민감성 ↑

*** 난포기 영성의 키워드**

- 감사

- 기쁨

- 새로운 출발

- 은혜

- 창조성

난포기의 영성은 "열린 도화(桃花)의 영성"이다.

꽃이 스스로 피어나듯, 마음도 자연스럽게 밝아진다.

5. 난포기 맞춤 피부·건강 관리법 — '예쁨이 자연스럽게 올라오는 시기'

*** 피부관리**

난포기는 피부 베이스가 가장 좋은 시기다. 따라서 다음과 같은 관리가 효과적이다.

- 미백 효과가 잘 나타나는 시기

- 필링(약한 AHA/BHA) 가능

- 레이저 토닝 OK

- 고주파·초음파도 반응이 좋음

*** 건강관리**

- 규칙적 운동 시작하기 좋은 시기

- 몸이 새로운 루틴에 잘 적응

- 아침형 루틴 만들기 최적

에너지의 흐름이 자연스레 상승하므로 새로운 다이어트·규칙적인 운동도 잘 유지된다.

6. 인간관계 — 새로운 연결과 확장에 유리한 시기

*** 어울리는 남성의 성향**

난포기에는 여성 자신도 밝고 부드럽기 때문에 상대와의 관계에서 시너지가 난다.

- 유머러스한 남성

- 친절하고 사교적인 분위기

- 대화 흐름이 자연스러움

난포기는 "연애·사랑·가족 관계·직장 관계에서 모두 운이 올라오는 시기"다.

*** 관계 전략**

- 중요한 대화

- 갈등 해결

- 사과·화해

- 새로운 비즈니스

모두 이 시기에 가장 좋은 결과를 만든다.

7. 추천 음식·운동·음악

*** 음식**

- 단백질(두부·연어·달걀)

- 녹황색 채소

- 베리류(항산화 ↑)

- 콜라겐 생성 돕는 비타민C 식품

- 철분 보충

*** 운동**

- 새로운 운동 루틴 시작

 여성주기 맞춤의 나라 QUEEN CYCLE SYNCING

- 근력 + 유산소 병행

- 몸의 회복력 매우 좋음

- 요가·필라테스도 적합

*** 음악**

- 밝은 워십

- 감사·찬양 중심의 음악

- 집중이 잘 되는 피아노 음악

이 시기 음악은 감정의 상승 파동을 더 높이는 효과.

8. 맞춤 향기·색깔

*** 향기**

- 플로럴(장미·자스민)

- 화이트 머스크

- 시트러스

- 그린티

밝고 생기 있는 향이 난포기의 에너지 흐름을 더 활짝 연다.

*** 색깔**

- 하얀색

- 옅은 핑크

- 민트

- 밝은 노랑

- 코랄 컬러

난포기에는 밝은 색이 얼굴의 생기를 더 키운다.

9. 미용피부성형 클리닉 맞춤 시술

난포기는 시술 반응이 가장 좋은 시기다.

*** 추천 시술**

- 레이저 토닝

- 고주파(타이트닝)

- 초음파(리프팅)

- 필러 보정

- 보톡스(자연스러운 효과)

- 재생 스킨부스터

- 실 리프팅

- PRP 시술

피부 회복력이 뛰어나 부기·멍·홍반이 가장 적게 남는 황금기다.

10. 추천 영양 정맥주사

*** 추천**

- 고용량 비타민C

- 백옥주사

- L-카르니틴

- 비타민 B 콤플렉스

피부 톤업, 에너지 향상, 피로 회복 효과가 극대화된다.

11. 맞춤 화장품 가이드

*** 추천 성분**

- 비타민C

- 나이아신아마이드

- 펩타이드

- 콜라겐·엘라스틴

- 레티놀(약하게)

*** 스킨 케어 전략**

- 미백 + 탄력 관리 병행

- 에센스·세럼 투자에 효과 높음

- 기초 루틴 업그레이드하기 가장 좋은 타이밍

12. 난포기의 맞춤 영성과학

난포기는 영적으로 다음과 같은 특징을 가진다.

1) 파동의 상승

- 뇌파가 안정적

- 감정 파동이 밝고 규칙적

- 기도 시 기쁨의 파동이 자연스럽게 올라옴

2) 영성과학 루틴

- 감사 3가지 기록

- 새로운 비전 선언

- 밝은 찬양

- 웃음·대화·교제 추천

3) 신의 메시지

"내 딸아, 이제 일어나 걸어라. 새로운 계절을 열어 줄게."
난포기는 신이 여성을 새롭게 일으키시는 은혜의 시간이다.

13. 결론 — 난포기는 '새로운 탄생의 계절'

난포기는 에너지·감정·피부·영성 모두가 상승하는 봄의 리듬이다.

- 새로운 일을 시작하고
- 자신을 가꾸고
- 사랑을 나누고
- 신과 더 가까워지고
- 빛나는 삶을 향해 나아가는 하나님의 특별한 선물이다.

10장.

배란기 코드— 매력과 개방의 주기

하나님이 여성에게 주신 '빛과 확장'의 절정기

---

1. 배란기의 전체 개요 — '한 달 중 가장 빛나는 절정의 시기'

배란기는 난포기 상승 흐름의 정점이며, 여성의 몸·감정·피부·관계·영성이 최고도로 열리는 시기이다.

*** 호르몬 변화**

- 에스트로겐 최고치

- LH Surge(배란 촉발)

- 테스토스테론 소량 상승(자신감·사회적 에너지 UP)

*** 신체 변화**

- 체온이 0.3~0.5℃ 소폭 상승

- 관능적·여성적 분위기 증가

- 피부 탄력·광채 절정

*** 감정 변화**

- 자신감 상승

- 적극성·외향성 증가

- 타인과 교류하고 싶어짐

*** 영적 흐름**

- 사랑·확장·감사·축복의 영성

- 사명과 비전이 잘 보임

- 배란기는 하나님이 여성에게 주신 빛의 계절이다.

2. 생리적 변화 — '생명의 문이 열리는 시기'

배란은 단순한 생물학적 사건이 아니다.
여성의 몸 전체가 "생명 가능성"을 중심으로 재구성되는 기간이다.

1) 페로몬 변화

과학적으로 여성은 배란기 동안 남성에게 더 매력적인 향·분위기를 발산한다. 이는 무의식적 생식 선택의 신호이지만, 영적으로 보면 창조주가 여성에게 주신 선한 호감의 은혜라고도 해석할 수 있다.

2) 피부 변화

- 광채가 가장 좋음
- 모공이 작아 보임
- 톤이 밝아짐
- 얼굴 윤곽이 살아 보임

3) 생식기 변화

- 자궁경부 점액 증가(임신 가능성 ↑)
- 성욕 증가

이 모든 변화는 몸 전체가 '열림'을 향하도록 설계되었기 때문이다.

3. 심리·감정 변화 — 자신감과 매력의 파동

배란기 여성의 감정은 다음과 같다.

- 평소보다 활발
- 적극적
- 도전적
- 말이 부드러우면서도 힘이 있음

   여성주기 맞춤의 나라 QUEEN CYCLE SYNCING

- 교감·소통 능력 최상

에스트로겐·테스토스테론 모두 증가하기 때문에 이 시기 여성은 "나는 살아 있다"라는 감각을 가장 강하게 느낀다.

*** 감정 키워드**
- 자신감

- 매력

- 확장

- 개방

- 사랑

배란기에는 인간관계·사회적 활동·작업 성과가 매우 좋아진다.

4. 영성의 변화 — "사랑의 영성"이 꽃처럼 피어나는 시기

영적으로 배란기는 가장 확장되는 시기다.

*** 왜 영성이 열린가?**
- 에너지·감정의 파동이 가장 높음

- 감사의 감정이 자연스럽게 올라옴

- 관계적 영성(사랑·공감·나눔)이 강화됨

＊ 배란기 영성의 키워드

- 사랑 - 관계 - 연결 - 창조성 - 축복

배란기의 여성은 찬양이 풍성하게 나오고, 사람을 품는 마음, 공동
체를 섬기는 마음이 커진다. 이 시기는 신이 여성에게 "내 사랑을 흘려
보내라"고 말씀하시는 계절과 같다.

5. 배란기 피부·건강 관리법 — 가장 아름다운 시기의 관리

＊ 피부관리

배란기의 피부는 촉촉·맑음·광채가 절정이다. 이 시기에는 다음 관
리가 효과가 극대화된다.

- 미백 시술(레이저 토닝)
- 리프팅(레이저)
- 수분·진정, 재생 스킨부스터
- 각질 정돈

평소보다 모든 시술 반응이 좋다.

＊ 건강관리
- 활동량 증가 OK

- 운동 효과 최고
- 근력 증가가 빠름
- 피부 회복력도 강함

이 시기에는 활동적으로 움직이는 것이 전체적으로 유익하다.

6. 인간관계 — 가장 잘 연결되고 사랑이 흐르는 시간

배란기 여성은 무의식적·의식적으로 매력이 높아진다.

*** 어울리는 남성의 성향**
- 유머러스
- 리더십 있는 남성
- 소통이 빠른 사람
- 따뜻한 지지형 남성

여성도 이 시기에는 리더형·적극적 파트너에게 끌리는 경향을 보인다.

*** 관계 전략**
- 고백하기 좋은 시기
- 화해·중재·협상이 잘 풀림

- 중요한 발표·대화·면접에 최적

- 분위기 있는 데이트 추천

이 시기는 여성의 사회적·정서적 파동이 최고점이다.

7. 추천 음식·운동·음악

*** 음식**

- 단백질 식품(회복력↑)

- 항산화 식품(베리·브로콜리·토마토)

- 수분 많은 과일

- 오메가3

*** 운동**

- 근력 + 유산소 고강도 가능

- 몸이 가장 빠르게 반응

- 체지방 감량 효과도 좋음

*** 음악**

- 활기 있는 음악

- 기쁨·사랑·축복 워십

- 열정적 찬양

여성주기 맞춤의 나라 QUEEN CYCLE SYNCING

이 시기 음악은 감정 파동을 확장시키는 도구가 된다.

8. 맞춤 향기·색깔

*** 향기**

배란기에는 관능적·매력적 향이 잘 어울린다.

- 로즈

- 자스민

- 오렌지 블러섬

- 머스크

- 프리지아

*** 색깔**

- 레드

- 와인

- 코랄

- 골드

- 화이트

이 색들은 배란기 여성의 **자신감과 에너지**를 가장 잘 드러낸다.

배란기는 시술을 받기에 가장 안전하고 효과적인 시기다.

＊ 추천 시술

- 레이저 토닝

- LDM

- 고주파·초음파 리프팅

- 필러 보정

- 보톡스 시술

- 재생 스킨부스터

- 실 리프팅

- PRP 시술

부기·멍·홍반이 적고 회복이 빠르다.

10. 추천 영양 정맥주사

＊ 추천

- 고용량 비타민C

- 백옥주사(미백)

- NAD+ 주사(에너지 상승)

- 마이어스 칵테일

피부·체력·기분 모두 상승하므로 효과가 가장 강하다.

11. 맞춤 화장품 가이드

*** 추천 성분**

- 비타민C

- 펩타이드

- 콜라겐

- 히알루론산

- 레티놀(저자극)

- 항산화 세럼

*** 스킨케어 전략**

- 탄력·수분·광채에 집중

- 고기능성 제품 효과가 극대화됨

- 꾸준한 관리 루틴 정착에 최적

1) 파동의 절정

- 감정 파동이 가장 밝고 빠름
- 뇌파도 활발하고 창조적
- 영적 직관력 역시 올라감

2) 영성과학 루틴

- 감사 + 사랑 선언
- 축복 기도
- 창조적 비전 묵상
- 관계 회복과 용서

이 시기는 "사랑의 영성"이 강하기 때문에
신은 배란기 여성에게 관계 축복을 많이 부어 주신다.

13. 창조주의 메시지

"내 딸아, 너를 통해 사랑이 흘러가게 하겠다.
빛을 내어라. 너는 지금 가장 아름답다."

배란기 여성은 외적으로도, 내적으로도, 영적으로도
한 달 중 가장 아름답고 매력적인 계절을 살아간다.

- 자신감

- 매력

- 생기

- 사회적 영향력

- 관계의 축복

- 영적 확장

모두 이때 절정에 달한다.
배란기는 신이 여성에게 주신 "빛나는 계절의 선물"이다.

11장

황체기 코드— 민감함과 내적 관리의 주기

내면이 깨어지고, 감정이 깊어지고, 영혼의 관리가 필요한 시기

1. 황체기의 전체 개요 — '내면이 열리는 계절'

황체기는 배란 후 약 14일 동안 지속되며, 에스트로겐과 프로게스테론이 함께 작용하는 여성 호르몬의 복합기이다.

*** 호르몬 변화**

- 프로게스테론 ↑ (최고치)

- 에스트로겐 다시 소폭 상승 후 하락

- 체온 0.3~0.5℃ 상승

*** 신체 변화**

- 부종·유방통

- 식욕 증가

- 소화 불안정

- 피로감

*** 감정 변화**

- 예민함

- 불안, 우울감 가능

- 섬세함과 감정의 깊이 증가

*** 영적 흐름**

- 묵상·회개·내면 작업이 잘됨

- 감정에서 깊은 영적 메시지가 들리는 시기

황체기는 여성의 몸과 영혼이 내면을 정리하고 다음 월경기를 준비하는 시간이다.

2. 생리적 변화 — 프로게스테론이 만드는 '고요·민감·내면'

프로게스테론은 '임신을 준비하는 호르몬'이다.

따라서 황체기 여성의 몸은 외부 활동보다 안정을 우선하는 상태가 된다.

1) 체온 변화

- 기초 체온이 상승 → 몸이 쉽게 피로
- 이유 없는 나른함

2) 면역 변화

프로게스테론은 면역을 살짝 억제해 임신 가능성을 유지한다.
그래서 이 시기에는 감기·피부 트러블이 생기기 쉽다.

3) 소화 변화

- 속이 더부룩
- 헛배부름
- 변비 가능

4) 수분 변화

- 붓기
- 체중 증가(실제 지방 증가가 아님)
- 황체기는 몸이 쉬고 정리하기 위해 속도를 줄이는 시기이다.

황체기에는 정서적으로 많은 변화가 일어난다.

*** 감정의 특징**
- 예민함
- 감정 폭이 넓어짐
- 공감력 상승
- 관계·말·상황에 민감
- 외부 자극에 쉽게 피로
- 성취욕 감소

그러나 이 감정들은 '문제'가 아니라 정확한 신호이다.

*** 왜 감정이 깊어지는가?**
- 프로게스테론 → GABA 사극 → 감정이 내면화
- 에스트로겐 변동 → 세로토닌 불안정
- 체온 상승 → 피로·민감성 증가

이 시기 여성은 자신의 진짜 마음, 숨겨진 상처, 관계의 본질을 더 잘 인식한다.

황체기는 영적인 변화를 가장 강하게 경험하는 시기이다.

*** 황체기 영성의 특성**

- 감정이 깊어져 신 앞에서 더 솔직해짐

- 외부 활동보다 내적 묵상이 잘 됨

- 회개와 정화의 시간이 열림

- 말씀과 기도가 "속으로 스며드는 느낌"

- 영적 민감성 증가

이 시기 신의 메시지는 주로 '진단과 치유'

- 지금 내려놓아야 할 것

- 마음속 오래된 감정

- 해결되지 않은 관계

- 반복되는 죄의 패턴

황체기 여성의 영혼은 치유의 준비 상태에 있다.

황체기는 피부가 예민 + 붓기 + 유분 증가라는 복합적인 변화를 보인다.

*** 피부 관리**

- 각질 증가 → 가벼운 필링 OK

- 붓기 → 냉찜질 효과적

- 트러블 증가 → 살리실산(BHA) 소량

- 피부 열감 증가 → 진정팩·카모마일·병풀

*** 피부과 관리 전략**

- 진정관리 집중

- 강한 미백·필링·레이저는 피함

- 수분·수딩 루틴 강화

*** 건강 관리**

- 온열요법(복부·허리 따뜻하게)

- 가벼운 스트레칭

- 수분 충분히 섭취

- 식이섬유·프로바이오틱스

- 단 음식을 지나치게 먹지 않도록 주의

황체기 여성은 상대보다 나 자신 보호가 우선이다.

* 어울리는 남성의 유형

- 말이 적고 편안함을 주는 사람

- 필요한 만큼만 소통해 주는 남성

- 감정적 요구가 적은 파트너

* 관계 전략

- 갈등 조정 NO

- 억지로 밝게 행동하지 말 것

- 감정적 반응은 기록 후 늦게 말하기

- '나도 오늘 예민해요'라고 솔직하게 표현

황체기는 관계를 끌어안는 시기가 아니라, 거리를 조절하고 내면을 돌보는 시기다.

7. 추천 음식·운동·음악

* 음식

- 마그네슘 풍부한 식품(바나나·아몬드·시금치)

- 따뜻한 국물

- 저염식

- 오메가3

- 단백질 보충

*** 피해야 할 음식**

- 카페인

- 짠 음식

- 자극적인 음식

- 설탕 폭식

*** 운동**

- 가벼운 요가

- 림프 순환 스트레칭

- 걷기

- 깊은 복식호흡

*** 음악**

- 힐링 음악

- 잔잔한 현악기

- 조용히 묵상할 수 있는 워십

- 부드러운 피아노 음악

이 시기는 자극적인 사운드보다 부드러운 파동이 더 회복을 돕는다.

8. 맞춤 향기·색깔

*** 향기**

- 라벤더

- 일랑일랑

- 샌달우드

- 카모마일

- 앰버

이 향들은 긴장을 풀어 주고 신경계 안정에 효과가 있다.

*** 색깔**

- 파스텔 바이올렛

- 내추럴 베이지

- 올리브 그린

- 부드러운 네이비

이 색들은 감정의 변동성을 부드럽게 잡아 준다.

황체기는 피부가 민감하므로 강한 시술은 피해야 한다.

*** 피해야 할 시술**

- 고강도 레이저

- 강한 필링

- 고주파, 초음파 리프팅

- 볼륨성 필러

*** 추천 시술**

- LED 진정

- 약한 LDM

- 가벼운 수분관리

- 붓기 완화 프로그램

10. 추천 영양 정맥주사

- 마그네슘

- 비타민 B 군

- 항스트레스 IV

- 수분 보충

- 오메가3 주사

감정 안정·근육 이완·수면 질 개선에 매우 효과적이다.

11. 맞춤 화장품 가이드

* 추천
- 진정 세럼(센텔라·알란토인·판테놀)
- 수분크림
- 진정 마스크팩
- 가벼운 BHA

* 주의
- 비타민C
- 레티놀
- 강한 기능성 제품

이 시기에는 무엇보다 피부를 편안하게 하는 것이 중요하다.

1) 파동 변화

황체기에는 파동이 고요·저주파·내향으로 변한다. 이 파장은 내적 치유에 가장 적합하다.

2) 영성과학 루틴

- 감정 기록("오늘 나는…"으로 시작)
- 침묵기도 5~10분
- 회개의 기도
- 숨겨진 마음과 대화하는 묵상
- 신에게 마음을 '그대로' 드리는 시간

3) 신이 주시는 메시지

"내 딸아, 너의 마음을 보여라. 나는 너를 정죄하지 않고, 치유하기 위해 부른다." 황체기 여성의 영혼은 가장 진실하고 가장 깊다.

황체기는 흔히 "PMS 시기"로만 취급되지만,
실제로는 여성의 삶을 다시 세우는 영적·정서적 재정비기이다.

- 감정의 진실이 드러나고

- 내면의 치유가 일어나며

- 관계를 정리하고

- 영성이 깊어지고

- 마음의 중심을 회복하는

여성 리듬의 가장 중요한 조율의 시간이다. 황체기를 이해할 때 여자는 자신을 더 깊이 이해하고, 신이 주신 몸의 리듬을 사랑하게 된다.

12장

여성 생리주기 전체 가이드

여성의 한 달을 움직이는 리듬을 읽는 법

여성은 매월 4개의 계절을 지낸다. 남성의 감정·피부·에너지 흐름이 비교적 일정한 데 비해 여성의 한 달은 네 개의 계절을 담고 있다.

* 월경기 = 겨울(비움, 정화, 재정렬)
* 난포기 = 봄(상승, 새로움, 창조성)
* 배란기 = 여름(확장, 빛, 매력의 절정)
* 황체기 = 가을(내면, 정리, 치유)

이 장에서는 여성의 이 네 계절을 피부·감정·관계·영성이라는 네 가지 틀에서 총정리한다.

① 월경기 — 예민·건조·붉어짐

- 피부 장벽 약화

- 트러블 증가 가능

- 보습·진정 중심

관리 키워드: "최대한 자극을 피하라."

② 난포기 — 맑음·생기·투명함

- 콜라겐 합성 증가 → 탄력 좋아짐

- 유·수분 밸런스 안정

- 피부 톤·결이 최고

관리 키워드: "기미·톤업 관리에 최적."

③ 배란기 — 광채·윤기·생기 최고

- 혈류 증가 → 광채 극대화

- 피부가 자연적으로 가장 아름다움

관리 키워드: "탄력·리프팅 관리의 황금기."

④ 황체기 — 부기·트러블·민감성 증가

- 피부 온도 상승

- 피지 증가

- 모공 확대 가능

관리 키워드: "진정 + 체온 관리가 핵심."

2. 감정 변화의 패턴 — 감정은 성격이 아니라 '호르몬의 언어'

① 월경기 — 감정의 깊이/울컥함/고독

- 감정이 깊어지고

- 슬픔·예민함·내향성 증가

핵심: "감정 정화의 시기."

② 난포기 — 밝음/가벼움/기쁨

- 기분이 쉽게 좋아짐

- 긍정적 사고 증가

- 자존감 상승

핵심: "새로운 일을 시작할 수 있는 완벽한 시점."

③ 배란기 — 자신감/매력/적극성

- 관계가 잘 풀림

- 활력이 넘치고

- 감정이 안정적

핵심: "사회적 성공률이 가장 높은 시기."

④ 황체기 — 예민함/불안/섬세함

- 사소한 말에도 마음 쓰임

- 감정 폭이 넓어짐

- 내면의 상처가 올라옴

핵심: "치유·회복·정리의 시기."

3. 관계·커뮤니케이션 전략 — 주기는 관계를 바꾼다

① 월경기 — '거리두기'가 필요한 시기

- 혼자 시간 필요

- 갈등 조정 금지

- 위로보다 침묵이 더 큰 지지

관계 키워드: "보호."

② 난포기 — '연결과 시작'의 시기

- 새로운 인맥 만들기

- 화해·대화에 최적

- 아이디어 교류가 활발

관계 키워드: "확장."

③ 배란기 — 관계가 가장 잘 되는 시기

- 설득력·매력 최고

- 데이트·고백·협상·면접 모두 유리

- 밝고 따뜻한 에너지

관계 키워드: "빛나는 연결."

④ 황체기 — '정리와 치유'의 시기

- 깊은 대화는 좋지만

- 갈등을 해결하려 하면 악화 위험

- 감정에 따라 말하기보다 기록이 먼저

관계 키워드: "내면 보호."

4. 영성 변화의 흐름 — 하늘이 주기마다 공급하는 영성

① 월경기 — 정화의 영성

- 회개

- 정리

- 내적 고요

영적 메시지: "멈추고 쉬어라."

② 난포기 — 감사의 영성

- 마음이 밝아져

- 찬양·감사가 잘 됨

- 신과의 친밀함 증가

영적 메시지: "일어나 걸어라."

③ 배란기 — 사랑·확장의 영성

- 공동체·관계가 순조로움

- 비전이 선명해짐

- 영적 영향력 증가

영적 메시지: "너를 통해 사랑이 흘러가게 하겠다."

④ 황체기 — 치유·내면·묵상의 영성

- 감정이 깊어 회개의 문이 열림

- 하나님이 마음속 상처를 드러내시는 시기

- 영적 성찰 좋음

영적 메시지: "마음 깊은 곳의 진실을 보자."

5. 여성 4단계 생리주기의 '여성 호르몬 사용 설명서'

주기	피부	감정	관계	영성
월경기	예민, 건조	울컥함, 고독	안정·거리두기	정화·회개
난포기	맑음, 투명	밝음, 기쁨	시작·확장	감사·새로움
배란기	광채·탄력	자신감·매력	최고조	사랑·확장
황체기	붓기·민감	예민·섬세	내면 보호	치유·묵상

여성은 자신의 주기를 이해하는 순간 삶의 전 영역에서 지혜로운 선택이 가능해진다.

✓ 감정 조절이 쉬워진다

"내가 이상한 게 아니야. 지금은 황체기라서 그래."

✓ 피부 관리가 정확해진다

시기별로 관리 전략이 매우 다르다.

✓ 관계 갈등이 줄어든다

남편·가족·동료와의 불필요한 충돌을 줄인다.

✓ 영적 삶이 더 풍성해진다

주기마다 신이 주시는 은혜 포인트가 다르기 때문이다.

✓ 자신을 더 사랑하게 된다

"내 몸은 잘못된 것이 아니라 신의 정교한 설계 작품"임을 깨닫게 된다.

7. 생리주기는 여성이 신과 자신을 이해하는 최고의 지도이다

여성의 주기는 감정의 변덕도, 몸의 기능 변화도 아닌 하늘이 여성에게 주신 신비로운 리듬의 선물이다.

- 언제 쉬어야 하는지

- 언제 나아가야 하는지

- 언제 사랑해야 하는지

- 언제 정리해야 하는지

모두 이 리듬 안에 있다.

여성이 주기를 읽는 것은 여성 자신의 언어를 읽는 것이고,

창조주의 디자인을 이해하는 일이다.

3부

임신의 3분기 생리주기 코드의 핵심
— 창조의 시간

13장

임신 1기 코드
— 생명의 시작과 혼란의 시기(0~13주)

생명이 뿌리를 내리고, 엄마의 몸과 영혼이 새로운 세계로 들어가는 첫 계절

임신 1기는 혼란·변화·두려움·기대가 뒤섞이지만, 동시에 영적으로 가장 깊은 변화가 시작되는 시기이다.

1. 임신 1기의 전체 개요 — '창조의 씨앗이 심어지는 시간'

임신 1기는 여성 인생에서 가장 극적인 변화를 겪는 시기다.

*** 호르몬 변화**

- HCG(임신 유지 호르몬) 대폭 증가

- 에스트로겐 ↑

- 프로게스테론 ↑ ↑

- 갑작스러운 호르몬 폭증으로 인한 신체·감정 불안정 발생

*** 신체 변화**

- 입덧

- 피로감 극대

- 소화 장애

- 가슴 통증

- 냄새 민감

- 저혈압·어지러움

*** 감정 변화**

- 감정 기복

- 갑작스러운 눈물 또는 예민함

- 불안·걱정·두려움

- "내 몸이 내 것이 아닌 느낌"

*** 영적 흐름**

- 깊은 내면의 목소리를 듣기 시작하는 시기

- 창조의 기적을 몸으로 경험하는 시간

- 신과의 거리가 오히려 더 가까워지는 시기

임신 1기는 혼란스럽지만, 그 안에 가장 깊은 신비가 흐르고 있는 시간이다.

임신 1기 여성의 몸은 새 생명을 품기 위해 전면 작업 중이다.

① HCG 폭증 — 입덧의 이유

- 혈중 HCG가 급격히 상승

- 뇌의 구토 중추 자극

- 냄새·맛에 과도하게 반응

→ 이는 태아를 보호하기 위한 방어 기전이다.

② 프로게스테론 증가 — 극심한 피로, 기분 변화

- 자궁을 안정시키기 위해 증가

- 그러나 전신 근육과 신경계를 이완

→ 졸림, 무기력, 감정 변화로 이어짐.

③ 혈압·혈당 변화

- 혈압이 낮아지고 어지러움 가능
- 혈당이 불안정해 배고픔·입맛 변화 발생

임신 1기는 단순히 "힘든 시기"가 아니라 엄마 몸이 생명을 만들기 위한 작업을 마치는 기반기이다.

임신 1기의 감정 변화는 매우 넓고 깊다.

*** 감정의 주요 특징**

- 기대 + 두려움이 동시에 존재

- 감정 기복이 크고 예측 불가

- 불안, 예민함, 이유 없는 눈물

- 자신이 '낯선 존재'처럼 느껴짐

*** 왜 감정이 불안정한가?**

- 호르몬 급증

- 뇌의 신경전달물질 변화

- 미래에 대한 압도감

- 새로운 역할(엄마)에 대한 부담

그러나 중요한 것은 이 혼란이 엄마가 되어가는 과정이라는 사실이다. 임신 1기의 감정은 붕괴가 아니라 '정체성 생성'이다.

이 감정의 깊이는 새 생명을 품는 여성에게만 허락된 고유한 과정이다.

임신 1기는 영적으로 매우 특별하다.

① 신을 향한 감수성이 극대화된다

감정이 깊고 섬세해지기 때문에 말씀, 찬양, 기도가 더 강하게 마음으로 들어온다.

② 생명의 신비를 실감하며 신을 깊이 경험하는 시기

"내 안에 생명이 있다"는 감각은 신의 창조를 몸으로 느끼게 한다.

③ 새로운 사명이 주어지는 시기

이 시기에 여성들은 신으로부터 "새로운 부르심의 감각"을 경험하기도 한다.

* 영성 키워드

- 보호 - 창조 - 기대 - 불안 속의 은혜 - 하늘을 보며

임신 1기는 영혼이 하나님 품에 안기는 가장 좋은 시간이다.

5. 매일 실천할 피부·건강 관리법

*** 피부 관리**

임신 초기에는 피부가 민감해지고 트러블이 생길 수 있다.

- 저자극 클렌저
- 순한 보습제
- 항염 성분: 판테놀, 병풀, 알란토인
- 선크림은 무기자차 권장

*** 주의**
- 비타민A(레티놀) X
- 강한 미백 X
- 필링·레이저 X

*** 건강 관리**
- 소량씩 자주 먹기
- 생강·레몬·탄산수로 입덧 조절
- 충분한 수면
- 스트레스 최소화
- 철분·엽산 필수
- 과로 금지

임신 1기는 몸이 가장 예민한 시기이므로 모든 선택이 '부드러워야'
한다.

6. 어울리는 남성의 성향·관계 전략

*** 남성의 태도**

- 조용히 배려하는 스타일

- 감정 기복을 '문제'로 보지 않는 사람

- 안정감을 주는 동반자형 남성

*** 관계 전략**

- 과한 만남 줄이기

- 불필요한 대화·갈등 피하기

- "지금은 내가 예민한 상태야"라고 솔직히 말하기

- 배우자에게 정서적 기대치를 낮춰 놓기

임신 1기는 관계보다 몸과 마음의 보존이 우선이다.

*** 음식**

- 생강, 바나나

- 비타민 B6 풍부한 음식

- 죽·수프 등 부드러운 음식

- 탄수화물 소량 섭취(속 편안해짐)

- 수분 섭취 강조

*** 운동**

- 가벼운 스트레칭

- 걷기

- 골반 안정 운동

- 무리한 요가·근력운동 금지

*** 음악**

- 잔잔한 워십(평안)

- 성경 묵상 배경음악

- 물소리, 자연 소리

임신 1기는 자극을 줄이고 안정감을 주는 음악이 필요하다.

8. 맞춤 향기·칼라

* 향기

- 라벤더

- 카모마일

- 시트러스(입덧 완화)

- 로즈마리 소량

* 색깔

- 아이보리

- 민트

- 연핑크

- 하늘색

- 연보라

이 색들은 불안을 낮추고 마음을 안정시키는 파동을 가진다.

9. 미용피부성형 클리닉 맞춤 시술

임신 1기는 피부과·성형 시술을 대부분 피해야 하는 시기다.

*** 금지**

- 레이저

- 고주파, 초음파

- 필러·보톡스

- 스킨부스터

- 필링

- 실 리프팅

*** 가능한 것(아주 제한적으로)**

- 저자극 진정 관리

- 냉찜질

- 약한 LED 진정

그러나 대부분 시술은 2기 이후로 미루는 것이 안전하다.

10. 추천 영양 정맥주사

임신 1기는 정맥주사 또한 매우 조심해야 한다.

*** 가능**

- 수액(수분·전해질 보충)

* 주의 또는 금지

- 고용량 비타민C

- 백옥주사

- 글루타치온

- 콜라겐 주사

"최대한 자연 상태로 유지"가 원칙이다.

11. 맞춤 화장품 가이드

* 추천 성분

- 히알루론산

- 세라마이드

- 병풀

- 판테놀

- 저자극 보습제

* 주의

- 레티놀

- 강한 필링 성분(AHA/BHA 고농도)

- 미백 성분(하이드로퀴논 등)

여성주기 맞춤의 나라 QUEEN CYCLE SYNCING

임신 초기에는 피부 장벽 강화와 진정이 핵심이다.

12. 임신 1기의 맞춤 영성과학 — '생명 파동이 시작되는 시기'

1) 영적 파동 변화

임신 1기는 파동이 매우 깊고 느려지는 시기이다.

이 느린 파동은 하나님이 임재하시는 "평안·보호의 파동"과 가까워

진다.

2) 영성과학 루틴

- 감사 대신 "신뢰" 선언
- 하루 5분 태아 축복기도
- 스트레스 호흡(4-4-6 호흡법)
- 말씀(시편 139편, 이사야 41:10) 묵상

3) 하나님이 주시는 메시지

"내가 너와 함께 새 생명을 빚고 있다. 두려워하지 말라. 너는 혼자

가 아니다."

13. 결론 — 임신 1기는 혼란처럼 보이지만, 영혼의 가장 깊은 창조의 시간이다

- 몸은 생명을 위해 재구성되고
- 감정은 깊어지고
- 영혼은 하나님을 더 간절히 찾게 되며
- 새로운 정체성이 태어난다

임신 1기는 고통의 시기가 아니다. **엄마는 새 생명의 몸과 영혼을 품은 "아기의 성전(聖殿)"이 된다.**

14장

임신 2기 코드 — 안정기와 영적 확장

어머니와 태아가 조화의 리듬을 이루며, 영혼이 넓어지는 시간

임신 2기(14~27주)는 임신 기간 중 가장 안정적이고 행복감이 높아지는 시기이다.

이 시기 여성은 몸·감정·피부·관계·영성이 모두 긍정적인 방향으로 확장되며, 태아와 엄마의 영적 교감도 깊어지는 "은혜의 계절"이다.

1. 임신 2기의 전체 개요 — '안정·기쁨·확장'의 시기

임신 2기(둘째 삼분기)는 여성에게 가장 편안하고, 가장 긍정적이고, 영적으로도 가장 풍성한 시기다.

*** 호르몬 변화**

- HCG 안정

- 에스트로겐 지속 상승

- 프로게스테론도 안정적으로 높음

- 심혈관·면역 시스템이 적응 완료

*** 신체 변화**

- 입덧 감소

- 식욕 안정

- 에너지 회복

- 태동 시작

- 피부 탄력·윤기 증가

*** 감정 변화**

- 행복감 증가

- 정서적 안정

- 긍정적 사고 폭발

- 모성애·연결감 상승

*** 영적 흐름**

- 신이 주시는 평안과 보호감 극대화

- 태아와 영적 교감

- 기도·찬양·묵상이 자연스럽게 깊어짐

임신 2기는 여성의 삶에서 "가장 아름다운 평안의 시간"이다.

① 태동의 시작 — 엄마와 아이가 처음으로 대화하는 순간.

태동은 단순한 움직임이 아니다. 엄마와 태아 사이의 첫 영적·감정적 교감이다. 엄마는 아이의 존재를 전보다 더 실감하게 되고, 정체성의 변화가 본격적으로 시작된다.

② 혈액량 증가 — 피부와 머리카락이 좋아지는 이유.

- 임신 2기에는 혈액량이 40~50% 증가

- 혈류 증가 → 얼굴 혈색 좋아짐

- 콜라겐·탄력 개선

그래서 이 시기는 피부가 가장 건강하고 빛난다.

③ 골반·허리 통증은 시작될 수 있음

- 자궁이 커지고

- 중력 중심이 바뀌며

- 허리·골반에 압력 증가

*** 관리법**

- 골반 스트레칭

- 복식호흡

- 바른 자세 유지

④ 소화 기능 회복

- 입덧이 줄고,

- 음식 섭취가 편안해지며

- 영양 흡수가 좋아진다.

3. 심리·감정 변화 — 밝음, 안정, 긍정적 확장

임신 2기는 감정적으로 가장 편안한 시기다.

* 감정의 특징
- 행복감 증가

- 감정이 안정되고 긍정적

- 자신감 회복

- 관계에 따뜻함이 흐름

- 태아에 대한 애정이 깊어짐

* 왜 감정이 편안해지는가?
- 호르몬의 안정

- 신체 불편감 감소

- 태동으로 "확신"이 생김

- 생명에 대한 감사와 경외감 증가

임신 2기의 여성은 마음 안에서 "새로운 사랑의 공간"이 열린다.

4. 영성의 변화 — '확장과 사랑의 영성'

임신 2기에는 영적으로 특별한 현상이 일어난다.

① 마음이 넓어지는 시기

태아를 품는 존재감이 영적 확장을 불러온다.

창조주의 사랑도 더 크게 느껴진다.

② 기도와 묵상이 자연스럽다

- 안정된 감정

- 깊어지는 사랑

- 태아에 대한 축복

이 모든 것이 기도와 찬양을 자연스럽게 만든다.

③ 태아와의 영적 교감

2기부터 엄마의 감정·기도·말은 태아의 뇌파·정서 형성에 영향을 준다. 엄마가 평안하면 태아는 안정된 뇌파를 형성하고, 엄마가 찬양하면 태아 심박이 안정되는 연구들도 있다.

④ 임신 2기의 영적 키워드

- 평안 - 확장 - 사랑 - 감사 - 보호 - 축복

*** 피부 관리**

임신 2기는 피부 탄력이 좋아지는 시기지만 색소 증가(기미·잡티)
위험도 높다.

- 수분·탄력 집중

- 비타민C 가능(저자극)

- 선크림 필수

- 임산부 전용 미백 성분 사용 가능

*** 건강 관리**

- 영양 균형(단백질·칼슘·철분)

- 꾸준한 가벼운 운동

- 골반 스트레칭

- 충분한 수분 섭취

- 스트레스 최소화

이 시기 건강 관리가 출산과 태아 발달에 큰 영향을 준다.

6. 어울리는 남성의 성향·관계 전략

*** 남성의 모습**
- 따뜻하고 유머러스
- 안정된 대화 가능
- 정서적 교감이 잘 되는 유형
- 보호해 주는 태도

임신 2기에는 여성이 감정적으로 안정되어 관계가 매우 긍정적으로 흘러간다.

*** 관계 전략**
- 데이트·교류 좋은 시기
- 가족과 대화·행사 적합
- 부부 관계 회복이 잘 되는 시기
- 태교(함께 찬양·기도·산책)가 효과적

7. 추천 음식·운동·음악

*** 음식**
- 단백질 충분히
- 칼슘·철분 보충

- 해조류(요오드)

- 과일·견과류

- 오메가3

* 운동

- 걷기

- 임산부 요가

- 골반·척추 안정 운동

- 수영(부담 없음)

* 음악

- 찬양 태교

- 감정 안정 워십

- 바람·물소리 등 자연 리듬 음악

- 밝은 분위기의 클래식

엄마의 평안한 감정은 그대로 태아에게 전달된다.

8. 맞춤 향기·색깔

* 향기

- 라벤더

- 로즈

- 베르가못

- 자스민 소량

향은 태아에도 우회적으로 영향을 줄 수 있으므로 은은한 자연 향만 사용한다.

*** 색깔**
- 파스텔톤 핑크

- 라일락

- 민트

- 크림색

이 색들은 임신 2기의 '확장·평안' 파동과 잘 맞는다.

9. 미용·피부 시술 가이드(주의 필요)

임신 2기는 비교적 안정기지만 여전히 시술은 제한적이다.

*** 가능한 것**
- 약한 진정 관리

- 가벼운 스킨케어

- 임산부용 LDM 진정

- LED(저출력)

*금지

- 레이저

- 보톡스·필러

- 고주파·초음파

- 강한 필링

- 미백 강한 시술

- 실 리프팅

엄마와 태아의 안전을 무엇보다 우선해야 한다.

10. 추천 영양 정맥주사

임신 2기도 주사는 매우 조심해야 한다.

*가능

- 수액

- 철분(의사 처방 시)

* 주의

- 고용량 비타민C

- 글루타치온

- 미백IV

- 콜라겐

"최소한의 개입 원칙"이 최선이다.

11. 맞춤 화장품 가이드

* 추천 성분

- 히알루론산

- 펩타이드

- 세라마이드

- 비타민C 저자극

- 병풀

* 주의

- 레티놀

- 강한 미백

- 고농도 AHA/BHA

임신 중 피부톤 개선은 "저자극 미백 + 보습"이 원칙이다.

12. 임신 2기의 맞춤 영성과학 — '확장과 평안의 파동'

1) 영적 파동 특징

임신 2기의 파동은 난포기처럼 밝고, 배란기처럼 확장되지만
그보다 훨씬 부드럽고 평안하다.
이 파동은 태아의 정서·뇌 형성에 긍정적인 영향을 준다.

2) 영성과학 실천 루틴

- 찬양 태교(엄마의 음성이 태아에게 안정감 전달)
- 감사 태교(감사한 일 3가지 기록)
- 사랑 선언("너는 축복받은 아이야")
- 말씀 태교(시편 23편, 139편, 창 1장 묵상)

3) 신이 주는 메시지

"내 딸아, 두려움 대신 기쁨을 누려라. 내가 너와 아이를 지키고 있다."

- 몸은 안정되고
- 감정은 평안하고
- 피부는 빛나고
- 태아는 건강하게 자라며
- 영혼은 하나님 사랑으로 넓어진다.

임신 2기는 임신 기간 중 가장 축복된 계절이다. 이 시기를 잘 보낸 여성은 출산과 육아의 기반이 견고해지고, 아이의 정서·뇌 발달에도 큰 축복을 남기게 된다.

15장

임신 3기 코드
— 출산 준비와 감정·신체의 변화

생명이 세상 밖으로 나올 준비를 하며, 엄마의 몸과 영혼이 하나로 조율되는 시간

임신 3기(28~40주)는 태아가 완성되어 가는 시기이며, 엄마의 몸과 감정, 영성이 출산이라는 큰 사건을 준비하며 깊어지고 변화하는 시기이다.

1. 임신 3기의 전체 개요 — '무게·깊이·준비'의 시기

임신 3기(28~40주)는 여성의 여정 중 가장 복합적인 시기이다.

*** 호르몬 변화**

- 에스트로겐·프로게스테론 지속 상승

- 옥시토신 분비 증가 → 출산 준비

- 릴랙신(주로 임신 중 여성에게 분비되는 호르몬으로, 출산을 원활

하게 하기 위해 골반과 관절 주변의 인대 및 근육을 부드럽게 이완
시켜 산도를 넓혀 주는 역할) 증가 → 골반 이완

*** 신체 변화**

- 복부 팽창 극대

- 허리·골반 통증

- 수면 문제(뒤척임 어려움)

- 부종

- 속쓰림·소화 불량

- 호흡 곤란

- 브랙스턴 힉스 수축(임신 중 나타나는 불규칙적이고 통증 없는 자
  궁 수축으로, 흔히 '연습 수축' 또는 '가진통'이라고도 한다.)

*** 감정 변화**

- 출산에 대한 기대와 두려움이 동시에 존재

- 피로와 예민함

- 태아와의 연결이 깊어짐

- 정서적 민감성과 직관 상승

*** 영적 흐름**

- 사명 의식 느껴짐

- 신에게 더 가까이 나아가려는 마음

- "내가 곧 새로운 생명을 세상에 보내는 존재"라는 경외감

- 불안과 평안이 교차되며 영적으로 깊어지는 시기

2. 생리적 변화 — 몸이 출산 모드로 전환된다

① 골반과 인대 이완 — 릴랙신 증가

- 골반이 벌어지기 시작하고

- 허리 통증 증가

- 걷기 어려워지는 시기

* 관리법

- 임산부 골반 벨트

- 가벼운 스트레칭

- 따뜻한 찜질

② 자궁의 '연습 수축' 시작, '브렉스턴 힉스 수축'

- 규칙적이지 않고

- 통증은 약하거나 없음

- 출산 연습자극 같은 역할

이는 몸이 출산을 위한 리허설 중이라는 신호다.

③ 내장 압박 — 소화·호흡 불편

- 위가 눌려서 소화가 느려짐

- 횡격막 압박 → 호흡 가빠짐

- 식사는 소량씩 자주

④ 체액 증가 — 부종

- 발·손 붓기

- 다리 저림

- 순환 불량

* 관리법

- 다리 올려 두기

- 마사지·림프 순환 운동

- 따뜻한 목욕

⑤ 태아 성장 완료 단계

- 뇌·폐가 빠르게 성숙

- 태동 패턴이 확실

- 엄마의 감정이 태아에게 더 명확하게 전달되는 시기

임신 3기의 감정은 영혼의 가장 깊은 층을 자극한다.

*** 주요 감정**

- 출산에 대한 두려움

- 아이를 만나는 기대감

- 정서적 민감성 증가

- 가족·관계에 대한 의존감 증가

- 외로움·불안

- 모성애의 폭발적 상승

*** 감정이 예민해지는 이유**

- 호르몬 변화

- 수면 부족

- 신체적 고통

- 미래에 대한 압박

그러나 "불안은 약함이 아니라, 새로운 생명을 맞이하기 전의 준비 과정이다." 임신 3기의 감정은 여성의 영혼을 정화하고 출산이라는 위대한 사건을 맞을 힘을 길러 준다.

4. 영성의 변화 — '출산'이라는 신의 창조 사역에 참여하는 시간

임신 3기는 영적으로 매우 깊어진다.

① 창조주 신에게 가까워지는 시기

출산의 두려움은 자연스럽게 기도를 깊게 만들고, 엄마는 신을 더욱
의지하게 된다.

② 태아를 신의 선물로 묵상하게 되는 시기

- 생명의 신비

- 창조의 손길

- 육체·영혼의 신비한 연결

③ 영적 민감성 증가

감정과 직관이 예민해져 신의 메시지를 더 뚜렷하게 느끼는 여성도
많다.

④ 임신 3기의 영성 키워드

- 의탁

- 보호

- 생명의 성숙

- 고요한 믿음

- 기다림

임신 3기는 여성이 "신의 창조 과정에 동참하는" 시기이다.

5. 피부·건강 관리법 — '부담을 최소화하는 안정 관리'

* 피부 관리

임신 3기는 호르몬으로 인한 색소·부종·탄력 저하가 증가한다.

- 가벼운 보습

- 무기자차 선크림

- 탄력 저하 대비: 저자극 펩타이드 가능

- 색소침착 예방: 비타민C 소량 가능

* 피해야 할 것

- 레티놀

- 강한 필링

- 레이저

* 건강 관리

- 자주 휴식

- 수면 자세 조절(왼쪽으로 눕기)

- 소량식

- 수분 섭취

- 부종 관리(다리 올리기, 림프 마사지)

- 출산 교육 참여

6. 어울리는 남성의 성향·관계 전략

*** 남성의 역할**

이 시기 여성에게 가장 필요한 것은 이해·지지·안정감이다.

*** 남성에게 필요한 태도**

- 공감

- 배려

- 가사 분담

- 감정적 안정 공급

- 출산 준비 함께 하기

*** 관계 전략**

- 부부 대화 시간을 늘리기

- 출산 계획 공유

- 함께 태교 음악 듣기

- 불안감을 나누는 시간 갖기

임신 3기 여성은 감정적으로 매우 민감하므로 관계의 안정이 태아와 출산에도 긍정적으로 작용한다.

7. 추천 음식·운동·음악

* 음식

- 철분

- 단백질

- 오메가3

- 식이섬유

- 칼슘

- 수분 충분히

* 피해야 할 음식

- 짠 음식

- 카페인 과다

- 자극적인 음식

* 운동

- 임산부 요가

- 골반 강화 운동

- 가벼운 걷기

- 호흡 운동(출산 준비)

여성주기 맞춤의 나라 QUEEN CYCLE SYNCING

* 음악

- 태아와 함께 듣는 평안한 찬양

- 느린 템포의 피아노 워십

- 심박을 안정시키는 자연음 태교

8. 맞춤 향기·색깔

* 향기

- 라벤더

- 캐모마일

- 로즈

향은 은은하게 사용할 것.

* 색깔

- 베이지

- 크림

- 파스텔 핑크

- 딥 블루(안정)

이 색들은 엄마의 불안감을 완화하고 안정감을 준다.

임신 3기는 안전상 거의 모든 시술이 금지된다.

*가능
- 간단한 진정 관리
- 약한 LED(의료진 판단 시)

*금지
- 레이저
- 고주파
- 초음파 리프팅
- 스킨부스터
- 필러·보톡스
-실 리프팅

시술은 출산 후 3~6개월에 권장된다.

10. 추천 영양 정맥주사

임신 3기 또한 대부분 금지이며, 필요한 경우 의사 판단에 따름.

*가능

- 수액(전해질 보충)

- 철분 주사(빈혈 시)

*금지

-미백·항산화·비타민 고용량 주사

11. 맞춤 화장품 가이드

*가능

- 병풀

- 판테놀

- 세라마이드

- 히알루론산

- 저자극 비타민C

*주의

- 레티놀 금지

- 강한 필링 금지

임신 3기는 영적으로 다음과 같은 파동을 가진다.

① '기다림의 파동'

엄마의 뇌파는 느리고 깊으며, 신을 향한 의지와 기대가 강해진다.

② 임신 3기 영성과학 루틴

- 출산을 위한 호흡 명상

- 태아 축복기도("너는 창조주의 선물이다")

- 두려움 내려놓기 기도

- 시편 121편, 이사야 41:10 묵상

③ 신이 주는 메시지

"두려워하지 말라. 내가 너와 함께 하며, 너의 아이를 안전하게 이끌 것이다."

13. 결론 — 임신 3기는 새로운 생명이 탄생하기 전, '창조의 마지막 시간'이다

- 몸은 가장 힘들지만

- 영혼은 가장 깊어지고

- 관계는 가장 가까워지고

- 태아는 가장 빠르게 성장하고

- 창조주 신은 가장 가까이 계신다.

임신 3기는 혼란이 아니라, 창조가 완성되기 직전의 '거룩한 긴장감'
의 시간이다.

16장

임신 주기 전체 가이드

태아와 엄마가 함께 성장하는 40주의 여정 — 몸·감정·관계·영성의 통합 지도

임신은 40주 동안 이어지는 '창조의 여정'이다.

임신은 단지 신체 변화가 아니라 호르몬, 감정, 영성, 관계, 피부, 삶 전체가 재구성되는 과정이다.

"1기는 혼란, 적응, 2기는 안정, 확장, 3기는 완성, 준비"

이 세 단계는 독립된 시기가 아니라 태아와 엄마가 함께 성장하는 하나의 큰 리듬이다. 이 장에서는 임신 1·2·3기의 모든 변화를 한눈에 비교하고, 종합하고, 실제로 활용할 수 있도록 정리한다.

1) 호르몬과 생리적 흐름

시기	호르몬	신체	주요 증상
1기	HCG 폭증, 에스트로겐·프로게스테론 상승	급격한 신체 변화	입덧, 피로, 민감성, 냄새 예민
2기	안정적 상승	에너지 회복·태동	피부 좋아짐, 기분 안정
3기	프로게스테론·에스트로겐 최고치, 릴랙신 증가	골반 확장·체중 증가	수면장애, 부종, 통증, 호흡 어려움

2) 감정 변화 흐름

시기	감정 특징
1기	불안·기대·혼란·예민함
2기	안정·행복·긍정·연결감
3기	기쁨·두려움·민감·모성 의식 강화

3) 영성 변화 흐름

시기	영적 키워드	영성의 흐름
1기	보호, 의탁	신을 '의지하는' 신앙
2기	감사, 확장	신과 '교감하는' 신앙
3기	준비, 출산, 믿음	신과 '동행하는' 신앙

*** 임신 1기(0~13주)**

- 예민해짐

- 트러블 증가

- 색소 증가 시작

- 저자극 중심으로 관리

*** 임신 2기(14~27주)**

- 피부 가장 건강한 시기

- 광채·탄력 회복

- 색소침착 증가 가능성 → 선크림 필수

- 보습·탄력 중심 관리

*** 임신 3기(28~40주)**

- 부종·탄력 저하

- 스트레스로 인한 트러블

- 배 긴장으로 인해 배 피부 건조·가려움

- 순한 보습·탄력 관리

* **임신 1기(0~13주) — 생명의 '뿌리'가 자라는 시기**

- 장기 형성

- 심장 박동 시작

- 엄마는 생명 존재를 인지

* **임신 2기(14~27주) — '성장과 안정'의 시기**

- 태동 시작

- 감정·뇌 발달

- 엄마와 아이의 감정 교감 최강

* **임신 3기(28~40주) — '완성과 준비'의 시기**

- 폐·뇌 최종 발달

- 출산 체계 준비

- 엄마와 아이의 리듬이 거의 하나로 맞춰짐

4. 부부관계와 관계 전략 가이드

시기	부부 관계 특징	필요한 관계 전략
1기	불안정·민감	보호·배려·과도한 자극 금지
2기	안정·교감 증가	데이트·대화·연결감 강화
3기	민감·의지 증가	지지·공감·출산 준비 함께하기

임신은 부부가 '부모'가 되어가는 과정이다. 이 변화는 감정적·영적으로 함께 경험되어야 한다.

5. 임신 전체 영성 가이드 — '생명 파동'과 함께하는 신앙

* 1기 영성 포인트: 의탁

- 두려움 속에서 신을 붙드는 시간

- 정서적으로 신의 품 안에 숨는 시기

- 기도: "주여, 나를 지켜 주소서."

* 2기 영성 포인트: 감사와 확장

- 마음이 밝아지고 감사가 커짐

- 태아와 연결되는 영적 기쁨

- 기도: "감사합니다. 이 생명을 축복합니다."

* 3기 영성 포인트: 준비와 믿음

- 출산이라는 '사명' 의식

- 신과의 친밀함 깊어짐

- 기도: "주님, 나와 함께 하소서."

① 수면

- 1기: 졸음 많음 → 낮잠 활용

- 2기: 규칙적 수면 가능

- 3기: 왼쪽으로 눕기(순환 개선)

② 운동

- 1기: 가벼운 스트레칭

- 2기: 요가·걷기

- 3기: 골반 강화·호흡 운동

③ 음식

- 1기: 소량씩 자주 먹기

- 2기: 단백질·칼슘·철분 충분히

- 3기: 부종·소화 부담 줄이는 식단

④ 건강 관리

- 1기: 무리한 활동 금지

- 2기: 태교·산책 적극

- 3기: 부종·통증 관리

임신 기간의 파동은 다음과 같은 흐름을 가진다.

* 1기: 혼란의 파동 → 낮고 깊음

* 2기: 안정의 파동 → 밝고 확장

* 3기: 준비의 파동 → 고요하고 집중

중요 의미

- 엄마의 감정 파동은 태아의 정서적 기반이 된다.

- 기도·찬양·말씀은 태아에게 안정 주파수로 전달된다.

- 엄마의 "평안 파동"이 아이의 기질을 형성한다.

8. 임신 전 기간에서 피해야 할 것 총정리

* **금지**

- 레티놀

- 고강도 운동

- 알코올·흡연

- 고열 레이저 시술

- 무리한 다이어트

- 고용량 비타민 주사
- 스트레스 장기 노출
- 감정 억압

*** 주의**
- 카페인
- 설탕·염분
- 무리한 여행
- 무게 중심 변화로 인한 낙상 위험

9. 임신 전체를 위한 '태아 축복 기도문'

"주님, 이 생명은 주님의 선물입니다.
나는 이 아이를 사랑으로 품고,
평안과 찬양과 말씀으로 양육합니다.
이 아이가 건강하고 지혜롭게
주님의 사랑 안에서 자라게 하소서."

10. 임신 40주는 '엄마와 아이가 함께 탄생하는 시간'

- 1기: 몸과 감정이 새 생명을 맞기 위해 재정렬되고

- 2기: 안정과 감사 속에서 사랑이 깊어지고

- 3기: 출산을 준비하며 영혼과 몸이 하나로 조율된다

임신은 단순한 생물학이 아니라 **여성을 창조 사역에 초대하신 주님의 여정**이다. 엄마의 몸은 성전이고, 엄마의 마음은 아이의 첫 교실이며, 엄마의 영성은 아이의 첫 파동이다.

임신 주기를 이해하는 여성은 더 건강하고, 더 지혜롭고, 더 영적으로 임신과 출산을 준비할 수 있다.

4부

갱년기와 폐경기 생리주기 코드의 핵심
— 새로운 여성의 탄생

17장.

갱년기 코드 — 요동의 시기와 영성의 재정립

여성의 몸과 영혼이 새로운 리듬을 찾는 전환기

갱년기는 여성의 인생 후반이 무너지는 시기가 아니라 다시 태어나는 전환점이다.

1. 갱년기의 전체 개요 — '끝이 아니라, 다시 시작되는 시기'

갱년기는 폐경을 전후한 약 5~10년의 기간을 의미한다. 이 시기의 호르몬 변화는 여성의 몸과 감정, 영성까지 깊게 영향을 준다.

*** 호르몬 변화**

- 에스트로겐 급격한 감소

- 프로게스테론 감소

- 난소 기능 점진적 소실

*** 주요 현상**

- 안면홍조(Hot flashes)

- 불면

- 땀·심박 상승

- 우울감·불안

- 감정 폭발 또는 무기력

- 피부 건조·탄력 저하

- 체중 변화

*** 영적·정서적 특징**

- 자아정체성 재정의

- 인생 재평가

- 상실감과 새로운 가능성의 동시 경험

- 주님 앞에서 깊은 질문이 시작됨

갱년기는 신체 변화뿐 아니라, '내가 누구인가?'를 다시 묻는 정체성 변환기이다.

2. 생리적 변화 — '호르몬 파동의 마지막 큰 흔들림'

갱년기의 핵심은 에스트로겐의 급격한 감소다.

① 체온 조절 장애

- 안면홍조

- 식은땀

- 심박 증가

이는 뇌의 체온 조절 중추가 호르몬 감소에 적응하지 못해 생기는 현상이다.

② 수면장애

- 잠들기 어려움

- 자주 깨기

- 깊은 잠 부족

프로게스테론의 진정 효과가 사라지기 때문이다.

③ 근골격 변화

- 허리 통증

- 관절 뻣뻣함

- 근육 감소

④ 피부 변화

- 건조

- 주름

- 콜라겐 감소

- 모공 확장

⑤ 심혈관 기능 변화

- 콜레스테롤 증가

- 혈관 탄력 감소

갱년기는 건강관리를 새롭게 설계해야 하는 시기다.

3. 심리·감정 변화 — '감정의 파도와 새로운 깊이'

갱년기의 감정은 매우 복합적이다.

① 불안·우울

호르몬 급변 → 세로토닌 감소 → 감정 불안정

② 예민함·분노감

감정 조절 능력이 약해지고 작은 일에도 크게 반응할 수 있다.

③ 상실감

- 젊음의 상실

- 역할 변화

- 자녀 독립

④ 자기 성찰 증가

감정의 요동 속에서 "내가 앞으로 어떻게 살아야 하지?"
라는 깊은 질문을 던진다.

그러나 중요한 메시지
갱년기의 감정은 붕괴가 아니라 재정립을 위한 과정이다.

4. 영성 변화 — '성숙과 재탄생의 영성기로 들어가는 문'

갱년기는 영적으로 놀라운 가능성을 품고 있다.

① 자신을 다시 해석하는 시기

그동안 '엄마·아내·직장인'으로 살며 묻혀 있던 "나의 영혼"을 다시
발견하게 된다.

② 신과 재관계되는 시기

젊은 시절의 분주함이 줄어들며 기도·말씀·묵상이 깊어진다.

③ 영적으로 가장 성숙한 열매를 맺는 시기

성령의 열매인 사랑·희락·화평·자비·인내가 갱년기에 더 깊게 형

 여성주기 맞춤의 나라 QUEEN CYCLE SYNCING

성된다.

④ 새로운 사명 발견

인생 후반부의 역할, 봉사·가르침·섬김, 다음 세대를 세우는 영적 사명, 특히 갱년기 여성은 종교 공동체에서 "지혜의 어머니" 역할을 감당하게 된다.

5. 갱년기 피부·건강 관리법

*** 피부 관리 — '보습·기능 회복' 중심**
- 수분 + 보습 강화
- 페이스 오일 활용
- 콜라겐·탄력 케어
- 항산화(비타민C·E)
- 저자극 레티놀 가능(의사 지도하에)

*** 건강 관리**
- 규칙적 운동(근력 운동 필수)
- 수면 관리
- 스트레스 관리
- 체중 관리
- 칼슘·비타민D

*** 권장 보조제**

- 오메가3

- 비타민D

- 유산균

- 마그네슘

6. 인간관계 — '거리두기와 재정립이 필요한 시기'

① 배우자 관계

호르몬 변화로 성욕·감정·접촉에 대한 민감도가 변한다. 이 시기 가장 중요한 것은 대화와 이해이다.

*** 배우자가 지켜야 할 태도**

- 감정 변화에 대해 비난하지 않기

- 편안함·안정감 제공

- 스킨십 강요 금지

- 배려 중심의 관계

② 자녀 관계

- 자녀 독립기로 외로움 증가

- 혼합 감정 발생

→ 이 시기는 '엄마 역할'보다 여성의 정체성 회복이 더 중요하다.

③ 사회 관계

- 관계 피로 증가

- 인간관계 재정립 필요

- 진짜 필요한 소수의 관계만 남게 되는 시기로서 갱년기는 관계의
  정화기다.

7. 추천 음식·운동·음악

*** 음식**

- 콩류(식물성 에스트로겐)

- 견과류

- 생선

- 녹황색 채소

- 칼슘·비타민D 풍부한 음식

*** 운동**

- 근력 운동(근육 감소 막기)

- 요가·필라테스

- 호흡 명상

- 걷기 30분

* 음악

- 심박 안정 워십

- 평안한 클래식

- 자연 소리

- 기도·묵상 음악

음악은 갱년기의 감정 불안정에 큰 치유 효과가 있다.

8. 향기·칼라

* 향기

- 라벤더 - 제라늄 - 로즈 - 일랑일랑

정서 안정·불면 완화에 도움.

* 색깔

- 버건디 - 딥블루 - 라벤더 - 크림화이트

이 색들은 심신 안정 파동을 가진다.

갱년기는 피부 탄력·볼륨·수분이 모두 감소하므로 미용 시술의 효과가 가장 큰 시기이기도 하다.

*** 가능 및 추천 시술**

- 리프팅: 실 리프팅, 고주파·초음파

- 볼륨 회복: 필러, 지방이식

- 보톡스: 안면 표정근육 주름 조절

- 스킨부스터: 피부재생, 탄력, 미백, PRP, 줄기세포 배양액

- 레이저 토닝

*** 주의 시술**

- 과도한 필러

- 피부 상태 불안정 시 강한 레이저

갱년기의 피부는 회복 속도가 느리므로 강도 조절이 매우 중요하다.

10. 추천 영양 정맥주사

- 비타민C

- 마이어스 칵테일

- 티옥트산

- 글루타치온

- 마그네슘

이 시기는 항산화·피로 회복·면역 안정이 핵심이다.

11. 맞춤 화장품 가이드

*** 권장 성분**
- 레티놀(저자극)

- 펩타이드

- 세라마이드

- 비타민C

- EGF

- 히알루론산

- 줄기세포 배양액

*** 피해야 할 것**
- 강한 필링

- 과도한 미백제

- 피부 장벽을 손상시키는 습관

갱년기는 영적으로 엄청난 변화가 일어나는 시기다.

① 파동 변화

- 감정폭 변화 → 파동 불안정
- 기도·말씀·호흡으로 파동 재정렬 가능

② 영성과학 루틴

- 감정 기록: "오늘 내 감정은 무엇인가?"
- 말씀 선언: 이사야 46:3, 4 "내가 너를 품고 구원하리라."
- 호흡 기도: 4초 들이마시고, 4초 쉬고 6초 내쉬는 '호흡'
- 찬양 명상: 저주파 안정 음악

③ 신이 갱년기에 주시는 메시지

"두려워하지 말라. 너의 후반 인생을 내가 다시 세울 것이다."

13. 결론 — 갱년기는 사라지는 시기가 아니라 '성숙의 꽃이 피는 계절'이다

갱년기는 여성의 몸과 삶이 흔들리는 시기이지만, 영적으로는 전성기이다.

- 감정은 정화되고
- 삶은 재정립되고
- 사명은 새로워지고
- 영혼은 깊어지고
- 주님은 더 가까워지신다.

갱년기는 여성 인생 후반부의 새로운 탄생, 그리고 주님이 주시는 지혜의 계절이다.

 여성주기 맞춤의 나라 QUEEN CYCLE SYNCING

18장

폐경기 코드 — 정착·지혜·새로운 시작의 시기

몸은 새로운 균형을 찾고, 영혼은 지혜의 단계로 들어가는 성숙의 계절

폐경기는 여성 생애 리듬의 마지막 큰 전환점이자, 몸과 감정과 영성이 성숙의 단계로 들어가는 문을 여는 장이다. 폐경은 잃어버림이 아니라 정착·자유·지혜로 가는 과정이며 신이 여성에게 주시는 또 하나의 계절이다.

1. 폐경기의 전체 개요 — '끝이 아니라 균형과 시작의 시기'

폐경(Menopause)은 연속 12개월 이상 월경이 중단된 상태를 의미한다. 보통 45~55세 사이에 발생하며, 갱년기 이후 새로운 안정기로 들어가는 과정이다.

*** 폐경이 의미하는 것**

- 난소 기능이 완전히 멈춤

- 에스트로겐·프로게스테론 분비 급감

- 생식 기능은 끝나지만 감정·영성·지혜는 깊어지는 시기

폐경기는 단순히 "월경의 끝"이 아니라 여성의 삶이 다시 조정되는 신체적·정서적·영적 재편의 시기다.

2. 생리적 변화 — '새로운 신체 균형을 찾는 단계'

폐경 이후 가장 특징적인 변화는 호르몬이 안정된 저수준 상태로 유지된다는 점이다.

① 체온·홍조 증상 완화

갱년기보다 열감·야간 발한이 감소하고, 신체는 새로운 호르몬 수준에 적응하기 시작한다.

② 피부 변화

- 콜라겐 감소 → 주름 증가

- 건조

- 탄력 저하

- 처짐 증가

이는 노화라기보다 에스트로겐 감소로 인한 자연 변화다.

③ 근육·뼈 변화

- 근육량 감소

- 골밀도 감소

- 뼈 약화 → 골다공증 위험 증가

따라서 근력 운동 + 칼슘·비타민 D는 필수이다.

④ 심혈관 변화

- LDL 증가

- 혈관 탄력 감소

→ 심혈관 질환의 위험이 높아질 수 있다.

폐경 이후는 "건강관리 혁신기"라고 보아야 한다.

3. 심리·감정 변화 — '고요함, 때로는 공허함, 그리고 깊은 지혜'

폐경기의 감정 변화는 갱년기와 다르게 요동에서 안정으로 이동하는 흐름을 갖는다.

① 감정이 잦아들기 시작한다

- 예민함 감소

- 우울감 완화

- 감정 폭이 줄어든다

이는 호르몬의 급변이 멈췄기 때문이다.

② 그러나 새로운 공허감이 찾아올 수 있다

- 엄마로서의 역할 변화

- 아이 독립

- 사회적 역할 감소

이때 여성은 "이제 내 인생의 목적은 무엇인가?"라는 질문을 하게 된다.

③ 내면의 지혜가 깨어나는 시기

- 삶을 성찰

- 지난 인생의 경험들이 통합됨

- 관계를 정리하고 깊은 관계만 남김

- 자기 자신을 더 깊이 이해

폐경은 '내면의 깊이'가 시작되는 지점이다.

4. 영성의 변화 — '지혜의 영으로 들어가는 문'

폐경기는 매우 특별한 영적 시기이다.

① 주님 앞에서 정체성이 새롭게 정의된다

이전처럼 "엄마, 아내, 직장인"으로만 존재하던 삶을 벗어나
"주님이 부르시는 여성"으로 다시 세워지는 시기다.

② 기도·말씀·묵상이 더 깊어진다

감정 요동이 줄어들고 마음의 고요함이 생기기 때문이다.

③ '지혜'라는 영적 은사가 자라나는 시기

성경적 지혜의 핵심은 '경험 + 주님의 인도하심'이다.

폐경 여성은

- 인생의 수많은 계절을 지나서
- 주님과 더 깊은 신뢰를 경험했기에

공동체에서 지혜의 어머니, 영적 멘토, 기도의 중보자로서 독보적인
역할을 감당할 수 있다.

④ 신이 주는 폐경기의 영적 메시지

"너의 인생 후반전은 나와 함께하는 지혜와 평안의 시간이 될 것이다."

* 피부 관리

- 레티놀(저자극)

- 비타민C·E

- 펩타이드

- 콜라겐 부스터

- 고보습 크림

- 피부 장벽 회복 루틴

피부는 이 시기 안티에이징 관리 효과가 가장 크다.

* 건강 관리

- 근력 운동 필수

- 단백질 충분히 섭취

- 불면 개선 위한 루틴

- 스트레스 관리

- 골밀도 검진

6. 인간관계 — '인생관계의 재편 시기'

폐경 이후 여성은 더 이상 모든 관계를 붙잡지 않는다.

① 배우자 관계

- 갈등이 줄고 대화가 깊어짐

- 부부 관계 빈도 변화는 자연스러운 현상

② 자녀 관계

- 돌봄'에서 '동반자'로 전환

- 독립한 자녀와 새로운 관계 재정립

③ 사회 관계

- 불필요한 관계는 정리

- 의미 있는 관계만 남김

- 진정한 친구 관계가 시작

폐경은 인간관계의 정화·선택·성숙기이다.

7. 추천 음식·운동·음악

*** 음식**

- 콩·두부 등 식물성 에스트로겐

- 견과류

- 우유·치즈 등 칼슘

- 비타민D(뼈), 비타민B(감정, 뇌), 비타민C+E(피부, 노화)

* 운동

- 근력 운동

- 요가·필라테스

- 산소 운동(빠르게 걷기)

- 스트레칭

* 음악

- 심박 안정 음악

- 묵상 음악

- 잔잔한 워십

- 자연 소리(숲·비·바람)

음악은 폐경기의 정서적 평온에 강력한 도움을 준다.

8. 향기·칼라

* 향기

- 로즈

- 제라늄

- 샌달우드

- 라벤더

불안·불면 완화, 정서 안정 효과.

＊색깔

- 라벤더

- 네이비

- 버건디

- 베이지

여성의 지혜와 안정 에너지를 활성화한다.

9. 미용·피부 시술 가이드 — '회복과 재생이 가장 효과적인 시기'

폐경기에는 오히려 시술 반응이 더 뚜렷하게 나타난다.

＊추천 시술

- 세포 활성화 시술

- 고주파 리프팅

- 초음파 리프팅

- 스킨부스터

- 필러(볼·턱·입가·입술 볼륨 보강)

- 보톡스, 스킨보톡스

- 실 리프팅

- 줄기세포 시술

*** 주의 시술**

- 과도한 레이저

- 고강도 시술 빈도 증가

폐경기 시술의 원칙은 볼륨·보습·탄력 회복 중심이다.

10. 추천 영양 정맥주사

- 고용량 비타민C

- 백옥주사

- 글루타치온

- 마이어스 칵테일

- 맞춤 영양 주사

- 나이아신(비타민 B3)

항노화, 피로 회복·항산화·피부 개선에 효과적이다.

11. 맞춤 화장품 가이드

*** 핵심 성분**

- 레티놀

　　　　여성주기 맞춤의 나라 QUEEN CYCLE SYNCING

- 펩타이드

- 세라마이드

- 히알루론산

- 항산화 성분

*** 주의**

- 강한 필링

- 지나친 미백

- 장벽 손상 제품

폐경기 피부는 '탄력 회복 + 장벽 강화'가 핵심이다.

12. 폐경기 영성과학 — '지혜의 주파수로 이동하는 시기'

폐경기의 뇌파는 젊은 시절의 빠른 베타파에서 벗어나 더 느리고 안정된 알파파·세타파로 이동한다. 이것은 영적 성숙과 깊은 상관이 있다.

*** 영성과학 루틴**

- 5분 침묵기도

- 감사 기록

- 감정·생각을 분리해 관찰하기

- 성경 말씀 선언과 확신(잠언 3:5-6, 이사야 46:4)

- 느린 호흡과 찬양, 명상

- 폐경기에 주님이 주시는 메시지

"네가 지나온 모든 계절에 내가 함께 있었고, 남은 인생도
내가 너를 인도하겠다."

13. 폐경기는 '지혜·평안·새로운 목적'이 열리는 계절

폐경은 종료가 아니라 새로운 생애 2막의 시작이다.

- 갱년기의 요동이 잦아들고
- 신체는 새로운 균형을 찾으며
- 영혼은 깊어지고 성숙해지며
- 인생의 의미가 새롭게 열리고
- 초월자는 새로운 사명을 부여하신다.

폐경기는 여성의 지혜의 계절, 그리고 "영성미인"으로 살아가는 진
정한 시작점이다.

19장

'영성미인'으로 살아가는 중년 여성의 새로운 길

젊음의 아름다움을 넘어 '내면의 빛'이 얼굴에 드러나는 삶

중년 여성에게 열리는 새로운 계절

여성의 삶은 40대 후반에서 60대까지 몸·감정·관계·역할·정체성이 모두 재구성된다. 세상은 종종 이 시기를 "노화의 시작"이라 부르지만, 성경은 이 시기를 지혜·영성의 성숙한 열매가 풍성한 계절로 본다. '영성미인'으로 살아간다는 것은 단지 외모가 아름다운 여성이 아니라, 성령의 임재와 지혜가 얼굴·말·관계·삶에 흐르는 여성을 의미한다.

1. 중년 이후 여성의 재탄생 — 역할의 변화에서 정체성의 회복으로

중년 여성에게는 많은 변화가 찾아온다.

* 엄마 → 멘토

* 아내 → 동반자

* 돌봄자 → 지혜의 지도자

* 직장인 → 경험의 통합자

이 변화는 '역할이 사라지는 것'이 아니라 정체성이 새로워지는 과정
이다.

핵심 메시지

중년 이후 여성은 남을 위해 살아온 시간을 지나,

드디어 하나님이 디자인한 '나'로 살아가는 단계에 들어선다.

2. 중년 여성의 영적 재탄생 — "지혜의 영"이 임하는 시기

중년 이후 여성의 영성은 단순한 경건성을 넘어선다. 이 시기는 주
님께서 지혜의 영, 통찰의 영, 위로의 영을 부어주시는 계절이다.

① 삶의 깊이를 이해하는 영적 통찰

젊은 시절에는 보이지 않던 삶의 진실들이 보이기 시작한다.

고난, 관계, 시간, 인생의 본질이 성령 안에서 하나로 연결된다.

② 말씀과 기도의 깊이가 바뀌는 시기

- 기도가 더 차분하고 깊어지고

- 말씀은 더 생생하게 다가오며

- 주님과의 친밀함이 일상의 공기처럼 된다.

③ 중년 여성은 공동체의 '영적 어머니'가 된다

그녀의 말 한마디, 기도 한 줄은 젊은 세대를 치유하고 세우는 능력이 된다.

3. 중년 이후 '감정의 성숙' — 흔들림보다 중심이 더 강해지는 시기

갱년기·폐경기의 감정 폭풍을 지나면 여성의 감정은 이전과는 다른 성숙한 안정성을 가진다.

① 감정의 폭풍이 지나면 남는 것

- 공감 능력

- 지혜로운 분별력

- 관계를 넓게 보는 관점

- 상처를 치유한 부드러움

② 감정은 더 깊고, 더 부드럽고, 더 지혜로운 형태로 변한다

이 시기의 감정은 "반응"에서 "응답"으로 변화한다.

'영성미인'은 단지 외모가 아름다운 여성이 아니다. 그녀의 아름다운 외모는 내면의 빛에서 나온다.

① 얼굴의 빛은 영성에서 온다

중년 여성의 얼굴에는 지혜·온유·평안이 묻어나며, 이것이 세상 어떤 화장보다 강력한 아름다움을 만든다.

② 피부 관리 핵심

- 볼륨 회복
- 탄력 관리
- 수분·장벽 강화
- 규칙적 시술과 루틴 관리

③ 그러나 진짜 아름다움의 모습은 '영성·감정·건강'이다

영성이 가득한 얼굴은 연령을 넘어 관계와 영향력을 만드는 얼굴이다.

중년 여성은 인생에서 관계를 정리하는 시기에 들어선다.

① 얕은 관계는 사라지고, 깊은 관계만 남는다

- 소수의 진짜 친구

- 인생을 함께 걸어갈 동반자

- 영적 멘토와 후배

② 부부 관계의 새로운 모델

'열정 중심 관계'에서 '동반자 중심 관계'로 이동한다.

- 대화와 공감

- 서로의 삶을 지지

- 함께 기도하는 부부

③ 다음 세대와의 관계

중년 여성은 다음 세대에게 지혜와 영성을 전수하는 멘토가 된다.

6. 중년 여성의 건강·생활 루틴 — 새로운 삶의 설계가 필요한 시기

① 건강 루틴

- 근력 운동(근육 유지 필수)

- 단백질·오메가3·칼슘

- 건강수면

- 스트레스 관리

② 정신·정서 루틴

- 내면 관찰

- 일기·감정 메모

- 깊은 호흡

- 감사 루틴

③ 영성 루틴

- 말씀 묵상

- 찬양 명상

- 하루 5분 침묵기도

- 공동체 섬김

이 루틴들은 중년 여성의 삶 전체에 안정·평안·건강·영적 깊이를 가져 온다.

7. 중년 여성의 새로운 사명 — "영성미인의 5대 사명"

① 지혜의 나눔

인생의 경험 + 영적 통찰 → 공동체를 세우는 지혜

② 관계의 치유자

상처를 품은 여성들에게 위로자 역할

③ 가정의 영적 중심

어머니의 기도는 가정의 운명을 바꾼다.

④ 다음 세대 멘토

신앙·삶·관계·감정·건강을 가르치는 여성 리더

⑤ 신의 형상을 드러내는 얼굴

평안과 온유의 얼굴은 주님의 임재를 세상에 드러낸다.

8. 영성과학으로 본 '중년 이후 여성의 파동'

중년 이후 여성의 파동은 매우 독특하다.

* 20대: 빠르고 얕은 파동(외부 지향)

* 30~40대: 중간 파동(역할 중심)

* 50대 이후: 느리고 깊은 파동(영성 중심)

이 깊고 안정된 파동은 주변 사람들에게도 평안·치유·지혜의 에너지를 전달한다.

* 영성미인'의 파동 특징

- 낮고 깊은 알파파

- 고요한 중심

- 안정된 정서

- 성령의 임재가 머무는 분위기

9. 중년 여성의 새로운 시작을 위한 고백

"나는 주님 안에서 다시 태어난다.

나는 나의 과거와 상처로 규정되지 않는다.

나는 지혜와 온유의 얼굴로 세상을 비춘다.

나는 나의 인생 후반부를 주님과 동행하는 영성미인으로 살아간다."

10. 결론 — '생애 2막', 하나님이 열어주시는 새로운 길

중년 여성에게 이 시기는 끝이 아니라, 새로운 인생의 문이 열리는 시기이다.

- 몸은 새로운 균형을 찾고

- 감정은 성숙하며

- 관계는 깊어지고

- 영성은 절정에 이르며

- 주님의 사명은 더욱 명확해진다.

중년 이후 여성은 '이전보다 더 아름다운 존재'가 된다. 왜냐하면 그 얼굴에는 성령의 빛, 시간의 지혜, 하나님의 평안이 흐르기 때문이다. '영성미인'으로 살아가는 중년 여성은 자신만 변하는 것이 아니라, 가정과 지역 공동체를 아름답게 변화시키는 주님의 통로가 된다.

5부

생리영성. 여성을 경배하라. 여성은 마지막 창조의 완성자, 세상의 구원자

20장.

여성은 마지막 창조의 완성자, 세상의 구원자

구약성경의 창조 이야기는 단순한 기원의 서사가 아니다. 그 안에는 창조의 순서와 목적, 그리고 완성의 의미가 분명히 담겨 있다. 하나님은 먼저 하늘과 땅을 창조하시고, 그 위에 생명체를 두시며, 마침내 남자를 창조하셨다. 그러나 창조는 거기서 멈추지 않았다. 남자만으로는 창조가 완성되지 않았기 때문이다. 하나님은 남자의 갈비로 여성을 만드셨다. 이는 여성이 남자보다 열등해서가 아니라, 남자의 몸에서 나온 마지막 창조물로서 남자를 완성하는 창조의 완성임을 의미한다. 처음이 아니라 마지막으로 창조되었다는 사실은, 여성이 창조의 정점이자 결론이라는 선언이다. 그렇다. 여성은 '마지막 창조의 완성자', '마지막 문명의 종료자'임에 틀림없다.

여성은 생명을 잉태하고, 생명을 보호하며, 생명을 세상으로 내보내는 유일한 존재다. 이것은 단순한 기능이 아니라 신성의 원본이 여성 안에 있음을 의미한다.

창조의 신성은 잉태·보호·순환·회복의 능력이다. 여성은 죽음이 있는 직선의 존재가 아니라 끝없이 돌고 도는 순환으로 불멸한다. 그러므로 여성은 경배와 찬양의 대상이다.

여성은 남성을 돕기 위해 만들어진 존재가 아니다, 세상을 완성하고 구원하기 위해 주어진 종말적 구원자이다.

세상은 들으라.

여성을 경배하고 찬양하라.

마지막 땅, 마지막 하늘이 열릴 것이다.

21장

여성은 남성을 완성하는 영적 존재

창세기 2장 18절의 영성과학적 재해석

"여호와 하나님이 이르시되 사람이 혼자 사는 것이 좋지 아니하니 그를 위하여 돕는 배필을 만들리라." (창세기 2:18)

이 문장은 인류 문명의 방향을 결정지은 문장이다. 그러나 동시에, 가장 오랫동안 오해받아 온 문장이기도 하다. '돕는 배필'이라는 번역은 여성을 남성의 보조자, 부속물, 혹은 보완재로 오해하게 만들었다. 그러나 히브리어 원어 에제르 케네그도(Ezer Kenegdo)는 그와 전혀 다른 차원의 의미를 품고 있다.

에제르(Ezer)는 구약성경에서 하나님 자신을 가리킬 때 사용되는 단어로서 '돕는 자' 또는 '도움'을 의미하며 케네그도(Kenegdo)는 '그와 마주보며 서 있는', '그에게 합당한', '그와 동등한' 상대방을 의미한다. 여성을 남성의 종속적 존재로 보는 사고는 무지의 소치이며 폭력이다. 여성은 남성을 완성하는 구원자의 사명으로, 남성 상위에서 협력하는 신적 존재로 창조되었음을 나타낸다. 그래서 여성은 남성의 구원자로 경배받아 마땅하며 여성은 남성의 완성자라고 확신한다.

성모 마리아는 성령으로 독생자 예수그리스도를 잉태하심으로 이를 증명하였다.

1. 남성은 직선의 존재이고, 여성은 리듬의 존재다

영성과학적으로 보아 남성의 존재 구조는 직선적 시간(linear time)에 가깝다. 목표를 설정하고, 앞으로 나아가며, 결과를 추구한다. 이는 문명을 건설하는 데 탁월한 능력이지만 한 가지 결정적 한계를 지닌다. 천지의 순환을 알지도 모르고 스스로 만들지 못한다는 점이다. 여성은 다르다. 여성은 인류 가운데 유일하게 몸 안에 생리주기를 가진 '순환하는 존재'이다. 매달 비워지고, 준비되고, 열리고, 보호하며, 다시 돌아온다. 이것은 단순한 생물학적 현상이 아니다. 창조의 기본 구조다. 자연과 천지 만물은 모두 리듬으로 창조되었으며 순환으로 창조를 반복한다. 시간도 모두 주기로, 아침과 낮과 저녁과 밤의 리듬으로 파동하고 봄과 여름과 가을과 겨울로 진동하며 바닷물도 밀물과 썰물로 출렁인다. 인간의 몸도 심장 박동, 호흡, 세포 분열이 주기적 리듬으로 상승과 하강, 들숨과 날숨 그리고 세포의 생명주기가 모두 창조주의 리듬을 따른다. 창조주의 리듬이 피조의 세계를 안전하게 움직이는 동력이다.

여성의 몸 역시 그 질서와 주기의 리듬 안에 있다. 여자의 생리주기, 여성의 리듬을 잊지 않기를 바란다. 당신이 여자이든, 남자이든 여성의 생리주기에 관심이 없다면 당신은 매우 위험하다. 당신의 의식이 창조 생명의 궤도에서 벗어나면 결국 죽음뿐이다. 남성은 시간을 향해 나아가고, 여성은 시간을 의미로 환원한다. 남성은 목적을 세우고, 여성은 목적에 생명을 불어넣는다. 그래서 남성은 여성을 통해 비로소 속도에서 리듬으로, 성에서 의미로, 힘에서 지혜로 이동하며 완성된다.

2. 여성이 없는 남성은 완성되지 않는다

창세기는 여성을 "나중에 등장한 존재"로 묘사하지 않는다. 오히려 남성의 불완전성이 먼저 선언된다. "사람이 혼자 사는 것이 좋지 아니하니." 이 문장은 남성에 대한 비난이 아니다. 존재 구조에 대한 진단이다. 남성은 혼자서도 강해질 수 있다. 그러나 혼자서는 완성될 수 없다. 완전체가 불가능하다. 여성은 남성을 통제하지 않는다. 지배하지도 않는다. 그러나 존재의 균형을 회복시킨다. 여성의 리듬은 남성의 속도를 조절하고, 여성의 감수성은 남성의 폭력을 가라앉히며, 여성의 직관은 남성의 방향 감각을 바로잡는다. 이것이 '돕는다'는 말의 진짜 의미다.

돕는다는 것은 부족한 것을 대신할 뿐 아니라, 넘치는 것을 조율하며 완전체의 완성을 의미한다.

3. 영성과학이 증명하는 '완성의 공식'

현대 과학은 이 고대의 선언을 다시 증명하고 있다. 뇌과학적으로 볼 때 여성은 공감·통합·맥락을 담당하는 회로가 발달해 있고, 남성은 분리·집중·목표 지향 회로가 강하다. 이 둘이 분리되면 한쪽은 냉혹해지고, 다른 한쪽은 소진된다. 그러나 공명할 때 뇌는 안정되고, 감정은 정렬되며, 에너지는 증폭된다.

양자 물리학적으로도 공명(resonance)은 파괴가 아니라 증폭의 원리다. 서로 다른 진동이 만날 때 더 높은 질서가 탄생한다. 여성은 남성의 에너지를 흡수하지 않는다. 여성은 남성의 에너지를 정렬한다. 그래서 제대로 된 여성을 만난 남성은 더 강하고, 더 부드럽고, 더 깊고, 더 정확해진다.

4. 여성을 존중하지 않는 사회는 미완성 사회이다

인간의 문명은 여성을 어떻게 대우해 왔는가? 통제했고, 침묵시켰고, 대상화했고 인정하지 않았다. 그 결과는 명확하다. 속도는 빨라졌으나 방향을 잃었고, 기술은 발전했으나 생명은 소모되었다. 여성을 수단으로 본 사회는 결국 인간을 자원으로 보게 된다. 여성을 성전으로 인식할 때 사회는 비로소 속도를 늦추고, 생명을 보존하며, 인류의 보편적 가치인 영성을 회복한다. 여성은 변두리가 아니다. 여성은 문명의 중심축이다.

여성은 남성을 이기기 위해 존재하지 않는다. 남성은 여성을 소유하기 위해 존재하지 않는다. 이 둘은 완성을 향해 서로를 깨우는 존재다. 여성은 남성을 완성한다. 그것은 권력이 아니라 사명이며, 우월이 아니라 질서다. 당신은 종교와 무관하게 구약성경 창세기 2장 18절의 의미를 다시 깨달으라.

22장

여성의 몸은 성전이다

주기·호르몬·의식의 거룩한 구조

"너희 몸은 너희가 하나님께로부터 받은 바 너희 가운데 계신 성령의
성전인 줄을 알지 못하느냐"(고린도전서 6:19)

1. 성전은 '관리 대상'이 아니라 '임재의 자리'다

성전은 효율로 평가되지 않으며 생산성으로 증명되지 않는다.

성전의 가치는 성전의 존재만으로 결정된다. 여성의 몸을 관리해야
할 시스템으로 보는 순간, 여성은 천박한 소모품이 된다.

그러나 여성의 몸을 성전으로 인식할 때 속도를 낮추고, 소음을 줄
이며, 신발을 벗고 낮은 자세를 취하며, 태도는 바뀐다. 성전 앞에서는
누구도 겸손하며 경건해진다.

구약의 성전은 신의 창조 원리와 질서로 지어졌다.

'정결 → 준비 → 임재 → 보호 → 회복'

놀랍게도 여성의 몸도 이와 동일한 구조를 반복한다.

- 월경기 — 비움과 정결

- 난포기 — 준비와 기대

- 배란기 — 창조의 문이 열림

- 황체기 — 보호와 기다림

이것은 생리학이 아니라 창조의식의 구조다. 과학적으로 보아도 여성의 호르몬 변화는 뇌파·감정·공감능력·에너지장을 함께 변화시킨다. 여성의 몸은 신이 임재하여 일하시는 살아 있는 성전이다. 그러므로 여성은 설명되어야 할 대상이 아니라, 경배하고 찬양받아야 할 신성이다.

3. 호르몬은 화학물질이 아니라 '메신저'다

현대 의학은 호르몬을 수치로 측정한다. 그러나 영성과학의 관점에서 호르몬은 신의 의도를 담은 언어이며 신호정보이다. 에스트로겐은 연결과 확장의 언어이고, 프로게스테론은 보호와 머무름의 언어다.

이 변화에 저항할수록 몸은 통증, 불안, 분노, 무기력 같은 소음을 낸다. 그러나 리듬에 참여할 때 몸은 안전하며 행복함을 느낀다. 성전은 강요와 억지가 아니며 감사와 기쁨의 동참으로 유지된다.

4. 여성의 몸을 통제할수록, 임재는 사라진다

인류 문명은 여성의 몸을 끊임없이 통제하려 해 왔다. 조절하고, 억제하고, 맞추게 했다. 그러나 성전은 통제의 대상이 아니다. 성전은 머무름의 대상이다. 여성의 몸이 수단과 도구가 될 때 영혼은 분리되고, 여성의 몸을 경청할수록 영혼은 통합된다.

5. 영성과학이 말하는 성전의 치유 원리

뇌과학은 말한다. 자기 존중은 전전두엽을 활성화하고, 두려움과 억압은 편도체를 과활성화한다. 의학은 말한다. 리듬을 존중할수록 염증은 낮아지고, 면역은 회복된다. 양자물리학은 말한다. 질서는 강요로 생기지 않고, 공명으로 형성된다.

여성의 몸을 성전으로 인식하는 순간, 몸과 감정과 에너지는 동시에 정렬된다.

6. 여성의 몸을 성전으로 대할 때, 사회는 회복된다

가정이 거칠어질수록 여성은 소진된다. 사회가 폭력적일수록 여성의 리듬은 무시된다. 여성의 몸을 성전으로 대하는 사회는 출산율은 물론 생산성이 회복된다. 아이들은 존중받는 엄마를 보고 자라며, 남성은 성전 앞에서 배운 태도를 삶에 적용한다.

문명은 여성의 몸을 어떻게 대우하는가에 따라 품격이 결정된다.

7. 결론: 성전은 설명되지 않고, 존중된다

여성의 몸은 설명되어야 할 대상이 아니다. 분석되어야 할 물건도 아니다. 여성의 몸은 머무를 줄 아는 이에게만 그 의미를 드러내는 성전이다. 나는 다시 한번 선언한다. 여성의 몸은 관리 대상이 아니라 하나님의 성전이다. 그리고 성전은 통제되지 않고 존중될 때 살아난다. 이 선언이 회복될 때 여성은 빛나고, 사회는 숨을 쉰다.

23장.

여성을 경배하라

---

1. 경배는 대상의 문제가 아니라 태도의 문제다

경배는 힘의 방향을 바꾸는 행위다. 정복하려는 태도에서 머무르려는 태도의 이동이다. 성전 앞에서 소리를 낮추고, 속도를 늦추며, 손을 거둔다. 여성을 성전으로 인식하는 순간 우리 사회는 소리를 낮추고, 속도를 늦추며 태도가 달라진다. 말은 조심스러워지고, 결정은 깊어지며, 폭력은 설 자리를 잃는다.

2. 여성을 대상화하는 사회는 반드시 어두워진다

역사는 반복해서 증명했다. 여성을 기능으로 환원한 사회는 반드시 병들었다. 여성을 생산성의 도구로 만들면 인간은 모두 자원이 된다.

여성을 소비의 대상으로 만들면 관계는 모두 거래가 된다. 이런 사회는 빠르다. 그러나 차갑고 속도는 있으나 빛이 없다.

3. 여성을 경배하면, 가정이 먼저 빛난다

가정은 사회의 최소 단위다. 여성을 어떻게 대우하는가가 가정의 공기를 결정한다. 여성이 존중받는 집에는 소리가 낮고, 아이들의 눈빛이 안정되지만 여성이 소모되는 집에서는 말이 거칠고, 아이들은 소모된다. 경배는 말이 아니라 생활의 리듬으로 드러난다. 쉬어도 되는 시간, 멈추어도 되는 날, 설명하지 않아도 이해받는 순간 그때 가정은 빛을 되찾는다.

4. 여성을 경배하면, 남성은 성숙해진다

여성을 경배하는 남성은 약해지지 않는다. 오히려 강하고 정확해진다. 그는 힘을 남용하지 않고, 권위를 과시하지 않으며, 속도로 압도하지 않는다. 그는 안다. 여성에 대한 존중은 예의가 아니라 질서의 시작임을 안다. 여성을 경배하는 태도는 남성의 리더십을 폭력에서 통치로 바꾼다. 그래서 그런 남자가 가정을 이끌면 평안이 머물고, 조직을 이끌면 지속성이 보장된다.

5. 여성을 경배할 때, 사회는 느려지고 깊어진다

경배는 사회 전체의 속도를 조절한다. 여성을 존중하는 사회는 무조건적인 성과를 요구하지 않는다. 휴식과 회복을 비용이 아니라 투자로 본다. 그 결과 번아웃은 줄어들고, 폭력은 낮아지며, 신뢰는 회복된다. 빛은 속도에서 나오지 않는다. 빛은 질서에서 나온다.

6. 영성과학이 말하는 '빛의 조건'

뇌과학은 말한다. 안전감이 있을 때 인간의 뇌는 가장 창의적으로 작동한다. 의학은 말한다. 존중받는 몸은 면역이 회복되고 염증이 줄어든다. 양자물리학은 말한다. 질서는 강요로 생기지 않고 공명으로 형성된다. 여성을 경배하는 태도는 이 모든 조건을 동시에 충족시킨다. 그래서 경배하는 곳은 빛이 넘친다.

7. 결론: 빛은 여성으로부터 시작된다

세상이 어두운 이유는 여성이 약해져서가 아니다. 여성이 여성으로서 인정받지 못하기 때문이다. 여성을 경배하는 순간, 세상은 다시 숨을 쉰다. 나는 이 장의 끝에서 분명히 선언한다.

"여성을 경배하는 것은 여성을 높이는 것이 아니라 의식을 바꾸는 창조적 자세이며 신의 섭리다." 그렇다. 여성을 경배하는 세상은 반드시 빛난다.

 여성주기 맞춤의 나라 QUEEN CYCLE SYNCING

24장.

참여성과 참남자 그리고 생리하는 나라

---

1. 생리주기의 일생을 사는 여성, 참여성
— 창조의 원리를 몸으로 사는 존재

여성의 몸에는 생리주기라는 창조의 리듬이 새겨져 있다.

월경, 회복, 배란, 보호… 이 반복은 단순한 생물학이 아니라 창조의 순환 법칙이다. 이 창조의 원리를 깨닫고 자신의 일생을 생리주기의 리듬에 맞추어 살아가는 여성을 참여성이라 한다. 참여성은 주기를 억누르거나 숨기는 자가 아니라, 주기를 따라 삶을 설계하는 신앙이자 영성이다. 참여성은 자신의 몸을 불편하거나 부자연스럽게 여기지 않고, 신의 창조가 여전히 작동하는 성전으로 인식한다. 그녀는 속도를 줄여야 할 때를 알고, 나아가야 할 때를 안다. 이것이 바로 창조의 원리를 몸으로 사는 삶이다.

2. 여성을 경배하는 남자, 참남자

— 창조의 완성을 아는 자

생리주기 여성의 삶을 이해하고, 여성을 창조의 완성자이자 세상의 구원자로 인정하며, 경배와 찬양의 대상으로 존중하는 남자를 참남자라 부른다. 참남자는 여성을 통제하지 않고 평가하지 않으며 여성을 자신의 기준에 맞추려 하지 않고 여성의 기준에 자신을 맞추는 남자다. 그는 안다. 여성이야말로 '창조의 마지막이며, 신성의 원본이며, 세상을 살리며 구원하는 존재라'는 사실을. 그래서 참남자는 여성 앞에서 조급하지 않고, 여성의 변화에 분노하지 않으며, 여성의 리듬 앞에서 자신을 조율할 줄 안다.

3. 생리하는 나라

여성을 경배할 때 남성은 낮아지는 것이 아니라 제자리를 찾는 것이다. 여성이 존중받을 때 가정은 안정되고, 사회는 부드러워지며, 국가는 지속 가능해지며 역사는 진화한다.

여성은 창조의 완성자다. 여성은 세상의 구원자다. 여성은 경배와 찬양을 받을 신의 마지막 창조물이다. 이 진리를 아는 여성이 참여성이고, 이 진리를 인정하는 남자가 참남자다. 그리고 이 둘이 만날 때, 국가는 회복되고 세상은 구원을 완성한다.

25장.

『생리하는 나라』의 7대 선언문

제1 선언

여성은 신의 마지막 창조물이며, 창조의 완성자다.

여성은 처음이 아니라 마지막에 놓였다.

마지막이란 보조가 아니라 결론이며,

여성은 창조의 목적이 도달한 완성의 자리다.

제2 선언

여성은 세상의 구원자이며, 생명의 통로다.

생명은 여성의 몸을 통과하지 않고는 세상에 올 수 없다.

이 능력은 기능이 아니라 신성이며,

여성의 몸은 생명을 잉태하는 거룩한 문이다.

제3 선언

신성의 원본은 힘이 아니라 잉태와 보호에 있다.

지배는 신성이 아니며, 폭력은 창조가 아니다.

잉태하고, 기다리고, 보호하는 능력—

그 신성의 원본이 여성에게 있다.

제4 선언

여성의 생리주기는 창조의 리듬이며, 거룩한 질서다.

월경과 배란, 회복과 경계는 혼란이 아니라

창조가 반복되는 질서다.

이를 깨닫고 그 리듬을 따라 사는 여성이 참여성이다.

제5 선언

여성을 경배하는 것은 남성을 낮추는 것이 아니라,

질서를 회복하는 일이며 깨달음의 결과다.

여성 앞에서 자신을 조율할 줄 아는 남자,

여성의 리듬을 이해하고 공감하는 남자가 참남자다.

제6 선언

여성을 경시하는 문명은 반드시 소멸한다.

여성을 무시하고 억압하는 사회는

출산을 잃고, 관계를 잃고, 미래를 잃는다.

여성을 존중하는 사회만이

지속 가능한 문명으로 남는다.

제7 선언

여성을 경배할 때, 나라는 살아난다.

여성이 안전하면 가정이 회복되고,

여성이 존중받으면 사회가 부드러워지며,

여성이 찬양받을 때

나라는 생명을 품는 공동체가 된다.

최종 선언(한 문장 헌장)

여성은 마지막 창조의 완성자이며 세상의 구원자이다.

여성을 경배하고 찬양하라.

여성이 행복할 때 세상은 행복하다.

여성이 행복한 나라가 '참나라'이다.

6부

참여성과 참남자의 레벨,
운명, 교육과 훈련

26장

참여성 레벨 테스트

여성 생리주기 리듬을 신성한 의식으로 사는 수준 진단

안내

- 전혀 아니다(0점) - 가끔 그렇다(2점) - 대체로 그렇다(4점)
(총 25문항 × 4점 = 100점)

I. 몸에 대한 존중과 인식(5문항/20점)

1. 나는 생리주기를 귀찮은 일이 아니라 몸의 메시지로 본다.

2. 주기 변화에 따라 내 컨디션을 관찰한다.

3. 통증·피로를 무시하지 않고 신호로 받아들인다.

4. 내 몸을 문제 삼기보다 이해하려 한다.

5. 생리와 관련된 감정을 부끄러워하지 않는다.

Ⅱ. 주기별 감정·에너지 자각(5문항/20점)

6. 월경기·난포기·배란기·황체기의 감정 차이를 인식한다.

7. 예민함이나 침묵을 자기 비난으로 바꾸지 않는다.

8. 에너지가 낮은 날에도 나를 존중한다.

9. 활력이 높은 날을 죄책감 없이 누린다.

10. 감정의 파동을 '나의 리듬'으로 받아들인다.

Ⅲ. 삶의 리듬 조율 능력(5문항/20점)

11. 일정·일·인간관계를 주기에 맞게 조절하려 한다.

12. 쉬어야 할 때 쉼을 허락한다.

13. 표현해야 할 때 나를 드러낸다.

14. 무리한 비교나 경쟁을 줄인다.

15. 나의 속도를 존중하는 선택을 한다.

Ⅳ. 신성의 인식과 의식적 삶(5문항/20점)

16. 생리주기를 신체 현상을 넘어 신성한 리듬으로 느낀다.

17. 월경기를 정리·정화의 시간으로 여긴다.

18. 내 몸은 존중받아야 할 성전이라고 느낀다.

19. 기도·명상·침묵 등 나만의 의식이 있다.

20. 나의 주기가 삶의 지혜를 준다고 믿는다.

Ⅴ. 관계 속 참여성(5문항/20점)

21. 내 주기를 타인에게 숨기지 않는다.

22. 필요할 때 도움과 배려를 요청한다.

23. 주기에 따른 감정 변화를 설명할 수 있다.

24. 내 리듬을 무시하는 인간관계를 줄이고 있다.

25. 나의 리듬을 존중받을 때 관계가 깊어진다고 느낀다.

● 0-30점 | 비인식형

- 몸과 주기를 부담·문제로 인식

- 자기 비난·억압 많음

- 회복과 인식 교육 필요 단계

● 31-50점 | 혼란형

- 이해는 있으나 실천 어려움

- 주기 변화에 흔들림 큼

- 자기 수용 훈련 필요

● 51-70점 | 자각형

- 생리주기 인식 시작

- 감정·일정 조율 연습 중

- 참여성으로 성장 가능한 단계

● **71-85점 | 참여형**

- 생리주기를 삶의 리듬으로 존중

- 몸·감정·관계 안정

- 의식적 여성성의 중심 단계

● **86-100점 | 신성의식형**

- 생리주기를 신성한 의식으로 삶

- 삶의 선택이 리듬과 일치

- 여성 리더·치유자적 존재

27장

참여성 레벨별 남자의 여성 체감표

참여성 수준별 여성에 대한 '남자의 느낌과 태도'

● 0-30점 | 비인식형 여성

*** 남성의 체감 한 줄: "예측이 안 되고 늘 조심스럽다."**

- 정서적 체감: 불안, 혼란

- 함께 있을 때 느낌: 긴장, 거리두기

- 관계 리듬: 갈등의 이유를 파악하기 어려움

*** 남성의 속마음**

- "왜 이렇게 자주 흔들릴까?"

- "내가 뭘 잘못했는지 모르겠다."

*** 관계에서의 반응**

- 설명·해결 시도 증가

- 감정 회피 또는 통제 욕구

- 관계 피로 누적

● 31–50점 | 혼란형 여성

*** 남성의 체감 한 줄: "노력은 하지만 기준이 자주 바뀐다."**

- 정서적 체감: 불안~보통

- 함께 있을 때 느낌: 눈치, 조율 피로

- 관계 리듬: 감정 파동에 흔들림

*** 남성의 속마음**

- "이해하려고 하는데, 항상 부족한 느낌."

- "맞춰도 다시 틀리는 것 같다."

*** 관계에서의 반응**

- 과잉 배려 후 소진

- 방어적 태도 출현

- 갈등 후 회복 더딤

*** 남성의 체감 한 줄: "대화가 가능해지고 숨이 트인다."**

- 정서적 체감: 보통

- 함께 있을 때 느낌: 안정의 시작

- 관계 리듬: 예측 가능성 증가

*** 남성의 속마음**

- "지금 어떤 상태인지 알 수 있어."

- "함께 조율할 수 있겠다."

*** 관계에서의 반응**

- 경청 증가

- 방어 감소

- 협력적 문제 해결

● 71-85점 | 참여형 여성

*** 남성의 체감 한 줄: "함께 있으면 관계가 부드럽다."**

- 정서적 체감: 높음

- 함께 있을 때 느낌: 편안, 신뢰

- 관계 리듬: 조화·안정

＊남성의 속마음

- "지금 필요한 게 뭔지 알겠다."

- "함께 성장하고 있다."

＊관계에서의 반응

- 자연스러운 배려

- 자발적 보호·지지

- 갈등의 깊이 감소

● 86-100점 | 신성의식형 여성

＊남성의 체감 한 줄: "이 사람과 있으면 내가 더 좋은 사람이 된다."

- 정서적 체감: 매우 높음

- 함께 있을 때 느낌: 안정·확장·존엄

- 관계 리듬: 깊은 신뢰와 평온

＊남성의 속마음

- "내가 조율당하는 게 아니라 성장한다."

- "이 관계는 오래 가겠다."

＊관계에서의 반응

- 책임감·헌신 자연 발생

- 리더십과 보호 본능의 성숙
- 공동의 비전 형성

★ 남성 체감의 핵심 요약

남자는 여성의 말보다 그녀와 함께 있을 때 느끼는 '관계의 안정도'
로 여성을 체감한다.

예측 가능한가?

조율이 가능한가?

함께 있을수록 내가 성숙해지는가?

28장

참여성 레벨별 운명 예측표

참여성 수준별 사회적 관계, 경제, 사랑, 엄마, 아내로서의 운명을 예측한다

● 0-30점 | 비인식형

* 핵심 운명 흐름: 몸과 삶의 리듬이 분리된 상태 → 반복되는 소진
의 인생

① 사회적 관계

- 오해와 감정 소모 잦음

- "예민하다"는 평가를 자주 받음

- 깊은 관계 형성 어려움

② 경제적 부유

- 에너지 기복으로 지속력 약함

- 계획 유지 어려움

- 돈이 들어와도 빠르게 소진

③ 사랑·애정

- 사랑을 증명하러 애씀

- 감정적 상처 반복

- 관계 주도권 상실

④ 좋은 엄마

- 과도한 희생 또는 감정 폭발 반복

- 아이에게 불안 전이

- 양육 만족도 낮음

⑤ 좋은 아내

- 이해받지 못한다는 외로움

- 갈등 후 회복 어려움

- 결혼 안정도 낮음

● 31-50점 | 혼란형

* 핵심 운명 흐름: 자각은 있으나 조율 미숙 → 흔들리지만 성장 가
  능한 인생

① 사회적 관계

- 호감은 있으나 경계심 동반

- 관계 피로 누적

- 친밀-거리 반복

② 경제적 부유

- 일정 수준의 수입 가능

- 감정 기복이 결정에 영향

- 중간 수준의 안정

③ 사랑·애정

- 애정은 깊으나 표현 혼란

- 상대 기대와 충돌

- 감정 회복 시간 필요

④ 좋은 엄마

- 아이 감정에 민감

- 공감과 피로 공존

- 양육 자신감 기복

⑤ 좋은 아내

- 노력은 하나 균형 부족

- 남편과 조율 부담

- 안정·불안 반복

● 51-70점 | 자각형

* 핵심 운명 흐름: 리듬을 배우며 삶이 정돈되기 시작하는 인생

① 사회적 관계

- 신뢰 관계 형성 가능

- 감정 소모 감소

- 인간관계 안정권 진입

② 경제적 부유

- 자기 리듬에 맞춘 일 선택

- 지속 수입 구조 형성

- 중상위 안정 가능

③ 사랑·애정

- 감정 표현 명확

- 관계 회복력 향상

- 사랑의 질 상승

④ 좋은 엄마

- 아이 감정 존중

- 감정 조절 모델 제공

- 안정적 양육자

⑤ 좋은 아내

- 갈등 조율 가능

- 존중과 대화 증가

- 결혼 만족도 상승

● 71-85점 | 참여형

* 핵심 운명 흐름: 리듬과 삶이 일치 → 신뢰와 풍요가 확장되는 인생

① 사회적 관계

- 편안함을 주는 존재

- 관계의 중심 인물

- 장기적 신뢰 축적

② 경제적 부유

- 에너지 관리 탁월

- 기회 인식 능력 상승

- 안정적 성장 곡선

③ 사랑·애정

- 애정이 자연스럽게 흐름

- 상호 존중 관계

- 깊고 안정된 사랑

④ 좋은 엄마

- 아이 정서 안정의 중심

- 양육 만족도 높음

- 존경받는 부모

⑤ 좋은 아내

- 남편의 안정축

- 갈등이 깊어지지 않음

- 함께 성장하는 부부

● 86-100점 | 신성의식형

* 핵심 운명 흐름: 여성 리듬을 사명으로 삶 → 치유와 풍요를 이끄
  는 인생

① **사회적 관계**

- 주변을 살리는 존재

- 리더·치유자적 역할

- 존경과 신뢰 동시 획득

② **경제적 부유**

- 돈이 목적이 아닌 인생

- 관계 기반 자산 축적

- 풍요가 자연스럽게 따름

③ **사랑·애정**

- 사랑이 '상태'가 됨

- 집착 없는 깊은 애정

- 평안한 동반자 관계

④ **좋은 엄마**

- 아이의 영적·정서적 모델

- 세대를 치유하는 어머니

- 아이 삶의 기준점

⑤ **좋은 아내**

- 가정의 에너지 중심

- 남편의 성장 촉매

- 함께 늙고 싶은 아내

- 남자의 완성자

★ 요점

여성이 자신의 생리주기 리듬과 공명의 삶을 살 때
삶의 모든 영역은 '애씀'이 아니라 '은혜'가 된다.

29장

참여성 자격 취득을 위한 교육

여성이 자신의 생리주기 리듬을 '신성한 의식'으로 살 수 있는 능력을 위한

간단한 교육과 훈련

● 월경기 교육 세트

— 정화·침묵·자기 존중의 신성한 시간

Ⅰ. 이해를 위한 강의

월경기: 몸이 말하는 '멈춤과 정리'의 지혜

① 생리적·뇌과학적 이해

- 에스트로겐·프로게스테론 최저

- 부교감신경 우세 → 휴식·회복 최적

- 감각 민감도 상승, 에너지 내향 수렴

→ 월경기는 실패가 아니라 리셋이다.

몸은 "지금은 멈추고, 비우고, 정리하라"고 말한다.

② 심리·감정적 이해

- 침묵 욕구, 감정의 진폭, 피로 증가

- 과거 감정·미해결 과제 표면화

X 오해: "나는 약해졌다"

O 진실: 무의식이 정화되는 시기

③ 영적 의미

- 전통적으로 월경은 정화·지혜의 문

- 창조를 위한 비움의 의식

- 월경기를 존중하는 여성은 자신의 몸을 성전으로 대한다.

Ⅱ. 월경기 선언

"나는 멈춤을 허락한다. 내 몸의 신호를 신성하게 존중한다.
오늘, 나는 비움으로 나를 돌본다."

*과학적 근거

- 언어 전환 → 편도체 안정

- 전전두엽 활성 → 자기 비난 감소

- 자율신경 균형 → 통증·불안 완화

Ⅲ. 일일 생활 실천법

〈정화·침묵·자기존중 루틴〉

① 예수의 한마디

"수고하고 무거운 짐 진 자들아, 다 내게로 오라." (마 11:28)

* 적용

- 오늘은 성과를 내려놓는 날

- 쉬어도 괜찮다고 자신에게 허락

② 석가의 한마디

"멈춤 속에서 지혜가 드러난다."

* 적용

- 생각을 줄이고 느낌을 관찰

- 판단 없이 '그렇구나'라고 인정

③ 심리학적 기반

- 자기연민(Self-Compassion) 활성

- 감정 억압 ↓ → 회복력 ↑

- '해야 한다' 대신 '돌본다'

④ 뇌과학·양자역학적 기반

- 느린 호흡 → 미주신경(부교감신경의 주축)의 우세

- 관측자 효과: 판단 없는 관찰 → 파동 안정

- 비움은 에너지 재정렬

⑤ 오늘의 구체적 실천 5가지

1. 일정 30% 줄이기

2. 조용한 시간 15분 확보

3. 따뜻한 음식·물

4. "괜찮아" 자기 언어 3회

5. SNS·비교 자극 최소화

IV. 오늘의 점검 질문

- 나는 오늘 멈춤을 허락했는가?

- 내 몸의 신호를 무시하지 않았는가?

- 비움이 나를 가볍게 했는가?

V. 핵심 요약 문장

월경기를 존중하는 여성은 한 달 전체를 지혜롭게 산다.

● **난포기 교육 세트**

— 회복을 확장으로 바꾸는 자기 격려의 시간

Ⅰ. 이해를 위한 강의

난포기: 다시 열리는 생명의 문

① 생리·뇌과학적 이해

- 에스트로겐 점진적 상승

- 도파민·세로토닌 활성

- 전전두엽 회복 → 계획·학습·표현 능력 증가

- 에너지 흐름 내향 → 외향 전환

→ 난포기는 몸이 "이제 다시 나아가도 좋다"고 말하는 재시작의 시기이다.

② 심리·감정적 이해

- 가벼움, 희망, 말하고 싶은 욕구

- 새로운 아이디어·계획 등장

- 관계·일에 대한 기대 회복

X 오해: "괜히 들뜬다"

O 진실: 정화 이후 자연스러운 생명력의 귀환

③ 영적 의미

- 난포기는 창조의 씨앗을 심는 시간
- 아직 완성보다 시작을 허락하는 의식

이 시기의 자기 격려는 다음 한 달의 방향을 정한다.

Ⅱ. 난포기 선언

"나는 다시 나를 믿는다. 작은 시작을 기쁘게 환영한다.
오늘, 나는 나의 회복을 응원한다."

* 과학적 근거

- 자기 격려 언어 → 도파민 회로 활성
- 긍정적 기대 → 실행 동기 상승
- 전전두엽 안정 → 자기 비난 감소

Ⅲ. 일일 생활 실천법

〈회복·확장·자기 격려 루틴〉

① 예수의 한마디

"보라, 내가 새 일을 행하리라." (사 43:19)

* 적용

- 완벽하지 않아도 시작을 허락

- 작아도 '새로운 것'에 주목

② 석가의 한마디

"마음이 열린 만큼 길이 열린다."

* 적용

- 결과 집착 내려놓기

- 가능성의 문을 열어 두기

③ 심리학적 기반

- 자기효능감(Self-efficacy) 강화

- 시도 자체가 자존감을 회복

- 평가·비교는 회복을 방해

④ 뇌과학·양자역학적 기반

- 도파민 활성 → 행동 개시 촉진

- 미러 뉴런: 스스로를 응원하면 주변도 반응

- 관측자 효과: 기대는 현실의 방향성을 만든다.

⑤ 오늘의 구체적 실천 5가지

1. 하고 싶은 것 1가지 적기

2. 작은 행동 10분 실천

3. 나에게 보내는 격려 문장 1개

4. 밝은 색·빛과 접촉

5. "지금 충분해" 말하기

IV. 오늘의 점검 질문

- 나는 오늘 시작을 허락했는가?
- 나를 응원하는 말을 했는가?
- 회복의 에너지가 확장으로 이어졌는가?

V. 핵심 요약 문장

난포기를 기쁘게 여는 여성은 삶의 가능성을 스스로 키운다.

● 배란기 교육 세트

— 표현으로 빛나고, 존엄으로 서며, 기쁨을 누리는 시간

I. 이해를 위한 강의

배란기: 생명이 밖으로 꽃피는 절정

① 생리·뇌과학적 이해

- 에스트로겐 최고치, 테스토스테론 일시 상승
- 도파민·옥시토신 활성 → 사회성·표현력·자기효능감 최고

- 전전두엽-편도체 균형 → 자신감·결단력 강화

→ 배란기는 몸이 "지금은 드러내도 안전하다"고 말하는 확장의 절
  정이다.

② 심리·감정적 이해

- 자신감·표현 욕구 증가

- 인정받고 싶은 마음 자연스럽게 상승

- 리더십·매력 발현

X 오해: "과해 보인다"

O 진실: 생물학적으로 허락된 빛의 시기

③ 영적 의미

- 배란기는 기쁨의 의식

- 존재 자체가 메시지가 되는 때

이 시기의 자기표현은 과시가 아니라 존재의 봉헌이다.

Ⅱ. 배란기 선언

"나는 나를 숨기지 않는다.

내 빛은 존엄하며, 기쁨은 나의 권리다.

오늘, 나는 존재 그대로를 표현한다."

*** 과학적 근거**

- 긍정적 자기표현 → 옥시토신 분비 ↑

- 비교 중단 → 편도체 과활성 ↓

- 자기확언 → 전전두엽 안정, 자존감 회복

Ⅲ. 일일 생활 실천법

〈표현·존엄·기쁨 루틴〉

① 예수의 한마디

"너희는 세상의 빛이라." (마 5:14)

* 적용

- 존재 자체를 숨기지 않기

- 기쁨을 죄책감 없이 누리기

② 석가의 한마디

"기쁨을 알아차리는 마음이 지혜다."

* 적용

- 비교·질투 내려놓기

- 지금의 기쁨을 충분히 맛보기

③ 심리학적 기반

- 자기표현(Self-expression)은 자존감의 핵심

- 공개적 인정은 자기효능감 강화

- 풍자·자기비하 금물

④ 뇌과학·양자역학적 기반

- 옥시토신·도파민 동시 활성 → 관계 확장

- 미러 뉴런 공명 → 기쁨의 전염

- 관측자 효과: '기쁨에 초점'은 현실을 확장

⑤ 오늘의 구체적 실천 5가지

1. 나를 드러내는 행동 1가지

2. '나답다' 느끼는 옷·색 선택

3. 기쁨을 표현하는 말 3회

4. 비교·자기비하 완전 중단

5. 축하받는 상황을 허락하기

IV. 오늘의 점검 질문

- 나는 오늘 나를 숨기지 않았는가?

- 기쁨을 스스로 제한하지 않았는가?

- 표현이 존엄으로 이어졌는가?

V. 핵심 요약 문장

배란기의 기쁨을 온전히 사는 여성은 삶의 중심에서 빛난다.

● 황체기 교육 세트
— 경계를 세우고, 분별을 기르고, 나를 보호하는 시간

I. 이해를 위한 강의

황체기: 지혜로운 경계가 필요한 시기

① 생리·뇌과학적 이해
- 프로게스테론 상승 → 보호·유지 모드
- 체온·대사 증가, 피로 민감
- 편도체 반응성 ↑ → 감정 신호가 또렷
- 외부 자극에 대한 선별 능력 강화
- → 황체기는 몸이 "지금은 걸러내고 지켜라"고 말하는 분별의 시간이다.

② 심리·감정적 이해
- 예민함, 짜증, 피로가 나타날 수 있음
- 관계·일의 불편함이 선명해짐

- 이건 아니다"라는 감각이 정확해짐

X 오해: "내가 까칠해졌다"

O 진실: 몸이 보내는 보호 신호

③ 영적 의미

- 황체기는 성스러운 울타리의 의식

- 받아들일 것과 내려놓을 것을 구분하는 지혜

경계는 벽이 아니라 존엄을 지키는 문이다.

Ⅱ. 황체기 선언

"나는 내 경계를 존중한다. 불편함을 신호로 받아들인다.

오늘, 나는 나를 안전하게 지킨다."

* 과학적 근거

- 자기보호 언어 → 편도체 과흥분 완화

- 전전두엽 활성 → 충동·자기 비난 감소

- 경계 설정 → 스트레스 호르몬 조절

Ⅲ. 일일 생활 실천법

〈경계·분별·자기보호 루틴〉

① 예수의 한마디

"너희 말을 옳다 옳다, 아니라 아니라 하라." (마 5:37)

* 적용

- 애매한 동의 중단

- 싫은 것은 분명히 거절

② 석가의 한마디

"지혜는 집착을 내려놓는 데서 나온다."

* 적용

- 죄책감 없이 내려놓기

- '좋은 사람' 강박 해제

③ 심리학적 기반

- 경계 설정(Boundary-setting)은 정서 안정의 핵심

- 불편함은 공격이 아니라 정보

- 자기보호는 이기심이 아니라 자기 존중

④ 뇌과학·양자역학적 기반

- 자율신경 안정 → 감정 폭주 억제

- 판단 없는 관찰 → 파동 안정

- 선택의 명확성 → 에너지 누수 차단

⑤ 오늘의 구체적 실천 5가지

1. 불편한 요청 정중히 거절 1회

2. 일정·관계 하나 줄이기

3. "지금은 어렵다" 문장 사용

4. 휴식·보온·영양 우선

5. 스스로에게 "잘 지켰어" 말하기

Ⅳ. 오늘의 점검 질문

- 나는 오늘 경계를 세웠는가?

- 불편함을 무시하지 않았는가?

- 보호가 나를 가볍게 했는가?

Ⅴ. 핵심 요약 문장

황체기의 분별을 존중하는 여성은 다음 월경을 평안으로 맞는다.

※ 황체기의 '경계' 의미

황체기의 경계는 관계를 끊는 것이 아니라, 에너지·감정·생명을 보호하기 위한 생물학적·신경학적 지혜이다.

황체기는 배란 이후, 몸이 "임신을 준비하거나, 그렇지 않다면 정리하라"고 판단하는 단계이다. 이 시기에는

- 프로게스테론↑ → 안정·보호·내향
- 교감신경 민감↑ → 외부 자극에 예민
- 에너지 회수 모드 → 불필요한 소모 차단
- → 몸은 본능적으로 "더 이상 다 주지 말고, 지켜라." 선포

2. 황체기의 '경계'는 무엇을 지키는가

① 에너지의 경계
- 웃어 주기, 맞춰 주기, 설명하기에 피로
- 의미 없는 약속·과도한 요구를 거절해야 회복됨
: 경계 없음 → 황체기 소진 → 월경통·우울 증폭

② 감정의 경계
- 참아 왔던 불편함이 드러남
- 이는 "예민함"이 아니라 누적된 경계 침범의 신호
: 황체기의 감정은 "지금 싫다"가 아니라 "이미 오래 싫었다"의 고백

③ 관계의 경계

- 무례, 일방성, 감정 노동을 더 이상 감당하지 않음

- 이 시기에 관계가 흔들리면 관계가 나쁜 게 아니라, 진실이 드러난 것

④ 생명의 경계

- 자궁은 "들일 것 / 내보낼 것"을 결정

- 몸 전체가 '선별과 보호' 모드

3. 신경·호르몬 관점에서 본 경계

요소	황체기 변화	의미
프로게스테론	증가	보호·안정·내향
세로토닌	상대적 감소	예민·솔직
교감신경	반응성 ↑	침범에 민감
미주신경	톤 유지 필요	안전감 확보

→ 경계를 지키지 못하면 자율신경 불균형 → PMS 심화

4. 황체기의 경계는 '공격'이 아니다

X 오해

- "까칠하다"

- "날카롭다"

- "왜 갑자기 예민해졌냐"

✔ 실제

- 자기 보호 본능

- 몸의 생존 언어

- 다음 월경기 회복을 위한 준비

: 황체기의 경계는 관계를 파괴하는 공격이 아니라 관계를 살리는 방어이다.

5. 황체기에 필요한 주변의 태도

✔ 해야 할 것

- 설명 요구 줄이기

- "지금은 쉬어도 돼"라고 말해 주기

- 결정·대답을 미뤄 줄 여유

X 하지 말 것

- 감정 논쟁

- 논리로 설득

- "원래 그런 성격이야?"라는 평가

황체기의 경계는 마음의 문제가 아니라 몸의 지혜다. 이 시기를 존중하지 않는 사회는 여성을 소모시키고, 이 시기를 존중하는 사회는 존중받는 사회다.

황체기에 '아니오'를 말할 수 있는 여자는 무례한 여자가 아니라, 자신과 다음 생명을 지킬 줄 아는 성숙한 존재다.

● **4주기 통합 한 문장**

비움(월경) → 확장(난포) → 기쁨(배란) → 보호(황체)

이 리듬을 사는 여성이 참여성이다.

30장.

참남자 레벨 테스트

여성의 생리주기 리듬 공명능력 테스트

안내

- 전혀 아니다(0점) - 가끔 그렇다(2점) - 대체로 그렇다(4점) (총 25
  문항 × 4점 = 100점)

I. 기본 의식 수준(10문항/40점)

1. 여성 리듬 인식 능력

(1) 여성의 감정 변화에는 이유가 있다고 생각한다.

(2) 여성의 침묵을 '무시'나 '거부'로 해석하지 않는다.

(3) 여성의 예민함을 인격 문제로 단정하지 않는다.

(4) 여성의 말투 변화가 신체 리듬과 연관될 수 있음을 안다.

(5) "왜 그래?"라는 질문을 쉽게 하지 않는다.

2. 자기 반응 조절 능력

(6) 여성이 예민할 때 즉각 반응하지 않고 잠시 멈출 수 있다.

(7) 상대의 감정을 개인적인 공격으로 받아들이지 않는다.

(8) 설명하거나 설득하려는 충동을 알아차릴 수 있다.

(9) 논쟁보다 관계의 온도를 먼저 본다.

(10) 침묵이 필요한 순간을 구분할 수 있다.

II. 생리주기별 공명 능력(10문항/40점)

3. 월경기 공명(침묵·공간)

(11) 이 시기의 여성에게 조언보다 공간이 필요함을 안다.

(12) 무기력하거나 말수가 적어도 불안해하지 않는다.

(13) 문제 해결을 미루는 선택이 필요할 수 있음을 이해한다.

4. 난포기 공명(회복·동반)

(14) 에너지가 회복되는 시기에는 함께 계획하고 응원한다.

(15) 이 시기의 아이디어를 존중한다.

5. 배란기 공명(칭찬·지지)

(16) 여성이 빛날 때 경쟁하거나 위축되지 않는다.

(17) 공개적으로 칭찬하고 지지하는 데 인색하지 않다.

6. 황체기 공명(수용·겸손)

(18) 비판이나 지적을 방어 없이 들을 수 있다.

(19) 예민함을 '트집'으로 해석하지 않는다.

(20) 갈등을 즉시 해결하려 하지 않고 받아들일 수 있다.

Ⅲ. 참여· 성숙도(5문항/20점)

7. 참여형 참남자 지표

(21) 여성의 주기를 알고 기억하려 노력한다.

(22) 오늘 필요한 것이 '해결'인지 '지지'인지 구분한다.

(23) 여성을 바꾸기보다 자신의 반응을 먼저 본다.

(24) 관계에서 우위보다 조율을 선택한다.

(25) 여성의 리듬이 나를 성장시킨다고 느낀다.

● 참남자 레벨별 평가

- ● 0-30점: 미공명형 남자
- ● 31-50점: 방어형 남자
- ● 51-70점: 학습형 남자
- ● 71-85점: 공명형 남자
- ● 86-100점: 참남자

31장.

참남자 레벨별 여성의 남자 체감표

● 0-30점: 미공명형 남자

*** 여성의 내적 체감**

"항상 내가 설명해야 한다"

- 정서적 안전감: 매우 낮음

- 함께 있을 때 느낌: 긴장, 피로, 위축

- 여성의 몸 반응: 생리 전·후 증상 악화, 수면 질 저하

*** 여성이 느끼는 말**

"내가 예민한 게 아니라, 이해받지 못하고 있구나."

- 말하면 논쟁

- 침묵하면 오해

- 울면 과장 취급

→ 여성은 자기 감정을 숨기는 법을 배우게 됨

● 31-50점: 방어형 남자

*** 여성의 내적 체감**

"노력은 하는데, 나만 애쓰는 느낌"

- 정서적 안전감: 낮음~보통

- 함께 있을 때 느낌: 조심, 눈치, 혼자 조율

- 여성의 몸 반응: 주기별 감정 기복 커짐

*** 여성이 느끼는 말**

"나를 이해하려는 건 맞아… 그런데 늘 내가 먼저 멈춰야 해."

- 갈등 시 쉽게 방어

- 사과는 있으나 반복

- 공감보다 해명 우선

→ 여성은 감정을 축소하는 습관을 갖게 됨

● 51-70점: 학습형 남자

*** 여성의 내적 체감**

"조금씩 숨을 쉴 수 있다"

- 정서적 안전감: 보통

- 함께 있을 때 느낌: 기대, 조심스러운 신뢰

- 여성의 몸 반응: 생리 증상 완화, 정서 회복력 증가

*** 여성이 느끼는 말**

"완벽하진 않지만, 나를 이해하려 한다는 건 느껴져."

- 실수 후 사과 가능

- 생리주기 이야기 시 귀 기울임

- 감정 회복 속도 빨라짐

→ 여성은 **'말해도 된다'**는 용기를 갖기 시작

● 71-85점: 공명형 남자

*** 여성의 내적 체감**

"함께 있으면 내가 나로 돌아온다"

- 정서적 안전감: 높음

- 함께 있을 때 느낌: 안정, 신뢰, 회복

- 여성의 몸 반응: 호르몬 균형 개선, 생리통·불안 감소

*** 여성이 느끼는 말**

"굳이 설명하지 않아도, 나를 느끼는 사람이 있어."

- 말하지 않아도 눈치챔

- 생리주기 변화에 맞춰 반응

- 감정이 존중받는 경험

→ 여성은 자기 리듬을 숨기지 않게 됨

● 86-100점: 참남자

*** 여성의 내적 체감**

"이 사람과 함께 있으면 편안하다"

- 정서적 안전감: 매우 높음

- 함께 있을 때 느낌: 쉼, 신뢰, 존엄

- 여성의 몸 반응: 주기 안정, 면역·에너지 회복

*** 여성이 느끼는 말**

"내 몸과 마음을 맡겨도 괜찮은 사람이다."

- 여성의 주기를 기억

- 필요한 것을 묻고 기다림

- 사랑이 '관리'가 아니라 '공명'

→ 여성은 **자기 몸과 감정을 온전히 살아 낼 수 있음**

32장.

참남자 레벨별 운명 예측표

참남자 수준별 사회적 관계, 경제, 사랑, 아빠, 남편으로서의 운명을 예측한다

● 0-30점 | 미공명형 남자

① 사회적 관계

- 갈등 반복, 오해 잦음

- "나는 옳다" 중심

- 주변에 긴장감 형성

② 경제적 부유

- 단기 성과 집착

- 감정 기복으로 결정 오류 잦음

- 장기적 축적 어려움

③ 사랑·애정

- 사랑을 '거래'로 인식

- 애정 표현이 요구·보상 구조

- 여성의 정서적 소진 초래

④ 좋은 아빠

- 통제·훈육 중심

- 아이 감정 신호 간과

- 아이가 눈치를 배우게 됨

⑤ 좋은 남편

- 갈등 시 회피 또는 공격

- 여성의 변화에 피로감 호소

- 결혼 생활 만족도 낮음

● 31-50점 | 방어형 남자

① 사회적 관계

- 기본 매너는 있으나 깊은 관계 형성 어려움

- 비판에 민감, 방어적

② 경제적 부유

- 안정적 수입 가능

- 위기 시 감정적 판단 개입

- 성장 곡선이 완만

③ 사랑·애정

- 사랑은 하지만 상처에 민감

- "왜 나만 이해해야 해?" 사고

④ 좋은 아빠

- 책임감은 있으나 공감 부족

- 아이 감정을 논리로 다룸

⑤ 좋은 남편

- 노력은 하나 갈등 반복

- 여성의 주기 변화에 피로 누적

● 51-70점 | 학습형 남자

① 사회적 관계

- 신뢰 형성 가능

- 실수 후 회복 능력 있음

- 주변 평판 안정

② 경제적 부유

- 계획·축적 능력 증가

- 감정 관리가 성과에 기여

- 중상위 경제 안정 가능

③ 사랑·애정

- 여성 감정 이해 시작

- 애정 표현 연습 단계

- 관계 회복력 상승

④ 좋은 아빠

- 아이 감정 존중 노력

- 실수 후 사과 가능

- 안정적 양육자

⑤ 좋은 남편

- 갈등 해결 의지 있음

- 여성 주기에 맞추려는 노력

- 관계 질 점진적 향상

● **71-85점 | 공명형 남자**

① 사회적 관계

- 갈등 중재자 역할

- 신뢰받는 리더형

- 인간관계 안정도 높음

② 경제적 부유

- 장기 전략 수립 능력

- 감정 안정 → 의사결정 정확

- 경제적 성장 가속 구간

③ 사랑·애정

- 사랑을 '지지'로 표현

- 여성의 정서 회복 촉진

- 관계 만족도 높음

④ 좋은 아빠

- 아이 정서 안정의 중심

- 공감·지지형 양육

- 아이 자존감 높음

⑤ 좋은 남편

- 여성의 리듬을 존중

- 갈등이 깊어지지 않음

- 결혼 생활 안정·신뢰 구축

● 86-100점 | 참여형 참남자

① 사회적 관계

- 사람을 편안하게 만드는 존재

- 조직·공동체 안정의 축

- 존경받는 남자

② 경제적 부유

- 기회 감지 능력 탁월

- 관계 기반 자산 축적

- 부유함이 자연스럽게 따라옴

③ 사랑·애정

- 사랑을 '공명'으로 경험

- 여성의 삶의 질을 상승시킴

- 깊고 지속적인 애정

④ 좋은 아빠

- 아이에게 '안전한 존재'

- 정서·도덕·자존감의 모델

- 아이가 닮고 싶어 하는 아버지

⑤ 좋은 남편

- 여성의 주기를 존중하는 삶

- 갈등이 성장으로 전환됨

- 함께 늙고 싶은 남자

33장

참남자 자격 취득을 위한 교육

여성의 생리주기 리듬 공명 능력을 위한 교육과 훈련

● 월경기 교육 세트

침묵과 존중의 리듬을 배우는 남자

Ⅰ. 이해를 위한 강의

월경기 여성의 리듬을 이해하라

① 생리적·뇌과학적 이해

월경기는 여성의 몸이 리셋되는 시기입니다.

- 에스트로겐·프로게스테론 최저

- 자율신경계 중 부교감 신경 우세

- 외부 자극에 민감

- 에너지 내부로 수렴

이 시기의 여성은 '문제를 해결하려는 상태'가 아니라

'정리하고 회복하는 상태'에 있다.

② 심리·감정적 이해

- 말수가 줄어들 수 있음

- 예민함·피로·감정 기복 가능

- 감정 표현이 단답·침묵 형태로 나타남

X 남성의 흔한 오해

"나한테 화났나?" "왜 말 안 해?"

O 진실

지금은 설명보다 보호가 필요한 시간

③ 관계에서의 핵심 포인트

월경기의 여성에게 가장 중요한 것은 단 하나이다.

"나는 지금 안전하다."

이 시기에 남성이 해야 할 일은 '해결자'가 아니라 '안전한 공간'이 되는 것입니다.

Ⅱ. 월경기 공명 선언

"나는 침묵을 문제로 보지 않는다.

나는 여성이 쉬어갈 수 있는 공간이 된다.

지금 이 순간, 이해가 아니라 존중을 선택한다."

* 선언의 과학적 의미

\- 언어 → 편도체 반응 감소

\- 전전두엽 활성 → 충동 억제

\- 미러 뉴런 안정 → 감정 동조, 완화

Ⅲ. 일일 생활 실천법 〈침묵·존중·공간 훈련〉

① 예수의 한마디

"잠잠하라." (마가복음 4:39)

* 적용

\- 말로 상황을 바꾸려 하지 않는다

\- 존재로 곁에 있는 연습

② 석가의 한마디

"집착을 놓을 때, 고통은 사라진다."

* 적용

\- '지금 해결해야 한다'는 강박 내려놓기

\- 침묵을 견디는 훈련

③ 심리학적 기반

\- 방어기제 중 '합리화' 중단

- 감정은 논리가 아니라 신호임을 인식

- 공감은 말이 아니라 반응 속도 조절

④ 뇌과학·양자역학적 기반

- 미러 뉴런 안정화

- 자율신경 동조 (호흡 느리게)

- 관측자 효과: 판단 없는 관찰 → 파동 안정

⑤ 오늘의 구체적 실천 5가지

1. 질문 줄이기(특히 "왜?" 금지)

2. 조언·해결 제안 중단

3. 필요 물어보기

"지금 내가 해 주면 좋은 게 있어?"

4. 신체적 거리 존중

5. 침묵 중 불안 반응 관찰

IV. 오늘의 점검 질문

- 나는 침묵을 견뎠는가?

- 이해받고 싶다는 욕구를 내려놓았는가?

- 오늘 나는 해결자가 아니라 공간이었는가?

<u>V. 핵심 요약 문장</u>

월경기의 여성을 존중하는 남자는 관계의 가장 깊은 신뢰를 얻는다.

● 난포기 교육 세트

회복과 동반의 리듬에 참여하는 남자

<u>Ⅰ. 이해를 위한 강의</u>

난포기 여성의 리듬을 이해하라

① 생리적·뇌과학적 이해

난포기는 여성의 몸이 다시 열리는 시기이다.

- 에스트로겐 점진적 상승

- 도파민·세로토닌 증가

- 전전두엽 활성화

- 외향성·기획력 회복

이 시기의 여성은 '쉬는 단계'를 지나 다시 세상과 연결되는 단계에 있다.

② 심리·감정적 이해

- 말과 웃음이 늘어남

    여성주기 맞춤의 나라 QUEEN CYCLE SYNCING

- 아이디어·계획 제안 증가

- 관계에 대한 기대 회복

X 남성의 흔한 오해

"괜히 들떠 있네", "말만 많아졌네"

O 진실

회복 중인 에너지의 자연스러운 발산

③ 관계에서의 핵심 포인트

난포기의 여성에게 가장 중요한 것은

"나는 다시 움직여도 안전하다."

이 시기의 남성 역할은 '방해자'가 아니라 '동반자'이다.

Ⅱ. 난포기 공명 선언

"나는 회복의 신호를 알아본다.

나는 아이디어를 평가하지 않고 동반한다.

지금 이 순간, 격려로 관계의 온도를 높인다."

* 선언의 과학적 의미

- 긍정 언어 → 도파민 회로 강화

- 전전두엽-편도체 균형 회복

- 미러 뉴런 활성 → 정서적 동조 상승

Ⅲ. 일일 생활 실천법 〈격려·동반·존중 훈련〉

① 예수의 한마디

"일어나 걸어라."(요한복음 5:8)

* 적용

- 비판 없이 시도 격려

- 가능성을 믿어 주는 태도

② 석가의 한마디

"중도는 흐름을 거스르지 않는다."

* 적용

- 과도한 기대도, 억제도 내려놓기

- 자연스러운 회복 리듬 존중

③ 심리학적 기반

- 자기효능감 강화

- 평가·조언은 동기를 꺾음

- 공감 반응은 행동을 촉진

④ 뇌과학·양자역학적 기반

- 도파민 경로 강화 → 시도 반복

- 미러 뉴런 공명 → 에너지 전이

- 파동 동조: 격려는 에너지를 증폭시킴

 여성주기 맞춤의 나라 QUEEN CYCLE SYNCING

⑤ 오늘의 구체적 실천 5가지

1. 아이디어에 즉각적 평가 금지

2. 첫 반응은 "그거 좋다"

3. 함께할 수 있는 것 한 가지 제안

4. 계획을 가볍게 기록해 주기

5. 미소·눈맞춤·고개 끄덕임 활용

IV. 오늘의 점검 질문

- 나는 오늘 판단보다 격려를 먼저 했는가?

- 여성의 회복 에너지를 꺾지 않았는가?

- 나는 조언자가 아니라 동반자였는가?

V. 핵심 요약 문장

난포기의 여성을 지지하는 남자는 관계의 성장 곡선을 함께 끌어올린다.

칭찬과 지지로 존엄을 세우는 남자

Ⅰ. 이해를 위한 강의

배란기 여성의 리듬을 이해하라

① 생리적·뇌과학적 이해

배란기는 여성 에너지가 가장 바깥으로 확장되는 시기이다.

- 에스트로겐 최고치
- 테스토스테론 일시 상승
- 도파민·옥시토신 활성
- 사회성·표현력·자기효능감 최고

이 시기의 여성은 '관계 속에 드러나는 존재'가 아니라 관계의 중심에서 빛나는 존재이다.

② 심리·감정적 이해

- 자신감·표현력 증가
- 외향성·리더십 발현
- 인정 욕구 자연스럽게 증가
- X 남성의 흔한 오해

“요즘 너무 나서는 거 아니야?” “관심을 너무 받으려 해.”

○ 진실

생물학적으로 허락된 ‘빛의 시기’

③ 관계에서의 핵심 포인트

배란기의 여성에게 가장 중요한 메시지는

“너는 지금 그대로 충분히 빛난다.”

이 시기의 남성 역할은 경쟁자가 아니라 ‘증인’이다.

Ⅱ. 배란기 공명 선언

“나는 빛을 경쟁하지 않는다.

나는 여성이 빛날 때 함께 기뻐한다.

지금 이 순간, 존엄을 세우는 언어를 선택한다.”

* 선언의 과학적 의미

- 칭찬 언어 → 옥시토신 분비 증가

- 비교 중단 → 편도체 과활성 억제

- 미러 뉴런 활성 → 긍정 정서 확산

① 예수의 한마디

"이는 내 사랑하는 자요, 내 기뻐하는 자라." (마태복음 3:17)

* 적용

- 존재 자체를 인정하는 칭찬

- 결과보다 '됨'을 말해 주기

② 석가의 한마디

"비교는 괴로움의 뿌리다."

* 적용

- 나와 비교하지 않기

- 타인과 비교하지 않기

③ 심리학적 기반

- 존엄 기반 애착 형성

- 공개적 인정 → 자기효능감 강화

- 은근한 평가·풍자는 자존감 손상

④ 뇌과학·양자역학적 기반

- 옥시토신·도파민 동시 활성 → 관계 결속

- 미러 뉴런 공명 → 자신감 전이

- 파동 증폭: 칭찬은 에너지를 확장

⑤ **오늘의 구체적 실천 5가지**

1. 하루 1회 공개적 칭찬

2. 결과가 아닌 존재 칭찬

3. 빛나는 순간을 사진·기억으로 남기기

4. 비교 발언 완전 중단

5. "네가 자랑스럽다" 직접 말하기

IV. 오늘의 점검 질문

- 나는 오늘 여성을 경쟁자로 느끼지 않았는가?

- 칭찬을 아끼지 않았는가?

- 나는 존엄을 세우는 증인이었는가?

V. 핵심 요약 문장

배란기의 여성을 존중하는 남자는 관계의 가장 밝은 순간을 함께 완성한다.

수용과 보호로 겸손을 배우는 남자

Ⅰ. 이해를 위한 강의

황체기 여성의 리듬을 이해하라

① 생리적·뇌과학적 이해

황체기는 여성의 몸과 마음이 다음 월경을 준비하는 보호 모드로 전환되는 시기이다.

- 프로게스테론 상승
- 체온·대사율 증가
- 감각 민감도 상승
- 편도체 반응성 증가

이 시기의 여성은 '공격적'이 아니라 경계를 강화하는 상태에 있다.

② 심리·감정적 이해

- 예민함·짜증·피로 증가
- 작은 문제도 크게 느껴질 수 있음
- 관계의 안정성을 점검하려는 욕구 증가

X 남성의 흔한 오해

"괜히 트집 잡는다.", "감정 기복이 심하다."

○ 진실

지금은 '걸러내기'와 '보호'의 시간

③ 관계에서의 핵심 포인트

황체기의 여성에게 가장 중요한 메시지는

"나는 지금도 보호받고 있다."

이 시기의 남성 역할은 논쟁자가 아니라 '울타리'이다.

II. 황체기 공명 선언

"나는 방어하지 않는다. 나는 비판을 공격으로 받지 않는다. 지금 이 순간, 겸손으로 관계를 지킨다."

* 선언의 과학적 의미

- 언어 전환 → 편도체 과흥분 완화

- 전전두엽 활성 → 충동 억제

- 미러 뉴런 안정 → 감정 확산 차단

III. 일일 생활 실천법 〈수용·보호·겸손 훈련〉

① 예수의 한마디

"누구든지 너의 뺨을 치거든, 다른 뺨도 돌려 대라." (마태복음 5:39)

* 적용

\- 즉각 반박하지 않기

\- 방어 대신 수용 선택

② 석가의 한마디

"나를 지키려는 집착이 괴로움을 만든다."

* 적용

\- 옳고 그름 집착 내려놓기

\- 자아 방어 반응 알아차리기

③ 심리학적 기반

\- 비판 속 숨은 불안 읽기

\- 공감 반응은 경계 완화

④ 뇌과학·양자역학적 기반

\- 자율신경 안정 → 감정 폭주 억제

\- 미러 뉴런 차단 → 부정 정서 확산 방지

\- 관측자 효과: 판단 없는 관찰 → 파동 안정

⑤ 오늘의 구체적 실천 5가지

1. 즉각 반박 10초 지연

2. "그렇게 느낄 수 있겠다" 말하기

3. 해결 제안 하루 미루기

4. 신체적 보호 행동(담요, 따뜻한 말)

5. 목소리 톤 낮추기

IV. 오늘의 점검 질문

- 나는 방어보다 수용을 선택했는가?

- 겸손으로 관계를 보호했는가?

- 오늘 나는 울타리였는가?

V. 핵심 요약 문장

황체기의 여성을 보호하는 남자는 관계의 가장 어려운 순간을 지켜
낸다.

7부

여성의 생리주기 맞춤 사회
'생리하는 사회'

34장

생리주기 맞춤 사회 '생리하는 사회' 소개

'생리하는 사회'

생리하는 사회란, 여성을 고정된 동일한 존재로 보지 않고 생리주기라는 살아 있는 리듬을 지닌 존재로 이해하는 사회다. 이 사회는 월경-난포-배란-황체로 이어지는 순환을 결핍이나 불편 또는 혼란이 아니라 생명·창조·회복의 질서로 받아들인다. 핵심은 단순히 "여성에게 맞추는 배려"가 아니라, 인간과 사회 전체가 생명의 리듬에 공명하도록 재설계하는 것이다.

1. 왜 지금 '생리하는 사회'인가

① 획일적 기준의 한계

현대 사회는 여성에게 매일 같은 성과, 같은 감정, 같은 생산성을 요구해 왔다. 이는 여성의 생리적·정서적 진폭을 무시하고, 남성에게도 비인간적, 비생리적, 비주기적 기준을 강요해 왔다.

② 건강·관계·창조성의 위기

여성의 리듬이 억압될수록 우울, 번아웃, 만성 통증, 관계 갈등이 증가한다. 이는 개인 문제가 아니라 사회 구조의 문제다.

③ 생명 중심 패러다임으로의 전환 필요

기후, 공동체, 정신건강의 위기는 '속도·성과' 중심 사회의 결과다. 생리주기는 자연·계절·창조의 원형 코드로서, 새로운 사회 설계의 기준이 될 수 있다.

2. 생리주기별 맞춤 사회의 핵심 원리(4대 원칙)

① 순환 존중의 원리

직선적 성장 대신 오르내림·쉼·재도약을 정상으로 인정한다.

② 차이 공명의 원리

여성과 남성, 개인 간 리듬 차이를 우열이 아닌 조화로 해석한다.

③ 참여의 원리

여성은 관리 대상이 아니라 자신의 리듬을 인식·선언·선택하는 참여의 주체다.

④ 관계 윤리의 원리

가정·직장·교육에서 여성의 상태에 따라 반응하는 것은 배려가 아니라 윤리이며 질서다.

3. 생리주기별 사회 적용 모델

1) 노동·직장 영역

- 월경기: 집중 업무 최소화, 회복·정리·내적 기획 중심
- 난포기: 학습·기획·아이디어 회의 최적기
- 배란기: 발표·협상·리더십·대외 활동 강화
- 황체기: 점검·비판적 사고·마무리·경계 설정
- → 성과를 '항상 동일한 생산량'이 아니라 주기 전체의 완성도로 평가

2) 교육·학교 영역

- 여학생 대상 주기 리터러시(Literacy, 정보 이해, 분석, 평가, 활용,
  소통, 창조하는 능력) 교육 정규화
- 시험·발표·체육활동의 유연한 선택권 보장
- 남학생에게도 여성 생리주기 리듬 이해 교육 실시
→ 성인지 교육을 넘어 생명 리듬 교육으로 확장

3) 의료·뷰티·헬스케어

- 생리주기 기반 진료·상담·처방 표준화
- 생리주기별 화장품·미용 시술·운동·식이 프로토콜 개발
→ "여성 전용"이 아니라 주기 맞춤 의학과 미용

4) 가정·관계·문화

- 부부·가족이 생리주기 달력 공유
- 황체기 갈등을 '성격 문제'가 아닌 상태 신호로 해석
- 월경을 숨김이 아닌 쉼과 존엄의 의식으로 문화화

영역	변화
개인	자기혐오 감소, 자존감·건강 회복
관계	갈등 감소, 공감 능력 증가
조직	창의성·지속 가능 성과 향상
사회	출산·양육·돌봄에 대한 인식 전환
문명	속도 중심 → 생명 중심 문명

5. '생리하는 사회' 실현을 위한 3단계 전환

* 1단계: 인식의 전환

- 생리 = 불편 → 생리 = 리듬 정보

- 캠페인·교육·미디어 콘텐츠 확산

* 2단계: 제도의 전환

- 생리주기 기반 근무제·교육 프로그램 정착

- 의료, 뷰티(화장품, 미용, 성형, 피부 시술), 종교 분야의 표준화

* 3단계: 문화의 전환

- '생리하는 정치인', '생리하는 조직' 브랜드화

- 생리주기 달력·리추얼(Ritual, 종교적 의식에서 유래해 일상에서

규칙적으로 행하는 의도적인 행위나 습관)·언어의 일상화

생리주기의 여성 이해와 존중

1. 여자의 일생은 '리듬의 순환'이다

여자의 일생은 반복되는 생리주기와 함께 흐른다. 매월 반복되는 월 생리주기(월경-난포-배란-황체), 인생의 중요한 전환점인 임신 3분기 그리고 호르몬의 질서가 재편되는 갱년기와 완성의 단계인 폐경기까지 여성의 삶은 단 한 번도 정지하지 않고 순환하는 여정이다. 여성은 이 주기적 리듬의 순환 속에서

- 몸과 피부 상태가 달라지고
- 기분·감성·심리 상태가 변화하며
- 영적 감각과 관계 방식까지도 매 시기마다 다른 얼굴을 드러낸다.

2. 생리주기별로 달라지는 여성의 전인적 변화

영역	변화의 특징
몸·피부	유수분 균형, 민감도, 회복력 변화
감성·기분	안정·확장·표현·경계의 리듬

심리	자기 성찰 ↔ 외향성 ↔ 분별력
영성	내면 침잠 → 창조성 → 발산 → 정화
인간관계	거리감·친밀감·리더십·경계 설정 변화

이 변화는 문제가 아니라 정보이며, 무질서가 아니라 질서다.

3. 여성에 대한 사회의 바른 이해

여성을 단일한 상태의 존재로 대하는 사회는 본질적으로 여성을 알지도, 이해하지 못하는 미개 사회다.

① 여성은 관리 대상이 아니다

여성은 기계적·물리적으로 관리되는 대상이 아니다. 여성의 몸 안에는 신이 설계한 '생리주기'라는 특별한 리듬이 있다. 이 리듬은 단순한 생리 현상이 아니라 창조·회복·표현·완성의 질서다.

② 여성은 남성의 완성자이며 세상의 구원자다

신은 여성을 남성의 부속물로 창조하지 않았다. 여성은 남성을 완성하는 존재, 관계와 문명을 구원하는 생명의 중심축으로 창조되었다. 그러므로 우리는 '모든 여성을 하나의 여성으로 보는 의식'에서 벗어나 한 여성 안에 매월 네 번, 일생에 걸쳐 여러 번 변화하는 생명체가 있음을 인식하는 문명적 전환을 해야 한다.

4. 여성을 존중하는 '생리주기별 맞춤 사회'

1) 동일 화장품 사용은 문명의 미성숙이다

모든 생리주기에 있는 여성이 1년 내내 동일한 화장품을 사용하는 사회는 여성에 대한 무지와 여성을 무시하는 미성숙한 사회의 모습이다.

피부는 생리주기마다 달라지는데 화장품과 미용, 피부 관리가 동일한 것은 잘못되었다.

2) 미용·성형·피부 클리닉의 전환 필요

현재 대부분의 미용·성형·피부 클리닉은 여성의 생리주기를 무시한 채 획일적 시술을 반복하고 있다. 이는 의료 기술의 문제가 아니라 문명 인식의 문제다.

진화된 문명은 고객의 생리주기에 맞는 진료 시스템을 구축해야 한다. 먼저 의사와 국가의 의식 전환이 필요하다.

3) 종교·영성 공간도 예외가 아니다

교회·성당·사찰 등 다수의 여성으로 구성된 종교 공간에서도

- 메시지의 내용과 성격
- 예배 형식

- 상담과 기도 등 여성 신도를 위한 모든 영적 프로그램이 여성 신도
  의 생리주기 맞춤으로 구성될 때 영적 효과는 극대화된다. 생명을
  이해하고 존중하는 종교가 참종교다.

'생리하는 나라'의 선언적 결론

여성을 생리주기별로 대하는 국가는 여성을 특별 대우하는 사회가
아니라, 생명을 존중하는 사회다. '생리하는 나라'는 여성을 배려하는
문명이 아니라 문명이 비로소 인간이 되는 방식이다. 이제 사회는 여
성을 고치려 해서는 안 된다. 여성의 리듬에 맞춰 진화해야 한다.

35장

생리주기 맞춤 남자(남편, 친구, 아들)의 언행 가이드

여성의 생리주기는 단순한 신체 변화가 아니라 감정·심리·영성·관계의 파동이다. 남자(남편·친구·아들)가 이 리듬을 이해하고 언행을 조율할 때, 관계는 갈등이 아닌 신뢰와 공명으로 깊어진다.

1. 월경기(정화·회복의 시기)

*** 여성의 상태**

- 에너지 저하, 민감도 증가

- 내향성, 침묵 욕구, 정서적 보호 필요

*** 남자의 말(言)**

- "지금은 쉬어도 괜찮아."

- "말하지 않아도 이해해."

- "네가 가장 중요해."

* 남자의 행동(行)

- 질문·조언 최소화, 존재로 동행

- 가사·일상 부담 자발적 분담

- 신체적·정서적 거리 존중

* 금기 언행

- "왜 이렇게 예민해?"

- 해결책 강요, 비교, 재촉

2. 난포기(회복·확장의 시기)

* 여성의 상태

- 에너지 상승, 학습·기획에 적합

- 긍정적 정서, 자기 확장 욕구

* 남자의 말

- "아이디어가 정말 좋아."

- "네 계획을 듣고 싶어."

- "지금 도전해도 좋아 보여."

*남자의 행동

- 대화·브레인스토밍 동참

- 응원과 구체적 칭찬

- 새로운 활동 제안

*금기 언행

- 무시, 냉소, 지나친 통제

3. 배란기(표현·연결의 시기)

*여성의 상태

- 사회성·표현력 최고조
- 친밀감·공감·존중 욕구 증가

*남자의 말

- "네가 빛나 보여."

- "네 말이 사람들을 살려."

- "네가 있어서 분위기가 좋아."

*남자의 행동

- 공개적 지지와 인정

- 스킨십·공감적 경청

- 중요한 대화·결정 함께하기

*** 금기 언행**

- 공개적 비판, 무시, 질투 표출

4. 황체기(분별·경계의 시기)

*** 여성의 상태**

- 예민·비판성 증가(질서 회복 신호)
- 정리·마무리·자기 보호 욕구

*** 남자의 말**

- "네가 불편하다면 조정할게."
- "지금은 네 기준을 존중할게."
- "천천히 해도 괜찮아."

*** 남자의 행동**

- 논쟁 회피, 경계 존중
- 약속·규칙 준수
- 감정 폭발 시 즉각 반박 대신 휴지기

*** 금기 언행**

- 논리 대결, 감정 폄하, 방어적 태도

5. 임신 1분기(불확실성·보호의 시기)

① 여성의 상태

- 호르몬 급변, 피로·메스꺼움

- 불안·민감성 증가, 정서적 보호 필요

- 정체성 전환의 시작

② 남자의 말(言)

- "지금은 네 몸과 마음이 가장 중요해."

- "불안해도 괜찮아, 내가 옆에 있어."

- "네가 느끼는 걸 그대로 말해도 돼."

③ 남자의 행동(行)

- 정보 과잉 차단, 안정적 환경 유지

- 집안·외부 스트레스 선제적 차단

- 병원 동행·일상 리듬 보호

④ 금기 언행

- "다들 겪는 거야."

- 성급한 낙관·비교·합리화

- 감정 무시, 조급함

6. 임신 2분기(안정·확장의 시기)

① 여성의 상태

- 신체·정서 안정

- 태아와의 연결감 강화

- 사회적 활동·기쁨 회복

② 남자의 말(言)

- "지금의 너, 정말 평안해 보여."

- "네가 웃으니까 집이 밝아."

- "함께 준비하는 게 기뻐."

③ 남자의 행동(行)

- 외출·취미·태교 동반

- 미래 계획을 함께 상의

- 긍정적 감정의 언어화

④ 금기 언행

- 과도한 통제

- 불필요한 걱정

- 무관심

7. 임신 3분기(존엄·경외의 시기)

① 여성의 상태

- 신체 부담 증가

- 보호 본능·영적 감수성 극대화

- 존엄과 존중 욕구 최고조

② 남자의 말(言)

- "네가 생명을 품고 있다는 게 존경스러워."

- "지금의 너는 충분히 아름다워."

- "나는 네 편이야."

③ 남자의 행동(行)

- 말보다 행동으로 헌신

- 휴식 우선권 보장

- 결정권을 여성에게 위임

④ 금기 언행

- 외모 평가

- 조급한 요구

- 출산 이후만을 강조

8. 갱년기(재편·전환의 시기)

① 여성의 상태

- 호르몬 재편, 감정 기복

- 상실과 해방이 공존

- 정체성 재정의의 시기

② 남자의 말(言)

- "이 변화도 네 삶의 일부야."

- "지금의 너도 여전히 소중해."

- "천천히 가도 괜찮아."

③ 남자의 행동(行)

- 경청 중심의 동행

- 해결책 제시보다 공감

- 새로운 역할·관심사 지지

④ 금기 언행

- "나이 탓이야."

- 과잉 조언

- 과거와의 비교

9. 폐경기(완성·지혜의 시기)

① 여성의 상태

- 생식 기능 종료

- 에너지의 내면화

- 통찰·지혜·영적 성숙

② 남자의 말(言)

- "네 경험과 시선이 큰 힘이 돼."

- "지금의 너에게 배우고 싶어."

- "네가 있어 든든해."

③ 남자의 행동(行)

- 조언 요청, 존중의 표현

- 삶의 결정에 동등한 파트너로 대우

- 쉼과 창조의 공간 보장

④ 금기 언행

- 무시·배제

- '이제 끝'이라는 표현

- 보호를 가장한 통제

■ 통합 선언

여성의 생애 전환기를 이해하는 남자는

여성을 고치려 하지 않는다.

자신의 언행을 낮추고, 속도를 맞춘다.

그때 관계는 관리가 아니라 경외가 되고, 동행은 의무가 아니라 축복이 된다.

■ 관계별 핵심 포인트

관계	핵심 태도
남편	보호·존중·공명
친구	경청·지지·비판 최소화
아들	이해 교육·존중 언어·경계 인식

■ 요약 선언

여성의 생리주기를 이해하는 남자는

여성을 바꾸려 하지 않는다. 자신의 언행을 조율한다.

그 순간 남자는 지배자가 아니라

동행자가 되고, 관계는 다툼이 아니라 공명이 된다.

36장

생리주기 맞춤 기독교, 불교의 영성 지도

■ 생리 4주기(월경, 난포, 배란, 황체기)의 기독교와 불교의 영성지도

I. 기독교

"성령의 역사에 '리듬으로 참여'하는 영성"

1. 월경기(침묵·회복)

◎ 영적 상태

- 내향성, 정화 욕구, 연약함의 인식

- 비움, 낮춤, 내려놓음

- "아무것도 하지 않음"이 은혜가 되는 시기

◎ 맞춤 영성 지도

- 기도: 짧은 호흡기도, 침묵기도("주님, 여기 있습니다.")

- 말씀: 시편의 탄식·안식 본문

- 지도 포인트: 회개·결단 요구 금물, 존재 자체의 존엄 강조

2. 난포기(소명·확장)

◎ 영적 상태

- 소망·배움 욕구, 새로움에 열림

- 말씀 수용력·결단력 상승

◎ 맞춤 영성 지도

- 기도: 말씀 묵상, 중보기도 확장

- 말씀: 부르심·새 창조·회복 본문

- 지도 포인트: 교육·기획·훈련 참여 권장

3. 배란기(사랑·나눔)

◎ 영적 상태

- 공감·표현·연결 최고조

- 공동체적 은사 활성화

◎ 맞춤 영성 지도

- 기도: 감사·축복·안수기도

- 예배: 찬양, 간증, 공동체 섬김

- 지도 포인트: 공개적 인정과 격려

4. 황체기(분별·정화)

◎ 영적 상태

- 예민함, 진실을 가려 내는 힘

- 경계·정리 욕구

◎ 맞춤 영성 지도

- 기도: 성찰, 용서·놓아줌

- 말씀: 지혜서·경계와 분별 본문

- 지도 포인트: 논쟁 유도 금물, 경청과 보호

기독교 핵심 문장

"성령은 언제나 일하신다. 그러나 일하시는 방식은 시기마다 다르다."

Ⅱ. 불교

"무상(無常)을 몸으로 깨닫는 수행의 지혜"

1. 월경기(관照·놓아줌)

◎ 영적 상태

- 에너지 하강, 감각 예민

- '쉬어도 됨'을 배우는 시기

◎ 맞춤 영성 지도

- 수행: 좌선 시간 단축, 관조 명상

- 법문: 무상·고통의 진실을 부드럽게

- 지도 포인트: 수행 강도 완화

2. 난포기(정진·확장)

◎ 영적 상태

- 집중력·의지 상승

- 수행 흡수력 증가

◎ 맞춤 영성 지도

- 수행: 좌선·행선 확장(좌선坐禪은 가부좌를 하고 앉아 선정禪定에
  드는 수행이며, 행선行禪은 걸으면서 하는 참선으로, 두 가지 모두
  마음을 한곳에 모아 집중하는 명상법)

- 법문: 정진·계율·지혜

- 공동체: 학습·공양 참여

3. 배란기(자비·보시)

◎ 영적 상태
- 연결감·공감 극대
- 이타행의 기쁨

◎ 맞춤 영성 지도
- 수행: 자비관, 보시 실천
- 법문: 연기·자비
- 지도 포인트: 공동체 봉사 장려

4. 황체기(정화·절제)

◎ 영적 상태
- 번뇌 감지력 상승
- 경계·절제 필요

◎ 맞춤 영성 지도
- 수행: 계율 점검, 번뇌 관찰
- 법문: 중도·절제
- 지도 포인트: 자기 비난 금물

불교 핵심 문장

"몸의 변화는 수행의 방해가 아니라 깨달음의 교과서"

Ⅲ. 종교 공간을 위한 실천 가이드(공통)

1) 메시지 설계

- 월경기: 위로·쉼

- 난포기: 배움·소명

- 배란기: 사랑·섬김

- 황체기: 분별·정화

2) 예배·법회 형식

- 고강도 금식·철야는 주기 고려 선택제

- 침묵·찬양·봉사의 리듬화

- 동일 생리주기 묶음 상담과 합심기도

3) 지도자의 태도

- "왜 못 하나?" → "지금은 어떤 상태인가?"

- 지도는 통제가 아니라 공명이다.

결론 선언

여성의 생리주기를 존중하는 것은 여성을 배려하는 신앙이 아니라 신과 생명의 질서를 존중하는 영성이다.

여성주기 맞춤의 나라 QUEEN CYCLE SYNCING

기독교는 성령의 리듬으로, 불교는 무상의 지혜로, 여성은 매달 더 깊은 깨달음에 들어간다.

■ 임신기, 갱년기, 폐경기의 기독교와 불교의 영성지도

이 시기들은 호르몬 변화 이전에 의식과 정체성의 전환기다.

영성 지도는 '더 하게 만드는 것'이 아니라 '지금의 상태에 맞게 숨 쉬고 머무르게 하는 것'이다.

I. 임신 1분기(불확실성·보호)

① 여성의 영적 상태

- 몸의 급변으로 불안·민감·취약감 증가

- 정체성 전환의 문턱('나'에서 '함께'로)

② 맞춤 수행/기도

- 기독교: 짧은 호흡기도, 침묵기도("주님, 맡깁니다.")

- 불교: 호흡 명상(감각 알아차림), 좌선 시간 단축

③ 메시지·지도 포인트

- 안전·동행·맡김을 강조

- 결과·사명보다 존재의 존엄을 확인

④ 금기 지도

- 결단·헌신·성과 요구

- 비교, 낙관 강요, 감정 축소

Ⅱ. 임신 2분기(안정·확장)

① 여성의 영적 상태

- 정서 안정, 기쁨 회복

- 태아와의 연결감 강화

② 맞춤 수행/기도

- 기독교: 감사기도, 말씀 묵상 확장

- 불교: 자비관 기초, 행선 병행

③ 메시지·지도 포인트

- 기쁨·동행·준비의 영성

- 공동체적 축복과 환대

④ 금기 지도

- 과도한 통제, 걱정 전염

- 무관심

Ⅲ. 임신 3분기(존엄·경외)

① 여성의 영적 상태

- 보호 본능·영적 감수성 극대

- 침묵 속 깊은 경외

② 맞춤 수행/기도

- 기독교: 축복기도, 안수, 침묵 예배

- 불교: 자비관 심화, 짧은 염불

③ 메시지·지도 포인트

- 존엄·경외·신뢰

- 말보다 공감과 배려

④ 금기 지도

- 출산 이후만 강조

- 외모·역할 평가

Ⅳ. 갱년기(재편·전환)

① 여성의 영적 상태

- 상실과 해방이 공존

- 정체성 재정의의 요구

② 맞춤 수행/기도

- 기독교: 성찰 기도, 시편 묵상(탄식→소망)

- 불교: 무상관(세상의 모든 존재와 현상이 영원하지 않고 끊임없이
  변화한다는 진리를 통찰하는 관점), 중도 수행

③ 메시지·지도 포인트

- 변화의 의미화, 속도 조절

- 해결책보다 경청

④ 금기 지도

- "나이 탓" 규정

- 조언 과잉·과거 비교

V. 폐경기(완성·지혜)

① 여성의 영적 상태

- 에너지 내면화

- 통찰·지혜·영적 성숙

② 맞춤 수행/기도

- 기독교: 중보기도, 감사·축복의 삶

- 불교: 지혜관, 보시·가르침의 수행

③ 메시지·지도 포인트

- 완성·전수·동반의 의미

- 리더가 아닌 현자로 존중

④ 금기 지도

- 배제·무시

- 보호를 가장한 통제

■ 종교 공간을 위한 통합 운영 가이드

- **형식:** 고강도 금식·철야는 선택제
- **메시지 리듬**
- 임신기: 안전·동행

- 갱년기: 의미·전환

- 폐경기: 지혜·전수

- 지도자 질문: "왜 못하나?" → "지금 어떤 상태인가?"

선언적 결론

여성 생애 전환기에 맞춘 영성은 교리를 약화시키는 것이 아니라 신과 생명의 질서를 더 정확히 따르는 일이다.

기독교는 성령의 리듬으로, 불교는 무상의 지혜로, 여성은 각 전환기마다 더 깊은 성숙으로 들어간다.

37장

'생리하는 병원(미용성형피부)'의 생리주기 맞춤 시술

여성의 생리주기는 통증과 불안 민감도·염증 반응·부종·멍·회복력·정서 안정성에 직접적 영향을 준다.

따라서 '생리하는 병원, 생리하는 미용성형피부 클리닉'에서 미용 시술의 효과와 부작용 그리고 여성 고객의 감성을 고려한 만족도를 높이려면 생리주기 맞춤의 선택과 타이밍이 중요하다. 이것이 생리주기 맞춤 미용 시술의 핵심원칙이다.

1. 월경기(정화·회복기)

■ 호르몬/피부 상태

- 에스트로겐↓ → 통증 민감↑, 염증·멍 위험↑
- 피부 장벽 약화, 부종·피로감 증가

✔ 권장 시술(최소·보존)

- 레이저 토닝(저에너지): 색소 악화 위험 낮게 관리
- 가벼운 진정·보습 관리: 장벽 회복 목적
- 저강도 항노화 관리(비침습)

✕ 비권장 시술

- 보톡스/필러/실 리프팅 → 멍·부종·통증↑
- 레이저 색소 고에너지 → 염증 후 색소침착 위험
- CO_2 점 제거 → 상처 회복 지연
- 여드름 압출·침습 시술 → 염증 악화
- 레이저 제모 → 통증 과민

이유 요약: "회복력이 가장 낮은 시기—개입 최소화"

2. 난포기(회복·확장기)

■ 호르몬/피부 상태

- 에스트로겐↑ → 회복력·재생력 최고
- 통증 민감↓, 피부 광채·탄력↑

✔ 권장 시술(골든타임)

- 보톡스: 지속력 우수
- 스킨부스터: 흡수·효과, 재생 극대화
- 필러: 부종·멍 최소
- 실 리프팅: 부종·멍, 통증 최소
- 레이저 색소 시술/토닝
- CO_2 점 제거
- 레이저 제모
- 여드름 시술
- 항노화 시술 전반

✕ 비권장 시술

(거의 없음 — 과도한 중복 시술만 주의)

이유 요약: "치유·재생·만족도 최고—대부분 시술 최적기"

3. 배란기(표현·연결기)

■ 호르몬/피부 상태

- 에스트로겐 최고조 → 윤기·혈류↑
- 감정 안정·사회 활동 증가

✔ 권장 시술

- 보톡스
- 필러
- 스킨부스터
- 실 리프팅
- 레이저 토닝
- 레이저 제모

△ 주의 시술

- 고에너지 레이저 색소: 홍조·부종 관리 필수

✕ 비권장 시술

- 대범위·복합 침습 시술(과욕 금물)

이유 요약: "결과는 좋으나 부기 관리가 관건"

4. 황체기(분별·경계기)

■ 호르몬/피부 상태

- 프로게스테론↑ → 부종·피지·트러블↑

- 감정 민감, 염증 반응 증가

✓ 권장 시술(보수적)

- 보톡스

- 레이저 토닝(저자극)

- 가벼운 여드름 관리(비압출)

- 진정·피지 조절 프로그램

✕ 비권장 시술

- 필러/실 리프팅 → 부종·불만족↑

- 레이저 색소 고에너지

- CO_2 점 제거

- 여드름 압출

- 강한 항노화 시술

이유 요약: "부종·감정 민감—결과 불만족 위험"

■ 임신기·갱년기·폐경기 맞춤 '미용성형피부 시술'

이 시기들은 호르몬의 급변·재편·완성이 일어나는 전환기다.

따라서 통증 민감도·염증 반응·부종·색소 반응·회복력을 최우선으로 고려해 저자극·안전·예측 가능한 결과를 목표로 한다.

5. 임신기 1분기(불확실성·보호기)

① 피부·신체 상태

- 호르몬 급변 → 과민·홍조·가려움 증가

- 멜라닌 반응 ↑ (기미 위험), 면역·회복력 변동

② ✓ 권장 시술(최소·보존)

- 진정·보습 관리 / 장벽 회복 케어

- 비침습 항노화(마사지·LED 등)

③ × 비권장 시술

- 보톡스/필러/실 리프팅

- 레이저 시술

- 초음파, 고주파 리프팅

- CO_2 점 제거

- 레이저 제모

- 침습 여드름 시술

④ 이유

- 태아 안전 우선, 부작용·스트레스 최소화 필요

- 색소 과민기 → 염증 후 색소침착 위험

<u>6. 임신기 2분기(안정·회복기)</u>

① 피부·신체 상태

- 호르몬 상대적 안정

- 피부 윤기·혈류 개선, 회복력 ↑

② ✓ 권장 시술(선별적)

- 진정·보습·광채 관리

- 가벼운 항노화 비침습 프로그램

③ △ 주의 시술

- 여드름 시술: 압출 최소

④ × 비권장 시술

- 보톡스/필러/실 리프팅

- CO_2 점 제거

- 레이저 시술

- 초음파, 고주파 리프팅

⑤ 이유

- 안정기이나 미용적 욕구보다 안전 우선

- 약물·침습 회피

7. 임신기 3분기(존엄·보호 극대기)

① 피부·신체 상태

- 부종·압박감 증가

- 통증 민감↑, 회복력↓ (개인차 큼)

② ✓ 권장 시술(유지·완화)

- 저자극 진정·부종 완화 관리

- 보습·마사지 중심 케어

③ ✕ 비권장 시술

- 보톡스/필러/실 리프팅

- 모든 레이저, 초음파, 고주파 시술

- CO_2 점 제거/레이저 제모

- 침습 여드름·항노화

④ 이유

- 통증·부종·스트레스 위험 최대

- 분만 전 안전 최우선

8. 갱년기(재편·전환기)

① 피부·신체 상태

- 에스트로겐 급감 → 건조·탄력 저하·홍조

- 염증·색소 반응 변동, 감정 민감

② ✓ 권장 시술

- 보톡스: 용량 보수적

- 스킨부스터: 수분·장벽 회복

- 실 리프팅

- 레이저 토닝: 색소·홍조 조절

- 저강도 항노화 시술(콜라겐 자극)

③ △ 주의 시술

- 필러: 부종·혈관 반응 모니터

- 과도한 실 리프팅

- 여드름 시술: 염증 관리 우선

④ × 비권장 시술

- 고에너지 색소 레이저

- 광범위 CO_2 점 제거

⑤ 이유

- 과도한 자극은 회복 지연

- "채움·당김"보다 수분·질 개선이 핵심

9. 폐경기(완성·지혜기)

① 피부·신체 상태

- 호르몬 안정화(낮은 기준선)

- 만성 건조·탄력 저하 지속, 회복 속도 느림

② ✓ 권장 시술(지속·균형)

- 보톡스(주름 완화 목적)

- 필러(윤곽·지지 최소량)

- 실 리프팅: 과도한 당김 주의

- 스킨부스터(장기 프로토콜)

- 레이저 토닝(정기적)

-항노화 레이저(저~중강도 반복)

③ △ 주의 시술

- CO_2 점 제거: 개수·범위 제한

④ × 비권장 시술

-단기간 대변화 목표의 과격 복합 시술

⑤ 권장

- 자연스러움·지속성이 만족도 핵심
- 점진적 개선이 부작용 최소화

생리 4주기

여성의 피부는 '항상 같은 피부'가 아니다.

시술 실패와 고객 불만족의 상당수는 기술이 아니라 '타이밍' 문제다. 생리주기 맞춤 시술만이 '진화된 미용 의료'의 기준이다. 여성을 생리주기별로 존중하는 클리닉은 결과가 다르고, 신뢰가 다르며 결국 문명의 수준이 다르다.

임신기, 갱년기, 폐경기

* 임신기: "안전 > 미용"
* 갱년기: "질 개선 > 볼륨"
* 폐경기: "지속성 > 과감함"

결론: 여성의 생애 전환기를 존중하는 시술은 결과가 안정적이며 만족도가 지속된다. 결국 타이밍이 수준이다.

단계	특징	시술 안내	
월경기	피부 민감도 증가, 통증 민감성 상승. 부기·피부 건조	저강도(저강도 레이저 토닝, 진정 스킨부스터). 보습 관리.	강한 통증·붓기 유발 시술(필러, 실 리프팅 등)은 지양.
난포기	에스트로겐 증가 → 피부 탄력·회복력 상승.	피부 재생·탄력 강화 시술(필러, 보톡스, 실 리프팅, PRP).	미용 시술 효과 극대화 시기.
배란기	피부 윤기·혈색 최상, 면역력 강함.	고강도 시술 적합, 리프팅, 실 리프팅, 레이저 색소치료).	피부 회복력 높아 고강도 시술 효과 극대화.
황체기	프로게스테론 증가 → 피지분비, 여드름·붓기 발생.	피부 트러블 관리 중심(레이저토닝, 여드름 치료, 진정 관리).	부기 완화 시술(안면 윤곽주사, CO_2 레이저 국소치료).
임신기	호르몬 급격 변화, 색소침착·부종·민감성 증가.	안전성 높은 진정 관리, 보습·재생 프로그램.	보톡스·필러·실 리프팅 등 침습적 시술은 금기.
갱년기	에스트로겐 감소 → 피부 건조, 탄력 저하, 주름 심화.	스킨부스터, PRP, 리프팅. 실 리프팅	장기적 피부 재생 프로그램 설계.
폐경기	호르몬 분비 거의 소실 → 피부 노화 가속, 건조·주름·색소.	필러·보톡스(주름 개선), 레이저 색소치료, CO_2 레이저. 실 리프팅	피부 재생·보습 강화 프로그램.

한 눈 요약표(생리주기 맞춤 미용성형피부 시술)

단계	피부 특징	권장 시술	응대 포인트
월경기	민감·붓기	저강도 레이저, 진정 관리	편안·배려
난포기	탄력·회복 ↑	필러, 보톡스, PRP	적극 상담
배란기	윤기·혈색 ↑	고주파, 초음파, 색소치료	관리 안내
황체기	피지·여드름 ↑	토닝, 윤곽주사, CO_2	트러블 관리
임신기	민감·색소 ↑	저강도 관리, 보습	안전 최우선
갱년기	건조·탄력 ↓	스킨부스터, 리프팅	장기 관리
폐경기	노화·주름 ↑	필러, 보톡스, 색소치료	안티에이징

한 눈 요약표(월경기, 난포기, 배란기, 황체기)

시술	월경기	난포기	배란기	황체기
보톡스	×	✔✔	✔	×
스킨부스터	△	✔✔	✔	△
필러	×	✔✔	✔	×
실 리프팅	×	✔	△	×
레이저 색소	×	✔✔	△	×
레이저 토닝	△	✔	✔	✔
레이저 제모	×	✔✔	✔	△
CO_2 점 제거	×	✔✔	△	×
여드름 시술	×	✔	△	×
항노화 시술	×	✔✔	✔	×
시술 권장	✔✔ 최적, ✔ 가능, △ 주의, × 비권장			

한 눈 요약표(임신·갱년·폐경)

시술	임신1	임신2	임신3	갱년기	폐경기
보톡스	×	×	×	✔	✔
스킨부스터	△	△	△	✔✔	✔✔
필러	×	×	×	△	✔
실 리프팅	×	×	×	✔	✔
레이저 색소	×	△	×	△	△
레이저 토닝	△	✔	×	✔✔	✔✔
레이저 제모	×	×	×	△	△
CO_2 점 제거	×	×	×	×	△
여드름 시술	×	△	×	△	△
항노화 시술	×	△	×	✔	✔✔
시술 권장	✔✔ 최적, ✔ 가능, △ 주의, × 비권장				

38장

'생리하는 병원(미용성형피부)'의
생리주기 맞춤 서비스

■ 생리주기 맞춤 인사, 음료, 차 서비스

단계	고객응대 포인트	상담 인사말
월경기	편안한 분위기, 배려, 진정, 휴식	"오늘은 편안히 쉬실 수 있도록 배려하겠습니다."
난포기	적극적 상담, 시술 권유. 미용적 효과 강조.	"피부가 회복력이 좋은 시기라 활력이 느껴지시죠."
배란기	시술 후 관리 프로그램 안내.	"지금 피부가 가장 빛나는 시기입니다."
황체기	피부 트러블 관리·생활습관 상담 강화.	"피부가 예민할 수 있으니 진정 관리에 집중하겠습니다."
임신기	안전성 최우선, 산부인과 협진 고려.	"안전과 편안함을 최우선으로 준비했습니다."
갱년기	장기 관리 중심, 노화 예방 상담.	"장기적인 피부 건강 관리에 함께 하겠습니다."

| 폐경기 | 노화 관리·안티에이징 패키지 제안. | "안티에이징과 편안한 휴식을 도와드리겠습니다." |

단계	음료와 차	목표 설명
월경기	따뜻한 캐모마일티, 생강차	진정·진통 효과, 긴장 완화
	다크초콜릿 소량	마그네슘 공급, 기분 안정
난포기	녹차, 레몬그라스티	항산화 효과, 활력 증진
	상큼한 과일칩(레몬·오렌지)	피부 맑음, 비타민 C 보충
배란기	허브티(레몬밤), 자몽 주스	피부 윤기·혈색 개선, 활력 강화
	견과류와 함께하는 허브티	회복력 강화, 에너지 유지
황체기	루이보스티, 민트티	항산화·피부 진정, 부기 완화
	오트밀 쿠키	혈당 안정, 편안한 포만감
임신기	무카페인허브티(카모마일·루이보스)	안전성 최우선, 진정 효과
	수제 과일 젤리	칼슘 보충, 소화 부담 적음
갱년기	홍삼차, 대추차	면역력 강화, 혈액순환 개선
	호두·아몬드와 함께하는 곡물차	피부 건조 완화, 영양 보충
폐경기	따뜻한 대추차, 국화차	혈액순환·안정감 제공
	곶감·견과류와 함께하는 허브티	항산화, 안티에이징 효과

■ 여성 생리주기 맞춤 음악

미용성형피부 시술실에서 여성주기 맞춤 음악은 주사 통증 감소·불안 완화·자율신경 안정 그리고 좋은 시술 결과, 고객 존중 그리고 고객가치를 위한 배려이다.

■ 여성주기 맞춤음악

단계	음악 박자(템포)	음악 장르/스타일	효과
월경기	느린 템포 (60~70 BPM)	잔잔한 피아노 연주, 뉴에이지, 힐링 사운드	긴장 완화, 진정 효과
난포기	중간 템포 (80~90 BPM)	밝은 클래식, 보사노바, 어쿠스틱 팝	활력 증진, 긍정적 분위기
배란기	경쾌한 템포 (90~100 BPM)	재즈, 팝 발라드, 라운지 음악	활기·자신감 고취
황체기	느린~중간 템포 (70~80 BPM)	어쿠스틱 기타, 자연 소리, 잔잔한 클래식	피부 예민 시 안정감 제공
임신기	느린 템포 (60~70 BPM)	태교 클래식, 오르골, 무자극 힐링 음악	안정·안전감, 태아와 함께 편안함
갱년기	중간 템포 (75~85 BPM)	뉴에이지, 잔잔한 재즈, 명상 음악	긴장 완화, 심리적 안정
폐경기	느린~중간 템포 (70~80 BPM)	클래식 명곡, 부드러운 재즈, 힐링 사운드	안티에이징·휴식 분위기

* 임상 적용 팁

- **볼륨:** 40~50dB(주사 직전 5분 가장 중요)

- **타이밍:** 주사 전 3-5분부터 동일 곡 유지(기억 고정 방지)

- **선택**

1) 통증 민감 시: 무가사 클래식 위주

2) 불안 시(특히 황체·갱년기): 가사 있는 발라드, 찬송가

월경기(정화·회복기)		
*** 상태:** 통증 민감 ↑, 피로·위축 〉부교감 신경 필요 *** 권장 음악 박자/속도:** 느린 3/4, 4/4·60~70 BPM ■ **음악 효과** – 통증 인지 역치 상승(Pain Threshold ↑) – 미주신경 활성 → 주사 통증 감소(통증 역치 ↑) – 골반·복부 긴장 완화, 불안 감소		
클래식	발라드	찬송가
–바흐: G선상의 아리아 –드뷔시: 달빛 –사티: Gymnopédie 　No.1	– 이문세 – 광화문 연가 – 아이유 – 밤편지 – 김광석 – 바람이 불어 　오는 곳	– 내 주를 가까이 하게 – 주의 친절한 팔에 안기세 – 예수를 나의 구주 삼고

난포기(회복·확장기)		
*** 상태:** 에너지 회복, 집중도↑ *** 권장 음악 박자/속도:** 부드러운 4/4·70~80 BPM ■ **음악 효과** – 시술 협조도↑ – 도파민·세로토닌 균형 – 긴장 완화 + 회복 기대감 형성		
클래식	발라드	찬송가
– 모차르트: 피아노 소나 　타 K.545 – 비발디: 사계 '봄' 1악장 – 슈만: 어린이 정경	– 성시경 – 두 사람 – 윤하 – 사건의 지평선 – 폴킴 – 모든 날 모든 순간	– 주 하나님 지으신 모든 　세계 – 나 같은 죄인 살리신 – 주의 음성을 내가 들으니

배란기(표현·균형기)		
*** 상태:** 감각 예민, 자존감·사회성 ↑		
*** 권장 음악 박자/속도:** 6/8, 4/4·80~90 BPM		
■ **음악 효과**		
– 시술 중 불안 억제		
– 감정 공명 → 통증 분산		
– 얼굴 근육 긴장 완화 → 붓기, 멍 등 시술 결과 안정		
클래식	발라드	찬송가
– 쇼팽: 녹턴 Op.9 No.2 – 멘델스존: 봄의 노래 – 리스트: 사랑의 꿈	– 태연 – 그대라는 시 – 백예린 – Maybe It's Not Our Fault – 정승환 – 이 바보야	– 하나님은 너를 지키시는 자 – 주의 사랑으로 사랑합니다 – 내 영혼에 햇빛 비치니

황체기(경계·민감기)		
*** 상태:** 예민·불안·통증 민감 ↑		
*** 권장 음악 박자/속도:** 느린 4/4·60~70 BPM		
■ **음악 효과**		
– 교감신경 과흥분 억제		
– 주사 공포·통증 인식 감소		
– 시술 중 눈물·불편 반응 감소		
클래식	발라드	찬송가
– 브람스: 자장가 – 포레: 시실리안느 – 라흐마니노프: 보칼리제	– 이적 – 걱정 말아요 그대 – 임영웅 – 이제 나만 믿어요 – 박효신 – 야생화 (잔잔한 부분)	– 마음에 가득한 의심을 깨치고 – 너 근심 걱정 말아라 – 주는 나의 피난처

<table>
<tr><th colspan="3" align="center">임신기(보호·감싸기)</th></tr>
<tr><td colspan="3">

* **상태:** 안정·안전 욕구, 태아 공명(중요)
* **권장 음악 박자/속도:** 3/4, 12/8·55~65 BPM
■ **음악 효과**
– 태아·모체 동시 안정(공포기억 최소화)
– 옥시토신 분비 ↑
– 시술실 공포기억 최소화
</td></tr>
<tr><th align="center">클래식</th><th align="center">발라드</th><th align="center">찬송가</th></tr>
<tr>
<td>

– 모차르트: 자장가
– 파헬벨: 캐논(느린 버전)
– 슈베르트: 세레나데
</td>
<td>

– 아이유 – Love Poem
– 김동률 – 감사
– 이소라 – 바람이 분다
</td>
<td>

– 주의 손에 나의 손을 포개고
– 나의 갈 길 다 가도록
– 주 은혜임을
</td>
</tr>
</table>

<table>
<tr><th colspan="3" align="center">갱년기(전환·재구성)</th></tr>
<tr><td colspan="3">

* **상태:** 감정 기복, 자율신경 불안정
* **권장 음악 박자/속도:** 변박자·느린 4/4
■ **음악 효과**
– 심박 변이도(HRV) 안정
– 정서 배출(감정 눈물 배출) 허용
– 시술 후 만족도 상승
</td></tr>
<tr><th align="center">클래식</th><th align="center">발라드</th><th align="center">찬송가</th></tr>
<tr>
<td>

– 말러: 아다지에토
– 베토벤: 소나타 월광 1악장
– 바버: 현을 위한 아다지오
</td>
<td>

– 조용필 – 바람의 노래
– 나얼 – 기억의 빈자리
– 김윤아 – 봄날은 간다
</td>
<td>

– 내 평생에 가는 길
– 주 예수보다 더 귀한 것은 없네
– 은혜 아니면
</td>
</tr>
</table>

<table>
<tr><th colspan="3" align="center">폐경기(완성·존엄)</th></tr>
<tr><td colspan="3">

*** 상태:** 통합·존재 안정
*** 권장 음악 박자/속도:** 자유박·느린 4/4
■ **음악 효과**
– 존재 안정감·존엄 회복
– 통증 인식 최소화
– 시술을 '관리'가 아닌 '의식'으로 전환
</td></tr>
<tr><th align="center">클래식</th><th align="center">발라드</th><th align="center">찬송가</th></tr>
<tr>
<td>

– 바흐: 골드베르크 변주
　곡 아리아
– 하이든: 현악 사중주
　'황제'
– 엘가: 사랑의 인사
</td>
<td>

– 김광석 – 서른 즈음에
– 장필순 – 어느새
– 박정현 – 꿈에
</td>
<td>

– 내가 매일 기쁘게
– 주님 뜻대로 살기로 했네
– 주의 은혜라
</td>
</tr>
</table>

■ 생리주기 맞춤 '시술 통증 완화 전용 음악'

* 목표: 주사 통증 인지 감소·불안 완화·시술 협조↑

* 세팅 가이드

① **가사(발라드/찬송가)** → 안정 목적(황체·갱년기)

② **무가사(클래식)** → 통증 감소, 집중 목적(월경·임신)

③ **볼륨:** 40 ~ 50dB - **리듬:** 60 ~ 75 BPM 중심

④ **추천 재생 순서(임상 최적)**

1. 주사 전(대기실 음악) 3 ~ 5분간 → 클래식 1-3번

2. 주사 중(시술실 음악) → 클래식 + 발라드 혼합

3. 시술 후(회복실 음악) → 발라드 (→ 찬송가)

미용 클리닉 '시술실 통증 완화 전용 플레이리스트'		
음악	선곡	효과
클래식/무가사 통증차단용	- 바흐 - G선상의 아리아 M - 사티 - Gymnopédie No.1 M - 드뷔시 - 달빛 M - 쇼팽 - 녹턴 Op.9 No.2 O - 파헬벨 - 캐논(느린 버전)	- 통증 인지 분산 - 미주신경 활성 → 주사 통증 감소 - 첫 방문·통증 민감 환자에 최적
발라드/가사 정서 안정, 불안 완화	- 아이유 - 밤편지 M - 폴킴 - 모든 날 모든 순간 - 이적 - 걱정 말아요 그대 L - 성시경 - 두 사람 - 김동률 - 감사	- 불안·공포 억제 - 감정 공명 → 주사 기억 완화 - 황체기·갱년기 여성에게 특히 효과
찬송가/가사 깊은 안정, 신뢰 형성	- 내 주를 가까이 하게 함은 M - 너 근심 걱정 말아라 L - 주는 나의 피난처 L - 주 하나님 지으신 모든 세계 F - 예수로 나의 구주 삼고	- 심리적 안전감 형성 - 혈압·심박 안정 - 반복 시 "시술실 = 안전한 공간" 조건화

39장

생리주기별 맞춤 '생리하는 화장품'

여성은 '음·향·색'(청각·후각·시각)의 조화로운 리듬의 설계물이다. '생리하는 화장품'은 여성의 생리주기별 특화된 '음·향·색'의 맞춤 화장품으로 여성 완성을 위한 '양자역학 공명'이다.

1. 여성 생리주기별 맞춤 화장품의 가치

여성의 몸은 고정된 상태가 아니라 순환하는 리듬이다. 월경-난포-배란-황체, 임신의 3분기, 갱년기와 폐경에 이르기까지 여성은 매달, 매 생애 단계마다 다른 생명의 파동으로 변화한다. '생리하는 화장품'의 가치는 단순한 기능을 넘어 "지금 이 순간의 나를 있는 그대로 존중하는 선언'이며 문명의 전화이다.

이는 피부를 다루는 제품이 아니라 생명을 대하는 경배와 찬양이다.

여성의 생명주기리듬은 세 가지 감각으로 반응한다.

* 음(청각): 박자·속도·리듬 → 신경계, 심혈관계, 호흡계 영향

* 향(후각): 감정 기억, 호르몬 반응에 영향

* 색(시각): 무의식·정서·자기 인식에 영향

여성은 '음·향·색'의 3가지 감각으로 이루어진 리듬이다. 이 세 감각은 여성의 몸에서 동시에 울리는 하나의 리듬이다. 따라서 생리하는 화장품(여성 생리주기별 맞춤 화장품)은 여성의 주기에 해당하는 생명의 리듬에 공명하는 화장품이다.

'화장은 제품을

피부에 바르는 것이 아니라

여성의 리듬에 공명하는 것이다.'

화장품이 생리주기의 리듬과 공명할 때

- 영혼은 평안하고

- 감정은 행복하며

- 피부는 느끼고 몸은 저항하지 않으며

- 몸은 스스로 회복을 시작한다.

왜 '맞춤'이어야 하는가?

일반 화장품은 평균의 피부를 가정한다. 그러나 여성에게 평균은 존재하지 않는다.

- 같은 여성이라도 주기에 따라 영혼과 몸과 피부는 바뀐다.
- 같은 향도 어느 날은 위로가 되고, 어느 날은 자극이 된다.
- 같은 색도 어느 날은 자신감을 주고, 어느 날은 피로를 준다.

따라서 생리하는 화장품은 선택이 아니라 필수이며 자연이다.

'여성의 리듬이 다른데, 같은 처방을 하는 것은
조율되지 않은 연주와 같다.'

4. '공명'으로서의 아름다움과 건강

■ 공명할 때 일어나는 변화

여성 주기에 맞춘 '생리하는 화장품'이 음·향·색의 리듬으로 공명할 때,

- 피부는 저항하지 않고 수용한다.
- 신경계는 안정과 회복 모드로 전환된다.
- 여성은 왕성한 복원력으로 자기 몸과 다시 연결된다.

이때의 아름다움은 억지나 꾸밈이 아닌 조화이며 영혼은 회복된다.
영성미인의 출발이다.

5. 핵심 키워드

* 가치: 생명의 리듬을 존중하는 섬세한 태도
* 의미: 음·향·색으로 공명하는 존재
* 필요성: 평균이 아닌 맞춤, 직선이 아닌 순환에 대한 처방

'생리하는 화장품'은 제품이 아니라, 여성을 존중하는 언어다.

'우리는 여성을 관리하지 않는다.
우리는 여성의 리듬에 공명한다.'

■ 생리하는 화장품 선언문

우리는 여성의 리듬에 공명한다.
우리는 믿는다.

여성은 고정된 존재가 아니라,

순환하는 생명 리듬이라는 것을.

여성의 몸은 매달 그리고 생애의 계절마다

다른 언어로 말한다.

그 언어는 말보다 먼저

음(소리)과 향(기억)과 색(빛)으로 전해진다.

그래서 우리는 묻는다.

왜 모든 피부에 같은 답을 주어야 하는가?

우리는 더 이상 평균을 위한 화장품을 만들지 않는다.

우리는 '지금 이 순간'의 여성을 위한 화장품을 만든다.

월경의 고요함, 난포의 새로움, 배란의 빛남, 황체의 경계. 임신의 품음, 갱년기의 전환, 폐경의 존엄. 이 모든 시간은 고쳐야 할 문제가 아니라 존중받아야 할 리듬이다.

우리는 화장품의 성분을 넘어 공명을 설계한다.

바르는 행위가 아니라,

몸과 영혼이 함께 조율하는 순간을 만든다.

'생리하는 화장품'은 피부에 머무르지 않는다. 피부를 지나 뇌의 신경계로, 신경을 따라 심장과 온몸으로, 감정과 영혼에 스며들며, 여성의 삶에 호흡을 맞춘다.

우리는 믿는다.

여성의 아름다움은 더하는 것이 아니라,

어긋난 리듬을 제자리로 돌려놓는 것임을.

그래서 우리는

음·향·색을 하나의 의식으로 묶는다.

여성이 스스로의 리듬을 기억하도록.

우리는 관리하지 않으며 함께 공명한다.

그리고 그 공명 속에서,

여성은

더 아름다워지고,

더 건강해지며,

더 자신이 된다.

이것이 '생리하는 남자', '생리하는 화장품'의 약속이다.

40장

여성 주기 맞춤 '생리하는 화장품' 성분 가이드

피부는 호르몬의 거울이다. 주기별로 선택하는 화장품은 여성을 더욱 여성스럽게 하며 아름다움을 되살리는 강력한 도구다.

■ 왜 '생리주기별 화장품 선택'이 필요한가?

여성의 피부는 매일 달라진다. 그러나 대부분의 여성은 1년 내내 같은 루틴, 심지어 같은 화장품을 사용한다. 문제는 이것이다.

"피부는 일정하지 않다.
호르몬의 흐름에 따라 필요도, 반응도, 회복력도
완전히 달라진다."

따라서 피부는 '기계적 관리'가 아니라 '주기리듬 관리'가 필요하다.

결국 화장품은 다음의 주기(단계) 리듬에 따라 특화된 화장품을 사용해야 한다.

1. 월경기　　　2. 난포기　　　3. 배란기　　　4. 황체기 전기
5. 황체기 후기　　　6. 임신기　　　7. 갱년기　　　8. 폐경기

각 주기는 다음 3가지 축을 중심으로 화장품을 선택해야 한다.

① 호르몬 변화 → 피부 반응

에스트로겐·프로게스테론이 매달 피부 장벽·유분·트러블·수분·톤에 영향을 준다.

② 감정·스트레스 → 피부 민감도

특히 황체기·갱년기에는 감정 변화가 피부 반응을 증폭한다.

③ 영적·정서적 리듬 → 피부 회복력

평안한 마음과 깊은 수면은 어떤 고가 화장품보다 효과적이다.

이제 단계별로 구체적인 가이드를 제시한다.

: 민감·건조·장벽 붕괴·통증/열감·회복 시작의 단계로서 '진정·보습 중심 루틴' 〉 피부를 건드리지 말고 보호하라

■ 피부 특징

- 에스트로겐·프로게스테론 최저치
- 피부 장벽 약화, 수분 손실↑ → 당김·각질·따가움
- 혈류 감소로 톤 칙칙, 다크서클·입술 건조
- 예민·붉어짐 증가, 통증·피로→ 피부 혈류 감소, 피부 반응성 최고조

■ 추천 화장품 유형(제조 방향)

- 초저자극·장벽회복 특화
- "비우지 말고 보호하는" 리페어 크림 중심
- 토너·에센스도 무기능성(안정형) 위주

■ 추천 성분

- **장벽 회복:** 세라마이드(NP/AP/EOP), 콜레스테롤, 지방산, 스쿠알란
- **진정:** 판테놀, 베타글루칸, 알란토인, 마데카소사이드
- **수분:** 글리세린, 히알루론산(저분자+고분자 혼합), 트레할로스

- **항자극:** 오트(아베난쓰라마이드), 디포타슘글리시리제이트

■ 사용하면 좋은 제품(카테고리)

- 리페어 크림/장벽 밤
- 무향 수딩 토너
- 저자극 립밤·아이크림
- 논자극 선크림(무기자차)

■ 피할 것

- 각질 제거(AHA/BHA/PHA 전부 X)
- 레티노이드, 고농도 비타민C
- 향료·에센셜오일
- 클레이팩·필오프팩·마사지

2. 난포기(Follicular Phase)

: 피부 회촉촉함·광채·투명감·흡수력 증가하고 피부 재생과 회복력이 올라가는 단계로서 '광채·탄력 관리 시작기' 〉 피부가 가장 잘 받아들일 때, 회복·재생하라

■ 피부 특징

- 에스트로겐 증가로 수분 보유력·탄력↑, 결·톤·윤기 개선 → 피부
  재생력 최고
- 자극에 대한 회복이 빠름
- 피부 재생률 상승
- 모공 관리에 반응 좋음
- 화장품 흡수·반응 최상

■ 추천 화장품 유형(제조 방향)

- 브라이트닝·리뉴얼·활성 케어
- "채워도 되는 시기" → 기능성 적극 설계
- 데일리 각질·미백·탄력 라인 적합

■ 추천 화장품 성분

- **미백/톤:** 나이아신아마이드(3-5%), 비타민C 유도체, 트라넥사믹
  애씨드
- **재생:** EGF, FGF, 펩타이드, 아데노신
- **각질 리뉴얼:** PHA, 저함량 AHA, 효소
- **보습:** 히알루론산, 세라마이드(라이트 타입)

■ 사용하면 좋은 제품

- 미백 세럼/리뉴얼 에센스

- PHA 토너(데일리 가능)

- 탄력 앰플

- 흡수 빠른 로션

■ 피할 것

- 과도한 고농도 산(과각질 주의)

- 유분 많은 밤 타입(모공 과부하)

- 강한 향은 여전히 최소화 권장

3. 배란기(Ovulatory Phase)

: 윤기·광채·피지 증가·표현의 시기로 피부가 가장 빛나는 최전성기·매력 극대화 단계 > 피부가 가장 아름다울 때, 균형 있게 표현하라

■ 피부 특징

- 에스트로겐 최고치

- 혈류 증가 → 피부 톤 & 윤기·광택·탄력 최상

- 피부 톤 최고, 피부가 가장 예뻐 보이는 시기

- 모공·피지 균형 완벽

- 유분과 수분의 최고의 균형

- 메이크업 밀착력·표현력 최고

■ 추천 화장품 유형(제조 방향)

- 광채·탄력 강화를 위한 고기능 제품

- 글로우·윤기·수분 코팅

- "과하지 않게 조절하는" 밸런스 설계

- 프라이머·글로우 제품 최적기

■ 추천 화장품 성분

- **광채:** 미세 펄(논자극), 실리카, 마이카(저함량)

- **피지 밸런스:** 나이아신아마이드(2-4%), 아연 PCA

- **수분:** 히알루론산, 글리세린, PGA

- **항산화:** 비타민E, 녹차, 코엔자임Q10

■ 사용하면 좋은 제품

- 글로우 세럼/수분 에센스

- 프라이머·톤업 크림

- 가벼운 젤 크림
- 메이크업 밀착 미스트

■ 피할 것

- 너무 강한 필링(배란기 피부는 일시적으로 민감할 수 있음)
- 유분 과다 오일·버터
- 모공 막는 실리콘 고함량 포뮬러
- 광을 과도하게 강조하는 고펄 제품

4. 황체기(Luteal Phase) 전기(배란 직후~PMS 전)

: 윤기↑, 수분 유지, 약간의 붓기/열감 시작, 유분 점진↑

■ 피부 특징

- 피지 분비가 점차 증가, 모공이 서서히 도드라짐
- 수분은 유지되지만, T존 번들·U존 당김처럼 "혼합형" 경향
- 미세 붓기·열감, 피부가 두께감 있게 느껴질 수 있음
- 각질 턴오버가 약간 느려져 피부결이 탁해질 수 있음

■ 추천 화장품 유형(제조 방향)

- 수분+장벽 동시 강화 "밸런스 로션/크림"
- 가벼운 세라마이드 크림 젤(끈적임 최소)
- 진정 토너/에센스 + 저자극 각질 케어(약하게)

■ 추천 성분(처방 핵심)

- **보습/장벽:** 세라마이드(특히 NP/AP/EOP 조합), 콜레스테롤, 지방산, 스쿠알란, 판테놀, 베타글루칸
- **수분:** 글리세린, 히알루론산(다중분자), 트레할로스, 폴리글루타믹 애씨드(PGA)
- **피지 밸런스/모공:** 나이아신아마이드(2-5%), 아연 PCA, 녹차/EGCG
- **각질 정돈(아주 약하게):** PHA(글루코노락톤), LHA 소량, 효소(파인/브로멜라인)
- **항산화:** 토코페롤, 페룰산(저자극), 레스베라트롤(민감피부는 낮게)

■ 사용하면 좋은 "제품 카테고리" 예시

- 밸런스 토너(무향/저자극)
- 나이아신아마이드 세럼 + 판테놀 크림 젤
- PHA 저자극 각질 토너(주 1-2회)

- 저자극 선크림(무기/혼합, 보송 마무리)

■ 피할 것(특히 시술 전후/민감자)

- 강한 AHA/BHA 고함량, 스크럽/필링젤 과다
- 고농도 레티노이드(특히 자극 반응이 있는 고객)
- 향료·강한 에센셜오일(페퍼민트, 시트러스 등)
- 지나치게 "오일리한 밤 타입"(모공 막힘↑)

5. 황체기 (Luteal Phase) 후기(PMS 시작~월경 직전)

: 민감↑, 홍조/열감↑, 여드름·트러블↑, 수분은 새는데 겉은 번들
(장벽 불안정)

■ 피부 특징

- 염증성 트러블(턱·입가·볼·턱선) 증가, 면포/좁쌀도 증가
- 피부 장벽이 흔들려 따갑고 가렵고 붉어짐
- 피지↑ + 수분 손실↑ → 겉은 번들, 속은 건조("유수분 불균형")
- 붓기·다크서클·피부 톤 탁함이 두드러짐

■ 추천 화장품 유형(제조 방향)

- 진정·항염 + 여드름/피지 케어를 동시에 하는 "PMS-솔루션"
- 논코메도제닉 젤크림(가볍게, 장벽은 탄탄)
- 국소 스팟 제품 + 전체 진정 세럼 조합
- 클렌징은 약산성·저자극, 세정력 과하지 않게

■ 추천 성분(처방 핵심)

- **항염/진정:** 병풀(마데카소사이드/아시아티코사이드), 판테놀, 알란토인, 베타글루칸, 디포타슘글리시리제이트(감초), 카모마일(민감자 주의)
- **피지/트러블:** 살리실산(BHA 저함량) 또는 LHA, 아젤라익애씨드(또는 유도체), 아연 PCA, 티트리(향/자극 가능해 농도·형태 주의)
- **장벽:** 세라마이드 + 콜레스테롤 + 지방산, 스쿠알란(소량), 피토스테롤
- **홍조/민감:** 알파-비사보롤, 팔미토일트라이펩타이드(선택), 오트(아베난쓰라마이드)
- **잡티/톤:** 나이아신아마이드(2-4%), 트라넥사믹애씨드(민감 피부에도 비교적 무난)

■ 사용하면 좋은 "제품 카테고리" 예시

- 시카 진정 앰플 + 논코메도 젤크림
- 아젤라익/나이아신아마이드 세럼
- 스팟 패치/스팟 젤(국소)
- 약산성 클렌저 + 무향 수딩 토너
- 열감 있을 때 수딩 마스크(무향/저자극)

■ 피할 것(후기에는 특히 중요)

- 향료/에센셜오일(홍조·따가움 악화 가능)
- 알코올 함량 높은 토너(건조·자극↑)
- 스크럽·브러시 세안·강한 필링
- 무거운 오일/버터(코코넛오일, 시어버터 고함량 등) → 면포↑ 가능
- 강한 레티놀/비타민C 고농도(따가움 유발 시 중단 권장)

6. 임신기(Pregnancy Phase) 1기(1–12주)

: 극민감·호르몬 급변·트러블/가려움·절대 안정 > "아무것도 하지 않는 것이 최고의 케어"

■ 피부 특징

- 호르몬 급변 → 피부 반응성 최고조
- 갑작스러운 여드름·가려움·홍조 발생 가능
- 피지 분비 불안정(번들↔건조 반복)
- 향·성분에 대한 거부 반응 증가

■ 추천 화장품 유형(제조 방향)

- 임산부 전용 Ultra-Safe 라인
- "기능 최소·안정 최대" 콘셉트
- 클렌징·보습·자외선 차단 기본 3종 중심

■ 추천 화장품 성분

- **보습:** 글리세린, 히알루론산, 스쿠알란
- **진정:** 판테놀, 알란토인, 베타글루칸
- **항가려움:** 오트(아베난쓰라마이드)
- **장벽:** 세라마이드(NP 중심)

■ 사용하면 좋은 제품

- 무향 저자극 클렌저

- 수딩 로션/크림

- 무기자차 선크림

- 립·아이 전용 보습 제품

■ 피할 것

- 레티노이드 전 성분

- BHA·하이드로퀴논

- 에센셜오일·합성향료

- 각질 제거 전반

- 기능성 "집중 케어" 제품

7. 임신기(Pregnancy Phase) 2기(13–27주)

: 안정기·색소 예방·수분·윤기 > "안전하게 지키고, 조용히 예방한다"

■ 피부 특징

- 호르몬 변화 안정화

- 기미·잡티(멜라스마) 발생 위험 증가

- 수분 요구량 증가, 피부는 비교적 안정

- 피부 윤기·혈색 개선되는 경우 많음

■ 추천 화장품 유형(제조 방향)

- 보습 + 색소 예방 중심
- "안전한 톤 케어" 설계
- 데일리 관리 라인 확대 가능

■ 추천 화장품 성분

- **보습:** 히알루론산, 글리세린, 스쿠알란
- **진정:** 병풀(마데카소사이드), 판테놀
- **톤 케어:** 나이아신아마이드(2-3%), 비타민C 유도체(안정형)
- **항산화:** 비타민E, 녹차

■ 사용하면 좋은 제품

- 보습 세럼 + 로션
- 저자극 톤 케어 에센스
- 무기/혼합자차 선크림
- 바디 보습 크림(튼살 예방)

■ 피할 것

- 미백 집착 포뮬러(고농도)

- 필링·스크럽

- 알코올 베이스 토너

- 향 강한 제품

8. 임신기(Pregnancy Phase) 3기(28주~출산)

: 극건조·가려움·장벽 보호·부종 〉 "피부를 충분히 감싸 보호한다"

■ 피부 특징

- 피부가 쉽게 건조·가렵고 팽팽

- 복부·가슴·허벅지 튼살 위험 최고

- 얼굴·다리 부종으로 피부 당김

- 자극 후 회복 느림

■ 추천 화장품 유형(제조 방향)

- 고보습·장벽 보호·가려움 완화

- "기능 NO, 보호 YES"

- 크림·밤·오일 중심

■ 추천 화장품 성분

- **고보습:** 시어버터(저자극), 스쿠알란, 호호바오일
- **장벽:** 세라마이드 복합, 콜레스테롤
- **가려움 진정:** 오트 추출물, 판테놀, 알란토인
- **피부 유연:** 비타민E

■ 사용하면 좋은 제품

- 리치한 크림/리페어 밤
- 튼살 예방 바디 크림·오일
- 저자극 클렌징 밀크
- 손·발 집중 보습 제품

■ 피할 것

- 각질 제거 전반
- 슬리밍·탄력 강조 바디 제품
- 쿨링 성분(멘톨, 캠퍼 등)
- 강한 향·에센셜오일
- 가벼운 젤 타입만 단독 사용

여성주기 맞춤의 나라 QUEEN CYCLE SYNCING

9. 갱년기(Menopause Transition Phase)

: 건조·홍조·탄력·콜라겐 급감 저하, 자율신경 불안정, '안티에이징 핵심기' > "잃어버린 장벽과 탄력을 복원"

■ 피부 특징

- 에스트로겐 급감 → 수분·탄력·콜라겐 급격히 감소
- 홍조·열감·따가움 잦음, 증가
- 탄력 저하, 잔주름 급증
- 피부가 얇아지고 회복력 감소

■ 추천 화장품 유형(제조 방향)

- 고보습·고영양·진정 중심
- "안티에이징 + 민감 피부 대응" 복합 설계
- 장벽 강화형 크림 필수

■ 추천 화장품 성분

- **장벽:** 세라마이드 복합, 콜레스테롤, 지방산
- **보습:** 히알루론산, 트레할로스, 폴리글리세릴
- **탄력:** 펩타이드, 아데노신

- **진정:** 판테놀, 병풀, 알파-비사보롤
- **항산화:** 비타민E, 코엔자임Q10

■ 사용하면 좋은 제품

- 고보습 안티에이징 크림
- 펩타이드 세럼
- 홍조 진정 앰플
- 리치한 나이트 크림

■ 피할 것

- 알코올 베이스 토너
- 강한 산(AHA/BHA)
- 스크럽·마사지 과다
- 쿨링 자극 성분(멘톨 등)

10. 폐경기(Postmenopause Phase)

: 극 건조·얇아짐·노화·볼륨 감소 빠르게 진행, '볼륨·탄력 회복 루틴' > "피부를 젊게가 아닌, 편안하게"

■ 피부 특징

- 에스트로겐 거의 없음

- 콜라겐 30% 감소

- 피부가 눈에 띄게 얇아짐 + 탄력 저하, 손실

- 극건조 + 가려움 + 민감

- 잔주름·깊은 주름 증가

- 외부 자극에 쉽게 손상, 상처 회복 느림

■ 추천 화장품 유형(제조 방향)

- 영양·재생·탄력·보습·장벽 강화 최우선

- 크림 제형의 고기능 안티에이징 제품

- 리페어 밤·크림 중심 라인

- "젊게 보이게"보다 편안함·안정·존엄 중시

■ 추천 화장품 성분

- **장벽:** 세라마이드 고함량, 콜레스테롤, 스쿠알란

- **보습:** 시어버터, 호호바오일, 글리세린

- **재생:** 펩타이드, 판테놀

- **항염:** 병풀, 베타글루칸

- **항산화:** 토코페롤, 녹차

■ 사용하면 좋은 제품

- 리페어 밤/크림
- 아이·넥 전용 고영양 제품
- 순한 오일 블렌드
- 논자극 클렌징 밀크

■ 피할 것

- 레티놀 고농도(0.5 ~ 1% 이상)
- 강한 필링(피부가 너무 얇아져 자극↑)
- 각질 제거 전반(AHA/BHA/PHA)
- 합성 향·알코올
- 수분만 있고 영양 없는 가벼운 제품
- 미백·타이트닝 집착 포뮬러
- 강한 향·쿨링·리프팅 연출
- 가벼운 젤 타입만 사용하는 것(보습 부족)

41장

여성주기(월경기·난포기·배란기·황체기 전·후반) 맞춤 '생리하는 샴푸' 출현

1. 두피는 '피부'가 아니라 호르몬 감응 기관

두피에는 에스트로겐 수용체(ER-α, ER-β), 프로게스테론 수용체, 안드로겐 수용체(DHT)가 밀집되어 있어 생리주기 동안 이 호르몬들은 상승-정점-전환-붕괴를 반복한다.

그 결과 여성은 생리주기에 따라 피지·혈류·염증반응·각질 턴오버·모근 세포분열 속도가 주기마다 달라진다. 같은 샴푸를 한 달 내내 쓰는 것은 의학을 무시하고 다른 피부에 같은 처방을 반복하는 것과 같다.

■ 월경기

- 에스트로겐·프로게스테론 최저
- 두피 혈류 감소 → 건조·민감·가려움
- 장벽 약화, 탈모 체감 증가

■ 난포기

- 에스트로겐 상승
- 두피 혈류·재생력 최고
- 모근 활성화, 성장 신호 최적

■ 배란기

- 에스트로겐 최고치
- 피지 분비·열감 증가
- 두피는 윤기 있으나 지성화

■ 황체기 전반

- 프로게스테론 증가 시작

- 두피는 비교적 안정

- 피지 점진 증가, 유수분 흔들림

■ 황체기 후반(PMS)

- 프로게스테론 우세

- 염증·부종·가려움·피지 과다

- 탈모 체감 최다

> 결국 샴푸의 세정력·pH·거품·진정 성분은 주기마다 달라야 한다.

주기	두피 상태
월경기	혈류↓·건조·민감
난포기	혈류↑·재생↑
배란기	피지↑·열감
황체 전반	안정 ↔ 피지 증가
황체 후반	염증↑·붓기·가려움

3. "탈모"의 많은 부분은 여성주기의 미스매치에서 시작된다

- 월경기·황체 후반

X 강세정·쿨링 샴푸 사용 → 모근 손상

- 난포기

X 지나치게 순한 샴푸 → 성장 자극 부족

- 배란기

X 과도한 영양·오일 → 모공 압박

> 호르몬 취약 시기에 맞지 않는 샴푸 자극이 주기성 탈모·가려움·비듬을 만든다.

4. 남성 샴푸 논리는 여성 두피에 적용되지 않는다

*** 남성**

- 테스토스테론 중심, 변동 폭 작음
- "지성 vs 건성" 구분으로 충분

*** 여성**

- 에스트로겐·프로게스테론 주기적 급변
- 한 달에 두피 성질이 4-5번 바뀜
- 같은 두피가 "건성 → 지성 → 염증성"으로 순환

> 여성에게 "한 가지 샴푸"는 계절마다 같은 옷을 입는 것과 같다.

5. 호르몬별 두피 작용은 이미 과학적으로 알려져 있다

■ 에스트로겐

- 모발 성장기(Anagen) 연장
- 두피 혈류 증가
- 항염·보습 효과

■ 프로게스테론

- 피지 증가
- 부종·염증 유발 가능
- PMS 시 두피 압박·가려움 증가

■ 코르티솔(스트레스 호르몬)

- 황체 후반·임신 1기·갱년기에 상승
- 모근 세포 분열 억제
- 휴지기 탈모 촉진

〉 생리주기 맞춤 샴푸는 호르몬 작용을 '조율 완충'하는 역할을 한다.

6. 여성주기 맞춤 샴푸의 의학적 효과

항목	일반 샴푸	주기 맞춤 샴푸
두피 자극	반복 발생	최소화
가려움·염증	누적 증가	주기별 감소
탈모 체감	누적 증가	주기별 감소
피지 조절	불균형	시기별 조절
모발 윤기	일시적	주기 전체 개선
장기 사용	문제 발생	생리 친화적

7. 주기별 맞춤 샴푸의 핵심 역할 요약

- 월경기: 두피 보호·진정

- 난포기: 모근 활성·성장 지원

- 배란기: 피지·열감 조절

- 황체기 전반: 유수분 균형

- 황체기 후반: 염증·탈모 완충

8. 의학적 결론

여성의 두피는 생리주기에 따라 피부의 성질이 매달 변화하기 때문에 같은 샴푸를 쓰는 것은 의학적으로 비합리적이다. 오직 생리주기에 맞춘 샴푸만이 탈모와 두피의 트러블을 줄일 수 있다.

42장

여성주기(임신 1·2·3기, 갱년기, 폐경기) 맞춤 '생리하는 샴푸' 출현

1. 두피는 임신·노화 호르몬에 직접 반응하는 생리기관이다

두피에는 에스트로겐 수용체, 프로게스테론 수용체, 안드로겐 수용체가 밀집되어 있으며 임신, 갱년기, 폐경기는 월경주기보다 훨씬 큰 호르몬 변동이 발생하는 시기이다. 두피는 단순한 "머리 피부"가 아니라 내분비 변화의 1차 반응 조직으로서 같은 샴푸를 계속 쓰는 것은 임신·갱년기·폐경기에도 청소년용 샴푸를 쓰는 것과 같다.

2. 임신 1·2·3기마다 두피 환경이 완전히 다르다

■ 임신 1기

- 호르몬 급변 → 두피 극민감
- 피지 불안정, 가려움·트러블 잦음
- 새·향·자극에 대한 신경 과민

■ 임신 2기

- 에스트로겐 안정적 상승
- 모발 성장기 연장 → 머리숱·윤기 최고
- 두피는 안정, 그러나 색소·피지 변화 가능

■ 임신 3기

- 혈류가 태아 중심으로 이동
- 두피 건조·당김
- 출산 후 탈모(휴지기 탈모) 준비 단계

> 임신기 3단계를 하나의 샴푸로 관리하는 것은 신생아·성인·노인
> 의 피부를 하나의 로션으로 관리하는 것과 동일한 잘못이다.

■ 갱년기

- 에스트로겐 급감
- 두피 혈류 감소, 염증·열감 증가
- 모발 가늘어짐, 정수리 탈모 시작

■ 폐경기

- 에스트로겐 거의 없음
- 모근 재생력 저하
- 두피 장벽 붕괴 → 외부 자극 취약

이 시기의 두피는 지성·건성 문제가 아니라 '장기적 생리 기능 저하 상태'

4. "탈모"의 상당수는 질병이 아니라 부적합한 시기 관리이다

- 임신 후 탈모
- 갱년기 정수리 탈모
- 폐경기 모발 밀도 감소

많은 경우 탈모 원인은 강세정 샴푸, 두피 자극 향료, 성장 촉진 성분의 무분별한 사용 즉, 필요 없는 자극이 호르몬 취약 시기에 누적된 결과이다.

5. 일반 샴푸는 여성의 생리주기를 고려하지 않는다

일반 샴푸	한계
세정 중심	두피 보호 부족
향 강조	임신·갱년기 자극
볼륨·탈모 강조	오히려 모근 스트레스
남성 기준 설계	여성 호르몬 변화 무시
임신·갱년기 여성에게 '상쾌함'은 종종 독이 된다.	

6. 여성주기 맞춤 샴푸의 의학적·생리학적 효과

항목	일반 샴푸	여성주기 맞춤 샴푸
두피 자극	반복	최소화
출산 후 탈모	심화	완화
갱년기 탈모	가속	지연
가려움·열감	지속	감소
장기 사용	누적 손상	생리 친화적

- 임신 1기: 신경·감각 보호

- 임신 2기: 성장기 유지

- 임신 3기: 출산 후 탈모 완충

- 갱년기: 모근 생존·혈류 보호

- 폐경기: 두피 장벽과 존엄 회복

8. 의학적 결론

임신과 갱년기, 폐경기의 여성 두피는 '일시적 변화'가 아니라 '다른 생리 상태'이므로 맞춤 샴푸 사용은 선택이 아니라 생리적 필수이다. "임신, 갱년기, 폐경기에는 그 시기에 맞춘 샴푸가 탈모와 자극을 줄인다."

43장

여성주기별 모발 생리

■ 1. 월경기(Menstrual Phase) 모발 생리

- 에스트로겐·프로게스테론 최저치

- 두피 혈류 감소 → 모근 영양 공급 저하

- 두피 건조·민감·가려움 증가

- 모발 윤기 저하, 끊어짐·정전기 증가

- 탈모 체감↑ (실제 탈락 + 감각 민감)

■ 2. 난포기(Follicular Phase) 모발 생리

- 에스트로겐 상승 시작

- 두피 혈류 증가, 모근 세포 활성화

- 모발 성장 신호 최적화

- 윤기·탄력 회복, 스타일 유지력 향상
- 샴푸·영양 성분 흡수 반응 최고

■ 3. 배란기(Ovulatory Phase) 모발 생리

- 에스트로겐 최고치
- 두피 산소 공급·미세혈류 최대
- 모발 굵기·광택·볼륨 최고조
- 피지 분비 증가 → 지성화 경향
- 두피 열감, 냄새 민감도 증가

■ 4. 황체 전반기(Early Luteal Phase) 모발 생리

- 프로게스테론 증가 시작
- 모발 성장 유지, 두피 안정기
- 피지 분비 점진적 증가
- 모발은 차분하지만 무게감 증가
- 유수분 밸런스 흔들림 시작

■ 5. 황체 후반기(Late Luteal Phase/PMS) 모발 생리

- 프로게스테론 우세
- 두피 부종·염증·가려움 증가

- 피지 과다 → 모공 압박

- 뾰루지·비듬·냄새 증가 가능

- 탈모 체감 최다 시기

■ 6. 임신 1기(1~12주) 모발 생리

- 호르몬 급변 → 두피 극민감

- 피지 분비 불안정 (번들↔건조)

- 가려움·트러블·냄새 변화

- 향·자극 성분에 대한 거부 반응 ↑

- 일시적 탈모 또는 모발 질 변화

■ 7. 임신 2기(13~27주) 모발 생리

- 에스트로겐 안정적 고농도 유지

- 모발 성장기 연장

- 머리숱 증가, 탈모 감소

- 모발 굵기·윤기·밀도 최고

- 두피 컨디션 안정

■ 8. 임신 3기(28주~출산) 모발 생리

- 혈류가 태아 중심으로 재분배

- 두피는 건조·당김

- 모발은 유지되나 두피 탄력 저하

- 출산 후 탈모(휴지기 탈모)를 준비하는 시기

■ 9. 갱년기(Menopause Transition) 모발 생리

- 에스트로겐 급격히 감소

- 모근 세포 분열 둔화

- 모발 가늘어짐·윤기 소실

- 정수리·가르마 탈모 시작

- 두피 건조·열감·가려움 동반

■ 10. 폐경기(Postmenopause) 모발 생리

- 에스트로겐 거의 없음

- 모발 성장 속도 매우 느림

- 휴지기 모발 비율 증가

- 두피 장벽 약화 → 외부 자극 취약

- 지속적 얇아짐·밀도 감소

■ 샴푸 제조를 위한 핵심 인사이트(Insight)

* 두피는 '호르몬 기관' → 주기별 반응이 다름

* 월경·황체 후반·임신 1기: 진정·보호 중심

* 난포·배란·임신 2기: 성장·볼륨·윤기 강화

* 갱년·폐경기: 두피 장벽·모근 활성화가 핵심

44장

여성 주기 맞춤 '생리하는 샴푸' 성분 가이드

1. 월경기(Menstrual Phase)

*** 제조 목표:** 초저자극·장벽 보호·가려움 완화

*** 두피 생리 포인트**

- 혈류↓, 장벽 약화, 건조·따가움↑

- 탈모 '체감'↑ (민감성 증가)

*** 제형 설계**

- 약산성 pH 5.0~5.5

- 저자극 세정(저거품)

*** 핵심 성분군**

- 세정: Sodium Cocoyl Isethionate, Cocamidopropyl Betaine

- 진정/장벽: Panthenol, Beta-Glucan, Allantoin, Ceramide NP

- 보습: Glycerin, Sodium PCA, Trehalose

*** 보조 성분**

- Oat Extract(아베난쓰라마이드), Dipotassium Glycyrrhizate

*** 피해야 할 성분**

- SLS/SLES 고함량, Menthol/Camphor, 고향료

- AHA/BHA, 쿨링 에센스

2. 난포기(Follicular Phase)

*** 제조 목표:** 모근 활성·성장 신호 지원·흡수 효율 극대화

*** 두피 생리 포인트**

- 에스트로겐↑, 재생·흡수력 최고

*** 제형 설계**

- pH 5.3~5.8

- 중등 거품·영양 전달 강화

*** 핵심 성분군**

- 세정: Sodium Lauroyl Sarcosinate, Coco-Glucoside

- 모근 활성: Caffeine, Niacinamide(2-4%), Niacin

- 두피 에너지: Panax Ginseng, Adenosine

*** 보조 성분**

- Biotin(저농도), Peptide(모근 타깃), Zinc PCA(소량)

*** 피해야 할 성분**

- 과도한 오일/버터

- 강한 항염 위주 처방(성장 신호 둔화 가능)

3. 배란기(Ovulatory Phase)

*** 제조 목표:** 피지·열감 조절·청결 유지·광택 보호

*** 두피 생리 포인트**

- 피지↑, 열감↑, 윤기·볼륨 최고

*** 제형 설계**

- pH 5.5~6.0

- 상쾌하지만 자극 없는 세정

*** 핵심 성분군**

- 세정: Sodium Lauroyl Glutamate, Disodium Laureth Sulfosuccinate

- 피지 밸런스: Zinc PCA, Niacinamide(2-3%)

- 쿨링(순함): Xylitol, Erythritol(멘톨 대체)

*** 보조 성분**

- Green Tea Extract(EGCG), Witch Hazel(저자극 정제)

*** 피해야 할 성분**

- 실리콘 고함량(모공 압박)

- 오일 코팅 과다

- 강한 향료

4. 황체기 전반(Early Luteal Phase)

* 제조 목표: 유수분 균형·두피 안정화
* 두피 생리 포인트

- 피지 점진↑, 무게감·답답함 시작

* 제형 설계

- pH 5.3~5.8

- 밸런스 세정(잔여감 최소)

* 핵심 성분군

- 세정: Sodium Cocoyl Glutamate, Cocamidopropyl Betaine

- 유수분 조절: Niacinamide(2-4%), Zinc PCA

- 진정: Panthenol, Centella Asiatica

* 보조 성분

- Salicyloyl Phytosphingosine(LHA 대체 저자극), Aloe

* 피해야 할 성분

- 과도한 쿨링

- 볼륨 파우더/흡착제 과다(건조 유발)

5. 황체기 후반(Late Luteal/PMS)

* 제조 목표: 염증·부종 완화·탈모 완충·진정 집중
* 두피 생리 포인트

- 염증·가려움·피지 과다, 탈모 체감 최다

*** 제형 설계**

- pH 5.0~5.5

- 초저자극·진정 특화

*** 핵심 성분군**

- 세정: Sodium Cocoyl Isethionate(고순도), Betaine

- 항염/진정: Madecassoside, Asiaticoside, Panthenol

- 두피 보호: Ceramide NP, Cholesterol(미량)

*** 보조 성분**

- Oat Extract, Bisabolol, Copper Peptide(저농도)

*** 피해야 할 성분**

- 탈모 "자극형" 액티브(고농도 카페인, 멘톨)

- 향료, 알코올 베이스

■ R&D 연구개발 제품 설계 요약

- 월경: 극민감 두피 보호, 진정포뮬러

- 난포: 성장 신호를 살리는 액티브 전달 포뮬러

- 배란: 유분과 청결을 동시에 잡는 밸런스 포뮬러

- 황체 전반: 유수분 균형, 안정적 두피 컨디션 유지 포뮬러

- 황체 후반:PMS 두피를 진정시키는 완충 포뮬러

6. 임신 1기(1–12주)

* **제조 목표:** 절대 안전 · 초저자극 · 감각 보호

* **두피 생리 포인트**

- 호르몬 급변 → 극민감 · 가려움 · 트러블

- 향 · 자극 성분에 대한 거부 반응 ↑

- 피지 불안정(건조↔번들 반복)

* **제형 설계**

- 약산성 pH 5.0~5.5

- 저거품 · 저세정 잔여감 최소

- Fragrance-free 또는 Allergen-free

* **핵심 성분군(IN)**

- 세정: Sodium Cocoyl Isethionate, Cocamidopropyl Betaine

- 진정/보호: Panthenol, Allantoin, Beta-Glucan

- 보습: Glycerin, Sodium PCA, Trehalose

- 장벽: Ceramide NP(저농도)

* **보조 성분**

- Oat Extract(아베난쓰라마이드), Dipotassium Glycyrrhizate

* **피해야 할 성분(OUT)**

- 레티노이드 계열, BHA 고함량

- 에센셜오일 · 합성향료

- 멘톨/캠퍼/알코올 베이스

*** 제조 목표:** 안정 유지·성장기 보호·윤기 강화

*** 두피 생리 포인트**

- 에스트로겐 안정적 고농도

- 모발 성장기 연장, 윤기·밀도↑

- 두피는 비교적 안정

*** 제형 설계**

- pH 5.3~5.8

- 중저거품·영양 전달 강화

*** 핵심 성분군(IN)**

- 세정: Sodium Lauroyl Sarcosinate, Coco-Glucoside

- 모발 강화: Panthenol, Hydrolyzed Protein(저분자)

- 두피 에너지: Niacinamide(1-2%), Adenosine(저농도)

- 보습: Glycerin, Hyaluronic Acid

*** 보조 성분**

- Green Tea Extract, Vitamin E(Tocopherol)

*** 피해야 할 성분(OUT)**

- 고농도 액티브(카페인 과다)

- 강한 미백·각질 유도 성분

- 향이 강한 블렌드

*** 제조 목표:** 고보습·장벽 보호·출산 후 탈모 완충

*** 두피 생리 포인트**

- 혈류 태아 중심 이동 → 두피 건조·당김

- 출산 후 휴지기 탈모 준비 단계

*** 제형 설계**

- pH 5.0~5.5

- 저세정·크리미 제형

*** 핵심 성분군(IN)**

- 세정: Sodium Cocoyl Glutamate, Cocamidopropyl Betaine

- 고보습: Glycerin, Squalane, Shea Butter(미량)

- 장벽: Ceramide NP/AP, Cholesterol(미량)

- 진정: Panthenol, Beta-Glucan

*** 보조 성분**

- Oat Extract, Bisabolol

*** 피해야 할 성분(OUT)**

- 쿨링 성분(멘톨·캠퍼)

- 슬리밍/리프팅 강조 성분

- 강세정·볼륨 파우더

*** 제조 목표:** 혈류·장벽 보호·탈모 완충·진정

*** 두피 생리 포인트**

- 에스트로겐 급감

- 두피 혈류↓, 열감·가려움↑

- 모발 가늘어짐·정수리 탈모 시작

*** 제형 설계**

- pH 5.3~5.8

- 중저자극·영양 균형

*** 핵심 성분군(IN)**

- 세정: Sodium Cocoyl Glutamate, Sarcosinate 계열

- 혈류/모근: Niacinamide(2-3%), Caffeine(저농도)

- 장벽: Ceramide NP, Panthenol

- 항염: Centella Asiatica, Bisabolol

*** 보조 성분**

- Peptide(모근 타깃), Zinc PCA(소량)

*** 피해야 할 성분(OUT)**

- 알코올 베이스 토너형

- 강한 쿨링·자극 향

- 과도한 각질 제거 성분

10. 폐경기(Postmenopause)

*** 제조 목표:** 초고보습·장벽 재건·편안함

*** 두피 생리 포인트**

- 에스트로겐 거의 없음

- 모근 재생력 저하

- 두피 장벽 붕괴, 외부 자극 취약

*** 제형 설계**

- pH 5.0~5.5

- 저세정·크림/밀크형

*** 핵심 성분군(IN)**

- 세정: Sodium Cocoyl Isethionate, Glutamate 계열

- 장벽 재건: Ceramide Complex, Cholesterol, Fatty Acids

- 고보습: Glycerin, Squalane, Jojoba Oil

- 진정: Panthenol, Beta-Glucan

*** 보조 성분**

- Tocopherol, Green Tea

*** 피해야 할 성분(OUT)**

- 볼륨·리프팅 집착 성분

- 향료·쿨링·타이트닝 포뮬러

- 강한 세정/각질 제거

- 임신 1기: 안전 최우선

- 임신 2기: 성장 유지

- 임신 3기: 탈모 완충

- 갱년기: 혈류·모근 보호

- 폐경기: 장벽 재건

45장

여성 주기 맞춤 '생리하는 비누' 성분 가이드

월경기, 난포기, 배란기, 황체 전반기. 황체 후반기

고형 비누 기준, 저자극·pH·피부장벽을 핵심으로 pH: 약산성~중성 (5.5-7.0)(신디트/컴비네이션 비누 권장) 목표, 과도한 세정·향료·쿨링 배제

1. 월경기(Menstrual Phase)

* **제조 목표:** 초저자극·보호·장벽 회복

* **피부/두피 생리 포인트**

- 혈류↓, 장벽 약화, 건조·따가움↑

- 자극 인지 민감

＊베이스 설계

- 신디트(Syndet) 또는 컴비네이션 비누
- 저거품·저세정

＊핵심 성분(IN)

- 세정 베이스: Sodium Cocoyl Isethionate(SCI), Sodium Lauroyl
  Glutamate
- 보습/장벽: Shea Butter(저함량), Glycerin, Ceramide NP
- 진정: Panthenol, Allantoin, Beta-Glucan

＊보조 성분

- Oat Extract(아베난쓰라마이드), Dipotassium Glycyrrhizate

＊피해야 할 성분(OUT)

- 강알칼리 비누베이스, 숯/클레이 고함량
- 멘톨·캠퍼·강향료
- 스크럽 파우더

2. 난포기(Follicular Phase)

＊제조 목표: 재생·투명감·부드러운 각질 정돈

＊피부/두피 생리 포인트

- 재생력·흡수력 최고
- 톤·결 개선에 최적

＊베이스 설계

- 컴비네이션 비누

- 중저세정·크리미 거품

*** 핵심 성분(IN)**

- 세정: Sodium Cocoyl Isethionate, Sodium Lauroyl Sarcosinate

- 리뉴얼: PHA(글루코노락톤), Papain(효소, 저함량)

- 활력: Niacinamide(저농도), Panthenol

*** 보조 성분**

- Rice Bran Extract, Green Tea Extract

*** 피해야 할 성분(OUT)**

- AHA/BHA 고함량

- 거친 스크럽

- 오일/버터 과다

3. 배란기(Ovulatory Phase)

*** 제조 목표:** 피지·열감 조절·청결 유지

*** 피부/두피 생리 포인트**

- 피지↑, 열감↑, 윤기↑

- 모공 막힘 위험

*** 베이스 설계**

- 중성에 가까운 컴비네이션 비누

- 산뜻한 세정

*** 핵심 성분(IN)**

- 세정: Sodium Lauroyl Glutamate, Disodium Laureth Sulfosuccinate

- 피지 밸런스: Zinc PCA, Niacinamide(2-3%)

- 쿨링 대체: Xylitol, Erythritol(멘톨 無)

*** 보조 성분**

- Green Tea(EGCG), Witch Hazel(저자극 정제)

*** 피해야 할 성분(OUT)**

- 실리콘/오일 코팅 성분

- 강한 향료

- 숯·머드 과다

4. 황체 전반기(Early Luteal Phase)

*** 제조 목표:** 유수분 균형·안정 유지

*** 피부/두피 생리 포인트**

- 피지 점진↑, 무게감 시작

- 민감도는 비교적 안정

*** 베이스 설계**

- 컴비네이션 비누

- 균형 세정

*** 핵심 성분(IN)**

- 세정: Sodium Cocoyl Glutamate, Cocamidopropyl Betaine

- 밸런스: Niacinamide, Zinc PCA(소량)

- 진정: Centella Asiatica, Panthenol

*** 보조 성분**

- Aloe Vera, Betaine

*** 피해야 할 성분(OUT)**

- 과도한 쿨링

- 흡착 파우더 과다

- 타이트닝 수렴 성분

5. 황체 후반기(Late Luteal / PMS)

*** 제조 목표:** 염증 완화·자극 차단·완충

*** 피부/두피 생리 포인트**

- 염증·부종·가려움↑

- 트러블·냄새 민감

*** 베이스 설계**

- 신디트 비누

- 초저세정·크림 거품

*** 핵심 성분(IN)**

- 세정: Sodium Cocoyl Isethionate(고순도), Sodium Lauroyl

  Glutamate

- 항염/진정: Madecassoside, Asiaticoside, Panthenol

- 보호: Ceramide NP, Cholesterol(미량)

*** 보조 성분**

- Oat Extract, Bisabolol

*** 피해야 할 성분(OUT)**

- 멘톨·유칼립투스·캠퍼

- 각질 제거 파우더

- 향료·알코올

임신 1기, 임신 2기, 임신 3기, 갱년기, 폐경기

고형 비누 기준, pH: 약산성~중성(5.5-7.0)(신디트/컴비네이션 비누 권장), 저자극·저향·무쿨링 원칙. 임신기는 안전성 최우선하고 갱년기·폐경기는 장벽 재건·편안함이 목적이다.

6. 임신 1기(1-12주)

*** 제조 목표:** 절대 안전·초저자극·감각 보호

*** 피부/두피 생리 포인트**

- 호르몬 급변 → 극민감·가려움

- 향·자극 성분 거부 반응↑

*** 베이스 설계**

- 신디트 비누(저거품·저세정)

*** 핵심 성분(IN)**

- 세정: Sodium Cocoyl Isethionate(SCI), Sodium Lauroyl Glutamate

- 진정: Panthenol, Allantoin, Beta-Glucan

- 보습/장벽: Glycerin, Ceramide NP(저농도)

*** 보조 성분**

- Oat Extract(아베난쓰라마이드), Dipotassium Glycyrrhizate

*** 피해야 할 성분(OUT)**

- 레티노이드 전 성분, BHA 고함량

- 에센셜오일·합성향료

- 멘톨·캠퍼·알코올

7. 임신 2기(13-27주)

*** 제조 목표:** 안정 유지·윤기·보습 강화

*** 피부/두피 생리 포인트**

- 호르몬 안정화

- 윤기·수분 요구↑, 색소 변화 위험

*** 베이스 설계**

- 컴비네이션 비누(크리미 거품)

*** 핵심 성분(IN)**

- 세정: Sodium Cocoyl Isethionate, Sodium Lauroyl Sarcosinate

- 보습: Glycerin, Hyaluronic Acid

- 톤/안정: Niacinamide(저농도), Panthenol

*** 보조 성분**

- Green Tea Extract, Tocopherol

*** 피해야 할 성분(OUT)**

- 고농도 미백·각질 유도 성분

- 강한 향·색소

8. 임신 3기(28주~출산)

*** 제조 목표:** 고보습·가려움 완화·장벽 보호

*** 피부/두피 생리 포인트**

- 건조·당김·가려움↑

- 튼살·마찰 민감

*** 베이스 설계**

- 신디트 또는 고보습 컴비네이션(크림 거품)

*** 핵심 성분(IN)**

- 세정:Sodium Cocoyl Glutamate, Cocamidopropyl Betaine

- 고보습: Shea Butter(저함량), Squalane

- 장벽/진정: Ceramide NP/AP, Panthenol, Beta-Glucan

*** 보조 성분**

- Oat Extract, Bisabolol

*** 피해야 할 성분(OUT)**

- 쿨링·슬리밍 성분

- 스크럽·각질 파우더

- 향료 과다

9. 갱년기(Menopause Transition)

*** 제조 목표:** 장벽·진정·열감·가려움 완화

*** 피부/두피 생리 포인트**

- 에스트로겐 급감

- 열감·가려움·건조 동반

*** 베이스 설계**

- 컴비네이션 비누(중저세정)

*** 핵심 성분(IN)**

- 세정:Sodium Cocoyl Glutamate, Sodium Lauroyl Sarcosinate

- 장벽: Ceramide NP, Cholesterol(미량)

- 진정: Panthenol, Centella Asiatica, Bisabolol

*** 보조 성분**

- Betaine, Aloe Vera

*** 피해야 할 성분(OUT)**

- 알코올 베이스

- 멘톨·유칼립투스

- 강한 타이트닝 성분

10. 폐경기(Postmenopause)

*** 제조 목표:** 초고보습·장벽 재건·편안함

*** 피부/두피 생리 포인트**

- 에스트로겐 거의 없음

- 장벽 회복력 저하, 극건조

*** 베이스 설계**

- 신디트 비누 또는 밀크/크림형

*** 핵심 성분(IN)**

- 세정:Sodium Cocoyl Isethionate, Glutamate 계열

- 장벽 재건: Ceramide Complex, Cholesterol, Fatty Acids

- 고보습: Glycerin, Jojoba Oil, Squalane

- 진정: Panthenol, Beta-Glucan

*** 보조 성분**

- Tocopherol, Green Tea

*** 피해야 할 성분(OUT)**

- 강세정·각질 제거 전반

- 향·쿨링·리프팅 연출 성분

■ R&D 비누 제조 핵심

- 월경·황체기 후반: 신디트 + 보호·진정
- 난포: 부드러운 리뉴얼 허용
- 배란: 피지·열감 조절
- 황체기 전반: 유수분 균형 유지
- 임신 1기: 안전 최우선(무향·초저자극)
- 임신 2기: 안정·윤기 보습
- 임신 3기: 고보습·가려움 완화
- 갱년기: 장벽·진정
- 폐경기: 초고보습·재건

■ 비누 제조 실무팁

* 색상: 주기별 파스텔/뉴트럴(자극 회피)
* 향: 무향 또는 저알러젠(월경·PMS는 무향 권장)
* 용도: 얼굴·바디 겸용 가능하되, 월경/PMS는 얼굴 우선 기준

46장.

'생리하는 화장품·샴푸·비누'의 '여성주기 맞춤' 향·색 제조

'생리하는 화장품' '생리하는 샴푸' '생리하는 비누'(여성의 생리주기별 미용제품) 제조에 적용할 '향(후각)과 색(시각)'은 먼저 여성의 영혼을 치유한다. 향은 신경계로, 색은 무의식으로 작동하며 여성의 주기별 감정은 향으로 먼저 안정된다.

Ⅰ. 생리 4주기의 향과 색 맞춤

① 월경기(정화·휴식)

현재 상태		내향·민감·회복
적용	향	라벤더·캐모마일·로즈
	색	딥 버건디·더스티 로즈·아이보리
적용 의미(목적)		자궁 안정·위로·보호 → 자궁과 신경계를 보호하고 쉬게 하라 → "괜찮다, 지금은 멈춰도 된다."
제조 적용		클렌저·진정 로션

② 난포기(회복·광채)

현재 상태		재생·맑음·확장
적용	향	네롤리·베르가못·그린티
	색	연두·크림 옐로우·펄 화이트
적용 의미(목적)		세포 활성·투명감
제조 적용		에센스·브라이트닝

③ 배란기(표현·매력)

현재 상태		개방·자신감·윤기
적용	향	자스민·일랑일랑·로즈앱솔루트
	색	코랄·피치·소프트 골드
적용 의미(목적)		매력 증폭·호르몬 균형 → 매력과 표현을 자연스럽게 드러내라 → "너는 이미 충분히 빛난다."
제조 적용		시그니처 크림·향 중심 라인

④ 황체기(보호·정리)

현재 상태		예민·경계·안정 필요
적용	향	샌달우드·프랑킨센스·시더우드
	색	웜 브라운·토프·소프트 그레이
적용 의미(목적)		안정·감정 보호 → 외부 자극으로부터 감정과 피부를 보호하라 → "지금은 정리하고 지켜야 할 때"
제조 적용		장벽 크림·센서티브

<u>Ⅱ. 임신 3분기의 향과 색 맞춤</u>

⑤ 임신 1기(착상·보호)

현재 상태		불안정·보호 최우선
적용	향	무향 또는 캐모마일
	색	밀키 화이트·연베이지
적용 의미(목적)		안전·안심 → 어떤 자극도 최소화하라 → "안전이 가장 중요하다."
제조 적용		임산부 전용·저자극

⑥ 임신 2기(안정·성장)

현재 상태		평안·생명력 증가
적용	향	라벤더·만다린·네롤리
	색	소프트 그린·파우더 블루
적용 의미(목적)		안정된 성장 → 안정 속에서 성장을 돕는다 → "편안하게 자라도록 둔다."
제조 적용		바디·보습 라인

⑦ 임신 3기(완성·감쌈)

현재 상태		보호·준비·포용
적용	향	로즈우드·바닐라(극미량)
	색	더스티 블루·크림

적용 의미(목적)	감싸 줌·완성 → 완성을 감싸고 기다려라 → "이미 충분히 이루어지고 있다."
제조 적용	베이비·패밀리

Ⅲ. 갱년기 & 폐경기의 향과 색 맞춤

⑧ 갱년기(전환·재정의)

현재 상태		혼란·열감·정체성 변화
적용	향	클라리세이지·제라늄·베르가못
	색	소프트 퍼플·모브
적용 의미(목적)		호르몬 균형·감정 완충 → 변화를 위험이 아닌 전환으로 느끼게 하라 → "이것은 끝이 아니라 변신이다."
제조 적용		안티에이징·밸런스

⑨ 폐경기(통합·존엄)

현재 상태		완성·평안·지혜
적용	향	프랑킨센스·미르·샌달우드
	색	아이보리·샴페인·소프트 골드
적용 의미(목적)		존엄·통합 → 존엄과 통합을 드러내라 → "너는 완성된 존재다."
제조 적용		프리미엄·리치

※ 여성주기 맞춤 향기 & 색깔 비교표

단계	신체·정서 핵심	향기 콘셉트 Top → Middle → Base	색깔코드 (주조색 → 포인트)	향과 색깔의 의미
월경기	회복·진정	라벤더 → 캐모마일 → 머스크	아이보리·웜그레이	보호·안정·자기위로
난포기	재생·광채	레몬 → 네롤리 → 화이트플로럴	페일옐로우·연민트	새 출발·세포 활성
배란기	표현·매력	베르가못 → 로즈 → 샌달우드	코랄핑크·로즈골드	생명력·여성성
황체기	균형·정화	유칼립투스 → 티트리 → 시더우드	올리브그린·브론즈	안정·트러블 억제
임신 1기	보호·안정	만다린 → 라벤더 → 바닐라	소프트베이지·피치	안전·정서적 포용
임신 2기	평온·확장	스위트오렌지 → 로즈 → 머스크	스카이블루·소프트핑크	평안·모성의 확장
임신 3기	감싸줌·인내	캐모마일 → 밀크노트 → 샌달우드	크림화이트·더스티핑크	보호·기다림
갱년기	조절·재정렬	클라리세이지 → 제라늄 → 파출리	퍼플그레이·실버	전환·호르몬 균형
폐경기	완성·지혜	프랑킨센스 → 아이리스 → 앰버	딥버건디·골드	존엄·내적 완성

여성주기는 '향기·색·리듬으로 읽을 수 있는 생명 질서'이며 맞춤 화장품이 그 리듬에 공명할 때 여성은 비로소 완성된다.

※ 제조 적용

> "이 향과 색은, 이 주기의 이 제품을 만들 때,
> 이 공정에서 이렇게 쓰인다."

제조 적용은 향·색의 설계가 '어떤 제품군'과 '어느 공정 단계'에 실제로 쓰이는가를 지정하는 실행 지점을 말한다.

왜 '제조 적용'을 구분해야 하나?

- 향·색은 모든 제품에 동일하게 쓰이지 않음
- 여성 주기별로 피부 상태·신경 반응·사용 목적이 다름
- 공정마다 열·교반·시간이 달라 향·색의 안정성이 다름
> 그래서 어디에 쓰는지를 지정해야 특정 품질이 나온다.

'제조 적용'이 포함하는 4가지 요소

① 제품군 적용, 어떤 제품 타입에 쓰는가?

- 클렌저
- 로션
- 에센스
- 크림
- 바디·베이비 라인 등

예>

- 월경기 → 클렌저·진정 로션

- 배란기 → 시그니처 크림

- 폐경기 → 프리미엄 리치 크림

② 공정 단계 적용, 어느 제조 단계에서 반영하는가?

요소	주로 적용되는 공정
향	유화 후반·숙성
색	원료 투입·교반
리듬	교반·유화·숙성

예〉

- 임신 1기 향 → 유화 금지, 숙성 단계만 허용

- 배란기 향 → 유화 후반에 소량 투입

③ 강도·비율 적용, 얼마나 강하게 쓰는가?

- 월경기·임신기 → 저자극·저농도

- 배란기 → 표현 가능한 농도

- 폐경기 → 깊고 잔향 위주

〉 같은 향이라도 농도·타이밍이 다름

④ 품질·안전 기준 적용

- 열 안정성

- 피부 자극 가능성

- 향 변질 여부

- 장기 숙성 적합성

〉'제조 적용'은 QC 기준 설정과 연결된다.

※ 화장품 QC(품질관리) 기준은 안전성, 유효성, 안정성, 사용성의 4대 요소를 중심으로 하며, 법적 규제(식약처)와 국제 표준(ISO 22716)에 따라 원료 입고부터 최종 제품 출하까지 미생물, 유해 물질, 성분 함량, 물리적 특성(색, pH, 점도 등), 포장 라벨 정보 등을 검사하여 제품의 품질 일관성과 안전성을 보증하는 체계적 관리이다.

47장.

'생리하는 화장품·샴푸·비누'의
'생리주기별 음(소리) 설계'

여성의 몸은 호르몬으로 움직이지만, 감정은 '리듬'으로 치유된다.
박자를 바꾸면, 여성의 하루와 인생의 결이 달라진다. 뇌 과학적으로
여성의 몸과 감정은 음(소리)의 리듬과 박자에 따라 조율된다.

- 3/4 → 부교감 신경 활성(위로·자기 돌봄)

- 4/4 → 뇌의 전전두엽 안정(자기통제·균형)

- 6/8 → 도파민·옥시토신 공명(기쁨·관계성)

- 2/4 → 경계 인식 강화(짜증·불안 완화)

- 12/8 → 심박 리듬과 유사(안정·포근함)

- 자유박 → 명상·기도 상태 유도

'생리하는 화장품' '생리하는 샴푸' '생리하는 비누'의 음(소리) 설계는
'제품 공정과정'에 여성의 생리주기별 리듬에 공명하는 음악을 투사하

는 양자적 설계로서 원료 혼합·유화·숙성·충진, 포장의 화장품 제조 단계 전체에 활용한다.

제품 제조 중 리듬은 세포의 시간 언어로서, 박자는 감정·호르몬·자율신경 질서의 기능 역할을 하며 음(소리)은 원료의 분자 배열·작업자 정서·제품 에너지에 동시 작용한다.

가. '생리하는 화장품·샴푸·비누'의 음(소리) 설계

① 월경기(정화·회복)

- 몸과 마음 생태: 수축·배출·내향으로 이동하는 시기
- 추천 박자: 3/4
- 이유: 원형 리듬 → 자궁·호흡과 동조, 긴장 완화
- 소리 질감: 둥근 패드, 낮고 부드러운 현, 파도·호흡 같은 순환 음향
- 음악 키워드: 정화, 포용, 쉼
- 제조 적용: 클렌저·진정 라인/저속 교반·저자극 공정

※ 원형 리듬은 시작과 끝이 분명하지 않고, 끊임없이 순환·회귀하는 시간 감각을 만들어 낸다.
- 직선 리듬(4/4): 전진, 생산, 성취, 긴장
- 원형 리듬(3/4): 회복, 품음, 이완, 귀환
- 3/4 박자는 강-약-약의 흐름으로, 강박적 추진이 아니라 안아주듯

감싸는 파동을 형성한다.

※ 월경기의 3/4 박자 원형 리듬은 자궁과 호흡의 기억을 깨워 몸에게 "지금은 쉬어도 안전하다"고 말해 주는 소리다.

② 난포기(재생·확장)

- 몸과 마음 생태: 회복, 세포 증식, 확장으로 전환되는 시기
- 추천 박자: 4/4
- 이유: 가장 안정된 시간 구조 → 재정렬·균형
- 소리 질감: 맑은 피아노, 투명한 신스 패드, 새벽·아침 공기 같은 밝은 톤
- 음악 키워드: 맑음, 성장, 투명
- 제조 적용: 에센스·광채 라인 / 균일 혼합·안정 숙성

※ 난포기의 회복은 단순한 휴식이 아니라 재배열된 성장으로서 4/4 박자는 인간이 가장 자연스럽게 인식하는 기본 시간 단위이다.
- 걷기, 심장 박동, 일상 노동의 리듬과 일치
- 예측 가능하고 반복 가능한 구조
- "지금 - 다음 - 그다음"이 명확한 질서의 박자

이 박자는 몸에게 안정된 틀을 제공해, 회복 이후의 확장을 무리 없이 지지한다.

※ 4/4 박자가 만드는 효과

1) 신경계의 균형 회복 → 교감·부교감의 안정적 교대

2) 리듬 기억의 재학습 → 몸이 다시 '정상 박자'를 떠올림

3) 세포 증식에 필요한 에너지 질서화→ 흩어진 회복 에너지를 일정
   간격으로 분배

4) 희망 감정의 토대 형성 → 불안 없는 미래 기대감 생성

**※ 난포기의 4/4 박자는 몸과 마음의 시간을 다시 맞추어,
회복된 생명이 안정 속에서 자라도록 돕는 '균형의 틀'이다.**

③ 배란기(표현·개방)

- 몸과 마음: 여성의 에너지가 가장 확장, 표현, 소통되는 시기

- 추천 박자: 6/8

- 이유: 파동형 리듬 → 생명력·유동성 증폭

- 소리 질감: 현악의 물결형 아르페지오, 부드러운 퍼커션, 빛이 번
   지는 듯한 신스

- 음악 키워드: 생동, 윤기, 공명

- 제조 적용: 시그니처·향 중심 라인/유화 단계에 적합

※ **배란기**는 여성의 에너지가 가장 넓게 확장·표현·소통되는 시기
로서 이때 소리 설계의 핵심은 안정이나 정렬이 아니라, 흐르고 번지
는 생명 파동을 증폭시키는 리듬이다. 그래서 추천 박자는 6/8이다.

※ 파동형 리듬이란 무엇인가?

파동형 리듬은 딱딱 끊어지지 않고, 밀려왔다가 스며들고, 다시 확장되는 흐름을 만든다.

- 직선 리듬(4/4): 질서·균형·안정
- 원형 리듬(3/4): 회귀·품음·이완
- 파동형 리듬(6/8): 확산·매력·교류

※ 6/8은 2개의 큰 흐름(강-약) 안에 3의 미세 파동이 들어 있어 →
심장은 뛰고, 감정은 흔들리고, 몸은 자연스럽게 움직이게 한다.

※ 생명력 증폭의 구조

6/8 박자는 생리적으로도 확장 상태의 신체와 잘 맞다.

1) 혈류·림프 흐름과 공명 → 박동이 물결처럼 이어져 몸의 순환감
   상승
2) 호흡의 자연스러운 깊어짐 → 억지 없는 개방형 흉곽 호흡
3) 도파민·옥시토신 반응 촉진

→ 매력, 친밀감, 사회적 개방성 강화

이로 인해 배란기의 "빛남"은 과장되지 않고 자연스럽게 번진다.

※ 유동성의 감정 효과

- 말이 부드러워지고
- 표정이 열리며

- 타인과의 거리감이 줄어듭니다.

6/8은 "나를 드러내도 안전하다"는 신체 신호를 만들어 표현 욕구를 막지 않고, 흐르도록 돕습니다.

※ 배란기의 6/8 파동형 리듬은 생명력이 '점'이 아니라 '물결'로 퍼지게 하여, 매력과 소통이 자연스럽게 흘러나오게 하는 소리다.

④ 황체기(경계·정리)

- 몸과 마음 생태: 민감, 보호, 판단, 정리로 전환되는 시기
- 추천 박자: 2/4
- 이유: 명확한 강약 → 과자극 억제, 집중도↑
- 소리 질감: 미니멀 퍼커션, 낮고 안정된 드론, 불필요한 잔향 제거
- 음악 키워드: 절제, 안정, 분별
- 제조 적용: 센서티브·장벽 라인/저온·미세 교반

※ 황체기는 배란기의 확산 이후, 에너지가 다시 안쪽으로 모이며 보호·판단·정리로 전환되는 시기입니다. 이때 소리 설계의 핵심은 감정 자극을 줄이고, 경계를 분명히 세워 집중을 지키는 리듬입니다. 그래서 추천 박자는 2/4이다.

※ 2/4 박자란 무엇인가?

2/4 박자는 강-약이 또렷한 구조로, 몸과 마음에 "지금 멈출 것 / 지

금 나아갈 것"을 명확히 알려 준다.

  - 6/8(배란기): 흐름·확산·유혹

  - 4/4(난포기): 안정·균형

** - 2/4(황체기): 경계·선별·결단**

이 단순한 이분 구조는 과잉 자극을 차단하고, 선택과 판단을 돕는다.

※ 과자극 억제의 신경학적 의미

황체기의 몸은 감각에 민감해져, 불필요한 소리·정보·감정에 쉽게 피로해집니다.

※ 2/4 박자가 만드는 효과

1) 자극의 예측 가능성 증가 → 놀람·불안 감소

2) 주의 집중의 초점화 → 산만함 ↓, 판단 명료성 ↑

3) 정서적 거리두기 지원 → 타인의 감정에 과도하게 휩쓸리지 않음

4) 자기 보호 신호 강화 → "지금은 지켜야 할 때"라는 몸의 메시지

※ 마음 생태와 2/4의 공명

- 황체기의 마음은 결정·정리·거절이 필요한 시기

- 2/4는 감정을 부추기지 않고 사실과 선택에 집중하게 함

- 말수는 줄고, 판단은 또렷해짐

이는 '차갑게'가 아니라 선명하게 보호하는 리듬이다.

※ 황체기의 2/4 박자는 강약이 분명한 시간 경계를 세워 과자극을 막고, 집중과 판단을 지켜 주는 보호의 소리다.

⑤ 임신 1기(착상·보호)

- 몸과 마음 생태: 불안정·보호 요청
- 추천 박자: 느린 3/4
- 이유: 포근한 회전감 → 안정 신호 제공
- 소리 질감: 둥근 패드·하프, 숨결 같은 노이즈, 잔향이 길고 모서리 없는 톤
- 음악 키워드: 보호, 부드러움, 안심
- 제조 적용: 임산부 라인 / 저자극·저소음 공정

※ 임신 1기는 생명이 몸에 착상하며 아직 구조적으로 불안정한 시기입니다. 몸과 마음은 자연스럽게 보호를 요청하고, 외부 자극에 민감해진다. 이때 소리 설계의 핵심은 활력이나 집중이 아니라, 지속적으로 '안전하다'는 신호를 보내는 것이다. 그래서 추천 박자는 느린 3/4이다.

※ 느린 3/4 박자가 주는 '안정 신호'

3/4는 본래 원형·회전형 리듬입니다. 여기에 속도를 낮추면, 소리는

앞으로 밀지 않고 옆에서 함께 흔들어 주는 파동이 됩니다.

- 빠른 3/4: 정서적 위로
- 느린 3/4: 보호·품음·정착

이는 몸에게 이렇게 말합니다.
"지금은 움직이지 않아도 된다." "머물러도 안전하다."

※ 포근한 회전감이란?

포근한 회전감은 직선적 긴장이나 급격한 변화가 없는 반복에서 생긴다.

※ 느린 3/4의 구조

- 강(품음) → 약(쉼) → 약(쉼)
- 밀어내지 않고 안으로 감싸는 흐름
- 자궁의 미세한 보호성 수축과 감각적으로 유사

이 회전감은 불안을 자극하지 않으면서, 몸의 중심(복부·골반)에 안정적인 주의 초점을 형성한다.

※ 임신 1기 마음 생태와의 공명

- "괜찮을까?"라는 존재적 불안
- 아직 말로 표현되지 않는 보호 욕구

- 외부 소리에 쉽게 피로해짐

※ 느린 3/4는

- 감정을 끌어올리지 않고

- 판단을 요구하지 않으며

- 그저 '함께 있어 줌'의 감각을 제공합니다.

이는 임신 1기에 가장 필요한 비개입적 안정이다.

※ 임신 1기의 느린 3/4 박자는 회전하듯 감싸는 소리로 몸에 '머물러도 안전하다'는 신호를 보내 착상된 생명이 조용히 자리를 잡도록 돕는다.

⑥ 임신 2기(안정·확장)

- 몸과 마음 생태: 안정·성장·평안

- 추천 박자: 12/8

- 이유: 심박과 유사 → 깊은 안정감

- 소리 질감: 따뜻한 스트링 패드, 깊고 부드러운 베이스, 규칙적인 저주파 파동

- 음악 키워드: 풍요, 포용, 생명

- 제조 적용: 바디·보습 라인/숙성·휴지 공정

※ 임신 2기는 착상이 자리 잡고, 몸과 마음이 안정·성장·평안으로 넓어지는 시기이다. 이 단계의 소리 설계 핵심은 보호 요청을 넘어서 지속 가능한 평온을 유지하는 것이다. 그래서 추천 박자는 12/8이다.

※ 왜 12/8인가? — 심박과 닮은 시간 구조

12/8은 큰 파동 4개 안에, 미세한 3의 흐름이 들어 있는 박자이다. 즉 - 큰 맥박(안정) 위에 -부드러운 미세 진동(성장) 이 겹쳐진 구조로서 이 패턴은 -안정된 심박 리듬 -깊고 규칙적인 복식호흡 -태아를 품은 자궁의 지속적 혈류 파동과 감각적으로 매우 유사하다. 몸은 이를 "익숙한 생명 리듬"으로 인식해 경계를 풀고 깊이 안착한다.

※ 깊은 안정감이 형성되는 이유

12/8 박자가 만드는 효과는 다음과 같다.

1) 예측 가능한 큰 흐름→ 불안 감소, 신뢰 형성

2) 지루하지 않은 미세 파동→의식이 깨어 있으며 편안함 유지

3) 심리적 흔들림 흡수→ 감정 기복 완화

4) '지금 이 상태로 괜찮다'는 신체 확신→ 평안의 지속

이는 임신 2기에 필요한 확장된 안정을 가장 잘 지지한다.

※ 마음 생태와 12/8의 공명

- 마음은 더 이상 불안에 매달리지 않고

- 몸의 변화와 성장을 신뢰하기 시작
- 타인과의 관계에서도 여유와 평온이 나타남

12/8은 감정을 고조시키지 않으면서도 생명 에너지가 자연스럽게 흐르도록 허용한다.

※ 임신 2기의 12/8 박자는 심박과 닮은 파동으로 몸과 마음에 '지금 이 흐름이 가장 안전하다'는 깊은 평안을 심어 준다.

⑦ 임신 3기(완성·감쌈)

- 몸과 마음 생태: 보호·완성·준비
- 추천 박자: 느린 12/8
- 이유: 큰 파동 → 감싸는 에너지 형성
- 소리 질감: 매우 부드러운 저음 드론, 파도·호흡이 섞인 저주파, 잔 향은 넓되 경계는 흐림
- 음악 키워드: 완성, 품음, 평안
- 제조 적용: 베이비·패밀리 라인/최종 블렌딩

※ 임신 3기는 생명이 충분히 자라 **완성을 향해 모이며,** 몸과 마음이 자연스럽게 **보호·준비·감쌈의 상태**로 들어가는 시기이다. 이 단계의 소리 설계 핵심은 안정의 유지를 넘어, 전체를 한 번 더 크게 품어 안는 파동을 만드는 것이다. 그래서 추천 박자는 느린 12/8이다.

※ '큰 파동'이란 무엇인가?

느린 12/8은 아주 넓은 큰 흐름 위에 미세한 흔들림이 거의 느껴지지 않을 정도로 부드럽게 얹힌 리듬이다.

이 파동은 밀어내지 않고, 흔들지 않으며, 덮고, 감싸고, 보호하는 방향으로 움직인다.

마치 잔물결이 사라진 바다의 큰 너울처럼, 몸 전체를 천천히 들어 올렸다가 내려놓는다.

※ 감싸는 에너지가 형성되는 이유

느린 12/8 박자는 다음과 같은 신체·정서 효과를 만듭니다.

1) 자율신경의 깊은 이완 유지 → 과각성 없이 안정 지속

2) 복부·골반 중심 인식 강화 → 보호 본능과 연결

3) 불필요한 외부 자극 차단 → 에너지가 밖으로 새지 않음

4) '이미 충분하다'는 완성 신호 → 조급함 감소, 준비의 평안

이는 출산을 앞둔 몸이 스스로 선택하는 **에너지 절약형 보호 모드**와 정확히 맞닿아 있다.

※ 임신 3기 마음 생태와의 공명

- 무언가를 더 하려 하지 않고

- 이미 가진 것을 지키고 품으려는 마음

- 말보다 존재 자체의 안정감이 커짐

느린 12/8은 감정을 건드리지 않고 '그냥 함께 숨 쉬는 상태'를 오래 유지하게 한다. 이는 태아에게도 가장 안정적인 정서 파동이다.

※ 임신 3기의 느린 12/8 박자는 큰 파동으로 몸과 생명을 포근히 감 싸 '이제 충분히 준비되었다'는 완성의 에너지를 만든다.

⑧ 갱년기(전환·재정의)

- 몸과 마음 생태: 혼란·재구성
- 추천 박자: 변박자(3/4 ↔ 4/4)
- 이유: 변화 허용 → 긴장 완화
- 소리 질감: 따뜻한 스트링/우드 계열, 날카로운 고주파 제거, 리듬 변화는 질감 변화 없이 처리
- 음악 키워드: 전환, 지혜, 성숙
- 제조 적용: 안티에이징·밸런스 라인/단계 전환 시

※ 갱년기는 '무언가가 끝났다'가 아니라 리듬이 바뀌는 구간이다. 몸과 마음은 호르몬·정체성·역할의 변화로 혼란과 재구성을 동시에 겪는다. 이 시기의 소리 설계 핵심은 안정만 강요하지 않는 것, 즉 변화를 허용하는 안전한 틀을 제공하는 것이다.
그래서 추천 박자는 변박자(3/4 ↔ 4/4)이다.

※ 왜 변박자인가?

갱년기의 긴장은 "불안해서"라기보다 기존 리듬을 유지하려는 저항에서 커진다.

- 3/4: 감정·회귀·내향
- 4/4: 질서·균형·재정렬
- 변박자: "바뀌어도 괜찮다"는 신체 학습

리듬이 의도적으로 바뀌면, 몸은 놀라지 않고 예상된 변화로 받아들인다.

※ 변화 허용이 긴장을 낮추는 이유

변박자는 신경계에 다음 메시지를 전달한다.

1) 통제 완화 → "한 박자로 고정될 필요가 없다"
2) 유연한 예측 → 갑작스러운 변화에도 과각성 감소
3) 자기 리듬 재정의 → 과거의 몸이 아닌 '지금의 몸'을 기준으로 삼음
4) 감정-인지 간 충돌 완화 → 혼란을 실패가 아닌 전환으로 인식

이는 갱년기에 필요한 **신경가소성의 촉진**과 직결된다.

※ 3/4 ↔ 4/4 전환 설계 포인트

- 전환은 부드럽게: 브릿지 음(드론·패드)로 연결
- 빈도는 낮게: 8-16마디마다 한 번

- 방향성 유지: 갑작스런 가속·감속 금지

이렇게 하면 변화는 자극이 아니라 안도감이 된다.

**※ 갱년기의 변박자는 리듬이 바뀌어도 안전하다는 신호로
혼란을 긴장이 아닌 '전환의 공간'으로 바꾼다.**

⑧ 폐경기(완성·존엄)

- 몸과 마음 생태: 통합·평안·존재감
- 추천 박자: 자유박 또는 느린 4/4
- 이유: 시간 구속 해제 → 깊은 안정
- 소리 질감: 매우 단순한 드론, 낮고 따뜻한 공명음, 잔향은 깊되 변
  주 없음
- 음악 키워드: 존엄, 고요, 통합
- 제조 적용: 프리미엄·리치 라인/숙성·충진

※ 폐경기는 생리적 기능의 종료가 아니라, 삶의 모든 리듬이 하나
로 통합·완성되어 존재 자체가 존엄과 평안으로 서는 시기이다. 이 단
계의 소리 설계 핵심은 더 이상 조율하지 않아도 되는 상태, 즉 시간의
구속에서 풀려나는 안정이다.

그래서 추천 박자는 자유박 또는 느린 4/4이다.

※ 왜 '시간 구속 해제'인가?

월경기부터 임신·갱년기에 이르기까지 몸은 늘 박자에 반응하고 적응하며 변화해 왔습니다.

그러나 폐경기에는 맞출 것도, 서둘 것도, 증명할 것도 없다.

자유박은 → "지금은 흐름에 맡겨도 된다"는 신체 선언이고,

느린 4/4는 → "이미 충분히 안정되었다"는 시간의 증거이다.

※ 자유박이 만드는 통합의 감각

자유박은

- 강약이 규정되지 않고
- 시작과 끝이 흐릿하며
- 호흡과 존재감만 남는다.

이 구조는 과거의 기억, 현재의 감각, 미래에 대한 집착
을 하나의 넓은 평안으로 녹여 낸다. 즉, 소리는 더 이상 '작용'하지 않고 존재를 드러내는 배경이 된다.

※ 느린 4/4가 주는 존엄의 안정

느린 4/4는

- 질서가 있지만 강요되지 않고
- 반복이 있지만 피로하지 않으며
- 고요하지만 공허하지 않는다.

이는 폐경기의 마음 상태와 닮아 있다.

말하지 않아도 전달되는 존재감, 움직이지 않아도 느껴지는 중심을 지지한다.

※ 폐경기의 자유박과 느린 4/4는 시간의 요구에서 벗어나 존재 자체가 평안과 존엄이 되는 소리다.

한눈에 비교 요약

주기	심신생태	박자	핵심 효과
월경	정화	3/4	이완
난포	재생	4/4	균형
배란	표현	6/8	생명력
황체	보호	2/4	안정
임신1	착상	느린 3/4	안심
임신2	성장	12/8	평안
임신3	완성	느린 12/8	감쌈
갱년	전환	변박	수용
폐경	통합	자유박	존엄

핵심 주제

"여성의 몸과 마음은 리듬으로 만들어지고, 리듬을 타는 화장품이 비로소 생리미인을 만든다."

나. 박자별 생체 기능 활성화

(의학·뇌과학·영성·양자물리학적 해석)

A. 3/4(느린 왈츠·자장 리듬)

* 의학/생리: 느린 템포는 심박·자율신경 회복에 유리한 결과들이 보고됨(특히 중등/완만한 템포가 회복에 도움)
* 뇌과학: 반복·예측성 → 편도체 과각성 완화, 안정적 주의("안전 신호") 형성에 도움
* 영성: "회개·정화·안식" 리듬(내려놓음, 수용, 눈물의 치유)
* 양자 물리학: "흩어진 마음의 위상(phase)을 맞추는 '결맞음(Coherence, 정합성)' 과정"

※ 자장 리듬은 '잠을 재우는 음악'이라는 장르가 아니라, 몸이 본능적으로 안전을 인식하는 시간의 흔들림을 말한다. 그 핵심 구조가 바로 느린 3/4이다.

※ 왜 '자장'인가?

자장 리듬은 다음의 기억된 신체 경험과 겹친다.

1) 안아 흔드는 리듬 → 좌우로 천천히 흔들리는 품
2) 어른의 걸음 속도 → 아이를 안고 걷는 자연 박자
3) 복식호흡의 흔들림 → 들숨-쉼-날숨의 부드러운 반복
4) 자궁 환경의 잔향 → 급하지 않은, 끊기지 않는 회전감

그래서 뇌는 이 리듬을 새로운 자극이 아니라 이미 아는 안전으로 처리한다.

※ '느린 왈츠'가 자장이 되는 순간

모든 3/4가 자장 리듬은 아니다. 다음 조건이 충족될 때 자장 리듬이 된다.

- 속도: BPM 50~65
- 강세: 첫 박만 살짝, 나머지는 흐림
- 소리 질감: 둥글고 날카롭지 않음
- 프레이징: 끝을 강조하지 않음(열린 마침)

이때 3/4는 춤추는 왈츠가 아니라 안아 흔드는 자장이 된다.

자장 리듬은 경계 신호 ↓, 미주신경 활성 ↑, 근육 긴장 완화

생각의 속도 감소 즉, "깨어 있지만 싸울 필요는 없는 상태"로 몸을 옮긴다. 그래서 월경기, 임신 1기의 불안·과각성 상태에서 가장 적합하다.

※ 3/4의 자장 리듬이란 앞으로 가라고 재촉하지 않고, 그 자리에 머물러도 안전하다고 말해 주는 '안아 흔드는 시간'이다.

B. 4/4(균형·기본 호흡)

* 의학/생리: 규칙적인 리듬 + 중간 템포는 각성/이완 균형에 자주 쓰임
* 뇌과학: 전전두엽(계획·억제) 사용에 유리한 "구조감" 제공
* 영성: "말씀·순종·세움"의 박자(일상 성화 루틴에 최적)
* 양자물리학: 안정된 '기준 프레임'(reference frame)처럼 작동 → 삶의 기준 재정렬

※ 4/4 리듬은 음악 이론을 넘어, 인간 몸이 가장 편안하게 '살아 있음'을 유지하는 기본 시간 구조이다. 그래서 이를 균형·기본 호흡 리듬이라 부른다.

※ 4/4 = '기본 호흡'의 시간 구조

4/4는 강 - 약 - 중 - 약의 안정된 반복이다.

이 구조는 다음과 자연스럽게 겹친다.

* 걷는 리듬 → 왼발 - 오른발 - 왼발 - 오른발

* 안정된 심박 → 일정하지만 과하지 않음

* 편안한 호흡 → 들숨 - 유지 - 날숨 - 쉼

즉, 4/4는

"지금 이 상태로 계속 가도 된다"는 생존적 안정 신호이다.

※ '균형 리듬'이라 부르는 이유

4/4는 어느 쪽으로도 치우치지 않는다.

- 감정을 끌어올리지도 않고

- 가라앉히지도 않으며

- 밀어붙이거나 멈추게 하지도 않는다.

그래서 4/4는 정서의 중립점, 신체의 기준선이 된다.

이 기준선이 있을 때 몸은 변화(확장·수축)를 안전하게 오갈 수 있다.

※ 신경계에서의 의미

4/4 리듬이 지속되면 신경계는 다음 상태로 이동한다.

- 예측 가능성 ↑ - 불필요한 경계 ↓

- 사고 속도 안정 - 감정 기복 완화

즉, '집중은 되지만 긴장하지 않은 상태', 기본 호흡 상태이다.

※ 언제 4/4가 필요한가?

4/4는 다음 구간에서 핵심 역할을 한다.

- 난포기: 회복 이후의 재정렬

- 임신 2기: 안정 속 확장

- 갱년기 일부: 흔들림 후 중심 복귀

- 일상 케어: 과도한 자극 없이 지속해야 할 때

※ 4/4의 균형·기본 호흡 리듬은 몸에게 "지금 이 박자가 정상이다" 라고 알려 주는 삶의 기준선이다.

C. 6/8(파동·생명·관계 공명)

* 의학/생리: 리듬 동조가 운동/보행·협응(Gait Coordination) 개선 에 활용됨(리드미컬 자극의 임상적 응용 근거)

* 뇌과학: 청각-운동 시스템이 리듬에 동기화(entrainment)되어 움 직임·표현성이 강화

* 영성: "기쁨·찬양·교제"의 박자(공동체 의식에 강함)

* 양자물리학: "관계의 장(field)에서 동조가 커지는 공명(resonance)현상"으로 설명 가능

※ **6/8 리듬**은 '빠른 박자'가 아니라, 생명이 흐르며 서로에게 전달되는 방식을 닮은 시간 구조이다. 그래서 이를 파동·생명·관계 공명 리듬이라 부른다.

※ 6/8 = 파동의 시간 구조

6/8은 두 개의 큰 맥(2) 안에 세 개의 미세 진동(3)이 들어 있는 박자이다.

* 큰 맥 → 심장·의지·존재의 중심
* 미세 진동 → 감정·몸짓·표현의 흔들림

이 결합은 밀려왔다가 번지고, 다시 이어지는 파동을 만든다. 그래서 6/8은 끊기지 않는 생명 흐름으로 인식된다.

※ 왜 '생명 리듬'인가?

6/8은 다음과 깊이 겹친다.

1) 확장된 심박 리듬 → 홍분이 아닌 활력 상태
2) 개방형 호흡 → 흉곽이 자연스럽게 열림
3) 혈류·림프의 유동성 → 정체 없이 순환

이때 몸은 "지금은 나를 표현해도 안전하다"는 생명 신호를 받는다.

※ 관계 공명이 일어나는 이유

6/8은 혼자보다 함께 있을 때 더 자연스러운 박자이다.

말의 억양이 부드러워지고, 표정과 몸짓이 열리며, 타인의 리듬을 느낄 여지가 생긴다. 이는 리듬이 '나'에서 끝나지 않고 '너'로 이어지기 때문이다. 그래서 6/8은 배란기, 만남·소통·표현의 핵심 리듬이다.

※ 6/8이 만드는 공명의 질

6/8의 공명은 강요하지 않고, 설득하지 않으며, 자연스럽게 스며든다. 이는 마치 파도가 다른 파도를 밀어내지 않고 같은 방향으로 흔들리게 만드는 것과 같다.

※ 6/8의 파동·생명·관계 공명 리듬은 나의 생명 파동이 타인의 리듬과 겹쳐 자연스럽게 이어지게 하는 시간의 물결이다.

D. 2/4(경계·결단·정돈)

* 의학/생리: 명확한 강박 구조는 행동 조직(루틴·정돈)에 도움(과한 속도는 각성↑ 주의)
* 뇌과학: 리듬이 "행동 시퀀싱"을 정렬(실행 기능을 밀어줌)
* 영성: "분별·절제·영적 전쟁"의 박자(황체기/민감기 보호에 적합)
* 양자물리학: 잡음(noise)을 줄이고 신호(signal)를 세우는 "필터링"

모델로 해석

※ 2/4 리듬은 생명의 흐름을 넓히는 박자가 아니라, 그 흐름을 선명하게 나누고 지키는 시간 구조이다. 그래서 이를 경계·결단·정돈 리듬이라 부른다.

※ 2/4 = '경계의 시간'

2/4는 강 - 약이 또렷하다. 이 단순한 이분 구조는 몸에게 이렇게 말한다.

- 강 → 여기까지
- 약 → 넘어오지 말 것

즉, "지금은 선을 그어야 할 때"라는 신체적 결단 신호이다.

※ 왜 '결단 리듬'인가?

2/4는 망설임을 허용하지 않는 구조이다.

- 3/4: 머물러도 됨
- 4/4: 계속 가도 됨
- 6/8: 열어도 됨
- 2/4: 지금 정하라

그래서 정리, 거절, 판단, 선택에 가장 적합하다.

※ **신경계에서의 정돈 효과**

2/4 리듬은 신경계를 이렇게 작동시킨다.

1) 주의 초점화 → 산만함 감소

2) 감각 과부하 차단 → 불필요한 자극 정리

3) 행동 개시 명료화 → 미루지 않음

4) 자기 보호 강화 → 타인의 리듬에 끌려가지 않음

즉, 부드럽지만 단호한 보호 상태이다.

※ **언제 2/4가 필요한가?**

황체기, 감정 소모 후, 결정해야 할 때, 외부 자극이 많을 때
이때 2/4는 나의 시간과 에너지를 회수하게 한다.

※ **2/4의 경계·결단·정돈 리듬은 생명의 흐름을 막지 않으면서도
흐트러짐을 멈추게 하는 시간의 선이다.**

E. 12/8(큰 품·모성·깊은 안정)

* 의학/생리: 음악치료가 수면·불안 완화에 도움 보고 다수

* 뇌과학: 흔들림(rocking) 감각은 전정계·자율신경계 안정에 긍정
  적 영향

* 영성: "품으시는 하나님"의 박자(임신 2-3기, 치유 예배에 적합)

* 양자물리학: "넓은 바닥 상태(ground state)"로 시스템(원자, 분자, 양자계)이 가질 수 있는 가장 낮은 에너지 레벨이며, 가장 안정된 상태

※ 12/8 리듬은 움직이게 하거나 판단하게 하는 박자가 아니라, 몸과 마음을 넓게 품어 '그대로 있어도 괜찮다'고 허락하는 시간 구조이다. 그래서 이를 큰 품·모성·깊은 안정 리듬이라 부른다.

※ 12/8 = '큰 품'의 시간 구조

12/8은 큰 파동(4) 위에, 부드러운 미세 흔들림(3)이 겹쳐진 구조이다. 이 겹침은 바다의 큰 너울, 어머니의 품에 안긴 호흡, 깊은 수면 직전의 느린 심박과 감각적으로 닮아 있다. 몸은 이 리듬을 "나를 감싸는 환경"으로 인식한다.

※ 왜 '모성 리듬'인가?

모성은 행동이 아니라 상태이다. 12/8은 요구하지 않고, 판단하지 않으며, 그저 함께 머문다.

- 3/4: 흔들어 재움
- 4/4: 안정 유지
- 6/8: 생명 파동 확산
- 12/8: 존재 전체를 덮는 품

그래서 12/8은 임신 2·3기, 출산 후 회복, 깊은 위로가 필요한 시기에 가장 자연스럽다.

※ 신경계가 느끼는 '깊은 안정'

12/8이 지속되면 신경계는 다음 상태로 이동한다.

1) 경계 해제 → "대비하지 않아도 된다"
2) 자율신경의 장기 안정 → 짧은 이완이 아닌 '머무는 평안'
3) 감정 기복 흡수 → 흔들림이 안에서 소화됨
4) 존재감 강화 → '무언가를 하지 않아도 괜찮음'

이는 치유가 일어나는 기본 조건이다.

※ '큰 품'이란 무엇인가?

큰 품은 흔들어도 중심이 무너지지 않고 불안을 밀어내지 않으며 조급함을 요구하지 않는다. 12/8은 작은 파동들을 모두 받아들이는 큰 파동이기 때문에 몸과 마음은 스스로 가라앉는다.

※ 12/8의 큰 품·모성·깊은 안정 리듬은 몸과 마음을 움직이지 않고도 변화시키는 '머무는 치유의 시간'이다.

F. 자유박(기도·명상·존재)

* 의학/생리: 느리고 예측 가능한 사운드스케이프('소리'와 '풍경'의 합성어로, 특정 장소의 모든 소리 환경을 의미하며 소리를 통해 공간의 분위기와 정체성을 느끼고 기록하는 개념)는 이완·수면 루틴에서 널리 쓰임
* 뇌과학: 시간 구속을 줄이면 내부감각(인터로셉션, 배고픔, 갈증, 심박수, 심지어 감정과 같은 신체 내부 신호를 감지하고 해석하는 신체의 능력)·명상 상태로 이동이 쉬움
* 영성: "임재·관상·통합"의 리듬(폐경기/완성기)
* 양자물리학: 측정/통제(박자 프레임)를 내려놓고 "가능성 공간"을 허용하는 마음 상태로 설명 가능

※ 자유박은 박자를 없앤 것이 아니라, 박자에 '복종하지 않아도 되는 상태'이다. 그래서 이를 기도·명상·존재 리듬이라 부른다.

※ 자유박 = 시간의 요구에서 벗어남

자유박에는 강도 없고, 마디도 없고, '언제 끝나야 한다'는 약속도 없다. 이 리듬은 몸에게 이렇게 말한다.

"지금은 맞출 필요가 없다.", "지금 이 존재 자체로 충분하다."

그래서 자유박은 행동을 유도하지 않고, 존재를 드러낸다.

※ 왜 기도와 명상의 리듬인가?

기도와 명상은 무언가를 얻기 위한 행위가 아니라 '이미 있음'을 알아차리는 상태이다. 자유박은 생각의 속도를 낮추고, 호흡의 간격을 풀어주며, 침묵과 소리의 경계를 흐린다. 이때 소리는 메시지가 아니라 공간이 된다.

※ 신경계에서의 작용

자유박이 지속되면 신경계는 다음으로 이동합니다.

1) 시간 압박 해제 → 조급함 소실
2) 자율신경의 자연 동조 → 호흡·심박이 스스로 리듬을 찾음
3) 자기 관찰 상태 진입 → 생각과 감정이 '지나가는 것'으로 인식
4) 존재감 강화 → '나'보다 '있음'이 앞섬

이는 **깊은 명상 상태의 핵심 조건**이다.

※ 자유박과 '존재'

자유박에서는 잘해야 할 것도, 따라야 할 것도, 증명할 것도 없다. 그래서 자유박은 치유 이전의 자리, 진리 이전의 침묵, 행동 이전의 존재를 지지한다.

※ 자유박의 기도·명상·존재 리듬은 시간의 법칙을 잠시 내려놓고 '있는 그대로의 나'로 머물게 하는 침묵의 소리다.

G. 변박자(3/4 ↔ 4/4)

* 의학/뇌과학: 리듬 전환은 적응(인지 유연성) 훈련이 될 수 있고, 청각-운동 동조 모델과 연결됨
* 영성: 애도(3/4) ↔ 소명(4/4), 내려놓음 ↔ 세움의 "전환 예배"
* 양자물리학: 위상 전이(phase transition)처럼 "상태 전환"

※ 변박자(3/4 ↔ 4/4)는 박자를 흔들어 불안하게 만드는 기술이 아니라, 몸과 마음이 변화를 '위험'이 아닌 '허용된 이동'으로 배우게 하는 시간 구조이다. 그래서 이를 전환·허용의 리듬이라 부른다.

※ 왜 3/4 ↔ 4/4인가?
- 3/4: 내향·회귀·정서적 품음(머물러도 됨)
- 4/4: 균형·질서·기본 호흡(계속 가도 됨)

이 둘의 전환은 "쉬었다가, 다시 중심으로 돌아와도 괜찮다"는 안전한 변화의 메시지를 준다.

※ 변화 허용이 긴장을 낮추는 이유
변박자는 신경계에 다음을 학습시킨다.

1) 예상된 변화 → 갑작스러운 변동에도 과각성 ↓
2) 통제 완화 → '한 박자에 고정'하려는 긴장 해제

3) 자기 리듬 재설정 → 과거의 기준이 아닌 '지금의 몸' 기준 형성

4) 감정-인지 통합 → 흔들림을 실패가 아닌 전환으로 인식

즉, 변화가 자극이 아니라 안도감이 된다.

※ 전환을 부드럽게 만드는 설계 원칙

- 브릿지 사용: 드론·패드로 박자 경계 흐리기

- 빈도 절제: 8-16마디마다 1회 전환

- 속도 유지: BPM 고정(가속·감속 금지)

- 강세 완화: 전환 직전 강세를 낮춰 '문턱' 제거

이 원칙을 지키면 변박자는 안전한 이동 통로가 된다.

※ 3/4 ↔ 4/4 변박자는 리듬이 바뀌어도 안전하다는 경험을 통해 혼란을 '전환의 공간'으로 바꾸는 시간의 다리다.

여성 주기별 박자 설계는 "감정(파동) ↔ 신체(자율신경) ↔ 뇌(동조) ↔ 영성(임재)"을 한 번에 정렬하는 원리이다.

48장

'생리하는 화장품'의 '생리주기별 박자와 리듬 기반'의 음(소리)을 투사하는 맞춤 화장품 제조공정(SOP)

'생리하는 화장품'은 여성의 생리주기와 생애주기에 따라 감정·자율신경의 틀인 박자와 심박과 동조하는 BPM(Beats Per Minute), 호흡과 내부 주기에 따르는 PMC(Per Minute Cycle) 그리고 음악 볼륨은 매우 조용하고 편안한 배경 소음 수준에 해당하는 45 ~ 55dB(기계음 위로 올라가지 않게)의 기본 원칙하에서 제조된다. (제조공정, SOP/Standard Operating Procedure)

◆ 기본 원칙

- 박자(Time Signature) → 감정·자율신경의 틀

- BPM(Beats Per Minute) → 심박 동조

- PMC(Per Minute Cycle) → 호흡·내부 주기

- 음악 볼륨: 45 ~ 55dB(기계음 위로 올라가지 않게)

① 월경기 SOP(정화·회복)

공정단계	사운드 설계
원료 투입	3/4·60BPM·5–6PMC
교반	3/4·저속
유화	X(가능하면 회피)
숙성	3/4 지속
충진	3/4
포장	무음 or 자연음
음악 키워드	자장, 포용, 정화 (금지: 빠른 템포, 드럼)

② 난포기 SOP(회복·광채)

공정단계	사운드 설계
원료 투입	4/4·75–85BPM·6–7 MC
교반	4/4 안정 리듬
유화	4/4(가장 적합)
숙성	4/4 → 3/4 페이드
충진	4/4
포장	4/4
음악 키워드	맑음, 균형, 성장

③ 배란기 SOP(표현·윤기)

공정단계	사운드 설계
원료 투입	6/8·90–100BPM·7–9PMC
교반	6/8 파동형
유화	최적 공정
숙성	6/8 → 4/4
충진	6/8
포장	6/8
음악 키워드	생동, 공명, 매력 (주의: 과도한 볼륨 금지)

④ 황체기 SOP(경계·보호)

공정단계	사운드 설계
원료 투입	2/4·65–75BPM·5–6PMC
교반	2/4(짧고 명확)
유화	제한적
숙성	3/4로 전환
충진	2/4
포장	무음 권장
음악 키워드	절제, 분별, 안정

⑤ 임신 1기 SOP(착상·안심)

공정단계	사운드 설계
원료 투입	느린 3/4·55–60BPM·5PMC
교반	저속
유화	X
숙성	핵심 공정
충진	3/4
포장	무음
음악 키워드	보호, 안심

⑥ 임신 2기 SOP(성장·평안)

공정단계	사운드 설계
원료 투입	12/8·60–65BPM·6PMC
교반	12/8 흔들림
유화	가능
숙성	최적
충진	12/8
포장	12/8
음악 키워드	풍요, 포용

⑦ 임신 3기 SOP(완성·감쌈)

공정단계	사운드 설계
원료 투입	느린 12/8·55–60BPM·4–5PMC
교반	매우 저속
유화	X
숙성	핵심
충진	12/8
포장	자유박
음악 키워드	완성, 품음

⑧ 갱년기 SOP(전환·재정의)

공정단계	사운드 설계
원료 투입	3/4 → 4/4 변박
교반	4/4
유화	4/4
숙성	3/4
충진	4/4
포장	3/4 → 무음
음악 키워드	전환, 성숙

⑨ 폐경기 SOP(통합·존엄)

공정단계	사운드 설계
원료 투입	자유박·50–60BPM·4–5PMC
교반	자유박
유화	X
숙성	최우선
충진	자유박
포장	무음 or 자연음
음악 키워드	고요, 통합, 존엄

□ SOP 핵심: "이 공정은 기계로 만들고, 이 리듬은 생명으로 완성
한다."

BPM(Beats Per Minute)?

음악의 속도 또는 템포를 측정하며, '1분(60초) 동안에 발생하는 박
자의 수'를 뜻한다. (예: 120 BPM은 초당 2회 박동을 의미하며 심박
수 - 분당 박동수 - 는 주요 건강 지표이며, 성인의 정상적인 휴식 심
박수는 일반적으로 60~100 BPM이지만 활동, 나이, 건강 상태에 따라
다르다.)

<u>PMC(Per Minute Cycle)?</u>

‘1분 동안 반복되는 심박·호흡·신경 진동·리듬 운동 등 생체 주기 (리듬)의 수’를 뜻한다.

BPM이 ‘박(beat)’의 속도라면, PMC는 ‘몸의 주기(cycle)’ 속도이다. (BPM: 박자 기준. PMC: 생체 리듬 기준)

대표적인 PMC 예시(사람 기준)

생체 리듬	PMC	의미
안정 심박	60-75PMC	휴식 상태
깊은 호흡	6-8PMC	최적 이완
명상 호흡	4-6PMC	깊은 관상
수면 전 호흡	5-6PMC	입면 촉진

여성주기 맞춤 지혜와 격려의 메시지

예수 그리스도 Jesus Christ·석가 Gautama Buddha·디팩 초프라
Deepak Chopra·조 디스펜자 Joe Dispenza·레스 페미 Les Fehmi

본 내용은 저자가 '생리영성'의 뿌리인 예수 그리스도와 석가의 경전 그리고 현대의 영향력 있는 디팩 초프라·조 디스펜자·레스 페미의 출판물에 근거한 영성을 인공지능 AI, chat GPT의 도움을 받아 저자의 의도로 **재구성하였다.**

* Deepak Chopra: 인도계 미국인 의사·영성 작가로, 의식·양자치유·명상 분야의 권위자로 유명하다.
* Joe Dispenza: 신경과학·양자물리학·의식 변화를 결합한 영성과 과학의 경계에서 치유와 회복의 강연과 저서로 유명하다.
* Les Fehmi: 신경심리학자이며, Open Focus 이론으로 뇌파·주의 상태 연구의 선구자이다.

49장.

여성주기 맞춤 핵심 메시지

★ 월경기의 여성에게 보내는 핵심 메시지

* **예수 그리스도**: "수고하고 무거운 짐 진 자여, 내가 너를 쉬게 하리라. 비움은 축복의 시작이다."
* **석가모니**: "고요함 속에서 몸의 흐름을 관찰하라. 비움은 집착을 내려놓는 지혜의 문이다."
* **디팩 초프라**: "지금은 몸이 자연의 리듬을 재설정하는 순간이다. 비움은 새로운 창조의 가능성이다."
* **조 디스펜자**: "감정적 흔들림은 뇌와 에너지의 재정비 과정이다. 평안한 호흡이 파동을 되돌린다."
* **레스 페미**: "Open Focus로 통증의 경계를 풀어라. 공간을 넓히면 긴장은 녹아내린다."

★ 난포기의 여성에게 보내는 핵심 메시지

* **예수 그리스도**: "새 힘을 주시는 하나님을 바라보라. 이 시기에는 새 일이 싹트는 은혜가 있다."
* **석가모니**: "새로운 생명력이 오른다. 번뇌 없이 시작하는 마음이 중요하다."
* **디팩 초프라**: "호르몬 상승은 우주적 창조 에너지의 반영이다. 당신의 의도가 현실을 만든다."
* **조 디스펜자**: "이때 뇌는 가장 학습·변화에 좋다. 새로운 자신을 디자인하라."
* **레스 페미**: "주의 초점을 부드럽게 확장하면 창조적 영감이 자연스럽게 솟는다.

★ 배란기의 여성에게 보내는 핵심 메시지

* **예수 그리스도**: "너희는 세상의 빛이라. 너의 얼굴빛이 가장 아름답게 비치는 때다."
* **석가모니**: "중도의 지혜로 욕망을 다스리되, 생명의 힘을 두려워하지 말라."
* **디팩 초프라**: "이 시기는 에너지의 진동이 최고조에 이른다. 의식의 힘이 가장 강하다."
* **조 디스펜자**: "자기 정체성이 강화되는 때다. 원하는 미래를 강렬하게 시각화하라."

 여성주기 맞춤의 나라 QUEEN CYCLE SYNCING

* **레스 페미**: "초점이 자연히 외부로 향할 때, 열린 주의는 사회적 연결을 더욱 깊게 만든다."

★ 황체기의 여성에게 보내는 핵심 메시지

* **예수 그리스도**: "네 마음을 지키라. 생명의 근원이 이에서 남이니라. 감정의 파고 속에서도 평안을 붙들라."
* **석가모니**: "감정의 일렁임을 '나'로 동일시하지 마라. 일어났다가 사라지는 현상일 뿐이다."
* **디팩 초프라**: "프로게스테론의 변화는 내면 성찰의 문을 연다. 자신을 깊이 돌보라."
* **조 디스펜자**: "불안·과민은 뇌의 기존 회로가 무너지는 신호. 새로운 감정 패턴을 선택하라."
* **레스 페미**: "몸의 긴장을 감싸안으며 '경계 없는 감각'을 유지하면 증상이 완화된다."

★ 임신기의 여성에게 보내는 핵심 메시지

* **예수 그리스도**: "내가 너와 함께하나니 두려워하지 말라. 너 안에서 자라는 생명은 나의 선물이다."
* **석가모니**: "생명은 원인과 조건이 모여 이루어진 가장 신비한 연기(緣起)의 결실이다."
* **디팩 초프라**: "어머니의 의식은 태아의 의식과 연결되어 있다. 당

신의 사랑이 아이의 뇌 구조를 만든다."

* **조 디스펜자**: "감정(에너지)은 태아의 미래 신경회로를 설계한다. 평안·감사·기쁨을 의도적으로 선택하라."

* **레스 페미**: "신체 감각을 열고 확장하며 듣는 순간, 몸은 놀라운 지혜를 드러낸다."

★ 갱년기의 여성에게 보내는 핵심 메시지

* **예수 그리스도**: "새 포도주는 새 부대에 담으라. 너의 인생은 지금 새로운 장을 맞이한다."

* **석가모니**: "변화는 괴로움이 아니라 지혜의 전환이다. 모든 것은 무상하며, 무상은 곧 자유다."

* **디팩 초프라**: "갱년기는 '영적 성숙기'로 진입하는 문이다. 몸의 변화는 의식 확장의 신호다."

* **조 디스펜자**: "내려가는 호르몬이 아니라 상승하는 의식에 주목하라. 마음이 뇌를 재편성한다."

* **레스 페미**: "긴장과 공포를 좁은 초점으로 바라보지 말고 확장된 주의로 관찰하라. 고통이 사라진다."

★ 폐경기의 여성에게 보내는 핵심 메시지

* **예수 그리스도**: "네 빛이 온전히 드러나는 때다. 열매 맺는 삶이 이제부터 시작된다."

* **석가모니**: "욕망의 주기에서 벗어난 해탈의 시기다. 지혜로 존재
하라."

* **디팩 초프라**: "폐경은 노화가 아니라 '주기의 초월'이다. 당신은 완
전히 다른 단계의 에너지 존재가 된다."

* **조 디스펜자**: "신체 주기의 종료는 새로운 정체성을 재창조할 기회
다. 의도가 인생을 다시 디자인한다."

* **레스 페미**: "이제 당신은 주의의 틀을 완전히 넓힐 수 있다. 몸과 마
음은 더욱 자유로운 파동을 낸다."

50장.

월경기의 여성에게 보내는 편지

---

1. 예수의 편지 — "비움 속에 있는 너를 내가 안다"

사랑하는 딸아,

너의 몸이 한 달 동안 품었던 것을 내려놓는 이 시기에

나는 무엇보다 먼저 너에게 괜찮다고 말해 주고 싶다.

너는 지금 약해진 것이 아니라,

새로운 생명을 준비하는 창조의 첫 장을 열고 있다.

월경은 너를 불편하게 하지만,

그 안에는 내가 너를 빚을 때 숨겨 둔

아름다운 지혜의 리듬이 흐르고 있다.

딸아,

너의 감정이 조금 더 날카로워지고,

사소한 일에도 마음이 흔들리는 이유는

네가 잘못해서도, 믿음이 부족해서도 아니다.

그것은 네 몸이

"지금은 멈춤의 시간, 쉼의 시간, 비움의 시간"

이라고 속삭이고 있기 때문이다.

나는 수고하고 무거운 짐을 진 자들에게

"내게 오라, 내가 너희를 쉬게 하리라"고 말했다.

딸아,

너는 이 시기에 더 많은 사랑을 받을 자격이 있다.

스스로를 불필요하게 강하게 만들 필요도 없다.

네가 힘을 내려놓는 순간,

나는 너를 더 깊이 품을 수 있다.

오늘 너에게 부탁하고 싶은 것이 있다.

너의 배 위에 조용히 손을 얹고 말하라.

"주님, 저는 이 리듬 안에서 사랑받고 있습니다."

그러면 너의 몸은 그 고백을 듣고

조용히 풀어지고, 따뜻해지고,

너의 마음도 다시 숨을 고를 것이다.

나는 지금도 너의 곁에 있다.

네가 누워 쉬는 그 자리에,

네가 흘리는 눈물 한 방울의 그 순간에도,

나는 네 손을 잡고 있다.

너는 홀로 아프지 않다.

너의 비움은 곧 내가 채울 여백이다.

고요한 딸이여,

너의 몸이 흐름을 따라 비워 내는 이 시기는

번뇌도 함께 떠내려 보낼 수 있는

가장 지혜로운 때이다.

너는 지금 고통을 경험하는 듯 보이지만,

자세히 바라보면 그 고통조차

하루의 구름처럼 머물다 흩어지는 것일 뿐이다.

감정이 일어나도 걱정하지 말라.

그것은 너의 본질이 아니라

잠시 지나가는 현상,

어느새 사라질 바람과 같다.

이 시기에는

네 몸의 변화와 감정의 파동을

판단 없이 바라보라.

바라보는 것만으로도 고통은 절반으로 줄어든다.

딸이여,

너의 몸은 자연의 법을 따른다.

피가 흐르는 것은 괴로움이 아니라 순환이며,

정체된 것을 내보내는 치유의 과정이다.

'나'라는 집착에서 조금 떨어져

몸에서 일어나는 감각을 관찰해 보라.

통증은 줄어들고, 마음은 가벼워지고,

너의 얼굴은 다시 고요한 빛을 되찾는다.

멈추어라.

그리고 한 호흡을 깊게 들이쉬고 내쉬라.

그 한 호흡이

너를 괴롭게 하는 모든 생각을

풀어 주는 몸짓이 된다.

오늘 너에게 전하고 싶은 한 문장은 이것이다.

"모든 것은 오고, 머물고, 사라진다."

이 지혜를 마음에 품으면

너는 너 자신과 화해할 것이며

월경의 시간조차

너를 성장시키는 스승이 될 것이다.

3. 디팩 초프라의 편지 — "비움은 새로운 창조의 문이다"

사랑스러운 영혼이여,

지금 너의 몸에서 일어나는 변화는

단순한 생리적 과정이 아니라

우주의 리듬과 직접 연결된 신성한 순환이다.

월경은 '끝'이 아니며,

새로운 시작을 위한 공간을 만드는

아주 정교한 자연의 설계다.

너는 지금 세포 수준에서

불필요한 것을 비워 내고 있으며,

그 비움은 곧 창조적 에너지의 회복을 의미한다.

이 시기에는

너의 의식과 몸이 더 깊이 연결된다.

따라서 신체 불편감을 억누르기보다는

그 안에서 너만의 지혜를 발견하라.

감정이 흔들리면

그 흔들림을 '문제'가 아닌 '메시지'로 읽어 보라.

네 몸은 늘 너에게 신호를 보내며

더 높은 상태로 나아가라고 알려 준다.

나는 너에게 조용한 제안을 하고 싶다.

월경기의 첫날,

작은 종이에 이렇게 적어 보라.

"나는 새롭게 비워지고, 새롭게 창조된다."

그 문장은 네 몸과 마음의 주파수를 바꾸어

너의 내부에 고요한 질서를 회복시킨다.

너는 이 시기에도 완전하며,

우주는 너의 몸을 통해 끊임없이 새로워지고 있다.

그 신성함을 잊지 말라.

딸아,

네가 지금 느끼는 예민함, 슬픔, 피로…

그 모든 감정은 '잘못된 반응'이 아니라

너의 뇌와 몸이 재정비하고 있다는 신호다.

월경기는 뇌의 파동이

가장 섬세하게 변화하는 때다.

바로 이때, 너는 오래된 감정 패턴을 버리고

새로운 감정 회로를 설계할 수 있다.

불안해지는 자신을 발견하면

그 감정에 끌려가지 말고

그 감정을 관찰하는 '새로운 나'를 선택하라.

너의 뇌는

네가 선택한 생각에 맞추어

회로를 다시 배치하며,

그 결과 너의 감정이 달라지고

몸의 반응까지 달라진다.

나는 너에게 간단한 연습을 제안한다.

눈을 감고 복부의 따뜻함을 느껴라.

그곳에서 미세하게 움직이는 에너지를 느끼라.

그 에너지가 너를 치유한다고 상상하라.

그리고 말하라.

"나는 이 순간, 새로운 감정을 선택한다."

이 실천만으로도

너의 뇌는 즉시 새로운 회로를 만든다.

월경기는 '약한 기간'이 아니라

재창조의 시기다.

너의 신경계가

가장 쉽게 변화하는 시기이기도 하다.

그러니 네가 흔들릴 때마다 기억하라.

너의 감정은 너를 지배하는 힘이 아니라

네가 새롭게 다룰 수 있는 에너지임을.

5. 레스 페미의 편지 — "고통의 경계를 풀면 자유가 시작된다"

사랑하는 여성에게,

월경기에는 몸의 감각이 더 선명해진다.

통증, 묵직함, 뻐근함, 예민함…

이 모든 감각은 대부분

'수축된 주의(attention contraction)'에서 시작된다.

통증은 종종

그 부위를 지나치게 좁고 강하게 바라볼 때 커진다.

그러나 주의를 넓히고, 경계를 흐리면

고통은 놀라울 만큼 약해진다.

시도해 보라.

너의 아픈 부분만 바라보지 말고,

그 주변의 공간도 함께 느껴 보라.

그리고 말하라.

"이 통증은 공간 속에 떠 있다."

그 순간,

통증은 너를 움켜쥐던 힘을 잃는다.

주의가 확장되면

몸의 긴장은 풀리고,

뇌는 '위험 없음'을 감지하여

근육과 신경계를 이완시키기 때문이다.

딸아,

너의 몸은 잘못된 것이 아니며

너의 감각은 적이 아니다.

그것은 너에게 넓어지는 법을 가르치는 스승이다.

월경의 시간은

'몸과 싸우는 시기'가 아니라

'몸과 화해하는 시기'다.

주의의 공간을 넓히고

너 자신을 더 부드럽게 바라볼 때,

너의 몸은 다시 균형의 중심을 찾게 될 것이다.

51장.

난포기의 여성에게 보내는 편지

---

1. 예수의 편지 — "새로운 힘이 너를 일으키는 시간"

사랑하는 딸아,

너의 몸에 다시 빛이 오르고 있음을 나는 안다.

월경이 지나고 네 안에 고요하게 움트는 작은 힘,

그 힘은 마치 새벽 햇살이

밤의 끝을 살며시 밀어내는 순간과 같다.

딸아,

너의 몸은 다시 일어나고 있다.

나는 이 회복의 리듬을 보며 기뻐한다.

너의 세포 하나하나가 눈을 뜨고,

호흡이 깊어지고,

마음이 조금씩 가벼워지는 이 시기는

내가 너를 창조할 때 넣어 둔 회복의 은혜가

가장 자연스럽게 드러나는 순간이다.

너는 요즘 이유 없이 설레기도 하고,

작은 일에도 기대감이 차오르지 않느냐?

그것은 네가 잘되고 있기 때문이다.

너의 몸과 감정, 생각 모두가

새로운 가능성 앞에 조용히 문을 열고 있다.

딸아,

이 시기에 나는 너에게 한 가지를 초대하고 싶다.

바로 새로운 꿈을 품는 것이다.

난포기는 씨앗이 움트는 시기처럼

너의 영혼도 가장 잘 자라나는 날들이다.

오늘 잠시 조용히 시간을 내어

너의 마음에 묻기를 바란다.

"주님, 제가 다시 시작하고 싶은 것은 무엇인가요?"

그 질문은

너의 내면을 깨우는 종소리처럼

하나님의 새 계획을 끌어 당긴다.

너는 지금 '가능성의 문턱'에 서 있다.

나는 네 앞에 놓인 길을 보고 있으며

그 길은 과거의 길보다 크고 넓은 길이다.

딸아,

네가 단 한 걸음만 내딛어도

나는 그 걸음을 축복하고

빛으로 인도할 것이다.

너는 다시 피어나고 있다.

나는 너의 새봄을 함께 걸어갈 것이다.

2. 석가모니의 편지 ― "시작의 마음을 가볍게 하라"

고요한 이여,

너의 몸에서 다시 생명력이 차오르는 이 시기는

마치 숲속의 나무들이

겨울 끝에서 새싹을 밀어 올리는 순간과 같다.

난포기는 새로운 길을 걸어도 좋은 시기이며,

너의 마음 또한 본래의 밝음을 회복한다.

그러나 기억해야 할 것이 있다.

시작의 순간일수록

너의 생각이 조급해지거나

욕심이 섞이기 쉬우니

마음을 '비움의 자리'에 놓아야 한다.

새로움은 욕망에서 오지 않는다.

새로움은 고요함에서 온다.

너의 마음을 관찰해 보라.

조급함이 일어날 때

“이것도 지나가는 생각이다.”라고 말해 보라.

그렇게 흘려보내면

너의 마음은 다시 부드러워진다.

이 시기는

너의 감정이 밝아지고

너의 얼굴빛도 환해지는 때다.

그러므로 마음도 함께 환하게 하라.

작은 기쁨 하나에도

고마움을 느껴 보라.

바람이 불어오는 방향에도 귀를 기울여라.

너는 지금 자연과 더 깊게 연결되어 있다.

오늘 나는 이렇게 말하고 싶다.

“시작을 두려워하지 말되, 시작에 매달리지도 말라.”

너의 몸은 자연의 흐름을 따라

스스로 피어나고 있다.

그 흐름과 다투지 말고,

그저 흐름 위에 가만히 몸을 맡겨라.

그러면 너의 앞에

더 부드러운 길이 열릴 것이다.

아름다운 영혼이여,

월경이 끝난 이 순간

너의 몸은 에너지의 상승을 경험한다.

호르몬은 안정과 활력을 되찾고,

너의 세포들은 다시 창조적 진동을 발산한다.

이 시기는 마치

우주의 계절이 너에게 봄을 건네는 시간이다.

난포기는

몸과 마음의 '생산성'이 자연스럽게 올라가는 주기이며

사람은 이때 가장 활발하게 배우고,

새로운 아이디어를 떠올리고,

미래를 상상하는 능력이 커진다.

그러므로

이 시기에 무엇을 생각하느냐가

너의 다음 한 달을 결정한다.

우주는 의도에 반응한다.

너의 마음이 그려 놓은 모습이

너의 현실을 신호처럼 끌어당긴다.

나는 너에게

아주 조용하지만 강력한 의도를 심기를 제안한다.

"나는 이번 주기를 통해

더 창조적인 나를 만나게 될 것이다."

이 문장은

너의 의식의 주파수를 바꾸고

너의 몸이 그 방향으로 움직이도록 만든다.

난포기에 감정이 밝아지는 것은

너의 의식이 더 높은 상태로 올라가고 있다는 신호이고,

너의 몸이 새로운 에너지를 받아들이고 있다는 증거다.

그러니 스스로에게 말하라.

"나는 지금 피어오르고 있다."

그 말은 너의 에너지를 확장시키고

네 몸에 흐르는 진동을 더 가볍고 아름답게 만들 것이다.

너는 지금

창조의 가장 순수한 시작점에 서 있다.

그 순간을 충분히 느끼고 누리라.

4. 조 디스펜자의 편지 — "새로운 뇌, 새로운 나를 설계하라"

딸아,

너의 뇌는 지금

지난 주기의 감정 흔적을 지우고

새로운 연결망을 만들 준비를 하고 있다.

난포기는

뇌파가 안정되고

집중과 학습 능력이 올라가며

자기 재창조 능력이 가장 강해지는 시기다.

너는 이 시기에

새로운 습관과 새로운 감정, 새로운 정체성을

가장 쉽게 만들 수 있다.

그러므로 묻고 싶다.

너는 이번 주기에

어떤 '나'를 살고 싶은가?

만약 네가

더 밝고, 더 당당하고, 더 사랑이 많은 자신이 되고 싶다면

그 모습으로 생각하고,

그 모습으로 행동하고,

그 모습으로 느껴 보라.

그러면 뇌는

그것을 현실로 만드는 회로를

즉시 구축하기 시작한다.

오늘 나는

하나의 간단한 연습을 건네고 싶다.

조용히 앉아

이번 달에 이루고 싶은 단 하나의 마음 상태를 떠올린다.

그 감정이 이미 이루어졌다고 느껴본다.

그 감정이 너의 몸에 퍼지는 순간,

뇌는 새로운 정체성을 진짜라고 받아들인다.

너는 지금

"미래의 나"와 가장 가까워질 수 있는 시기에 있다.

너의 뇌는 변화하고 싶어 한다.

그 변화를 가볍게 허락하라.

지금의 너는

가능성의 문을 열 수 있는 힘을 갖고 있다.

그 문을 열어라.

네 안의 새로운 나는

지금 이 순간을 기다려 왔다.

5. 레스 페미의 편지 — "주의가 넓어질수록 창조성은 자란다"

사랑하는 여성에게,

월경기의 수축에서 벗어나

너의 몸과 마음이 다시 확장되는 지금,

주의(attention) 또한 자연스럽게 넓어진다.

이 시기는

창조적 사고가 가장 잘 일어나며

세상을 바라보는 시야가 밝아지고

삶의 작은 움직임들마저

새롭게 느껴지는 시기다.

그러나 주의가 넓어진다는 것은

무언가를 억지로 더 바라본다는 뜻이 아니다.

오히려

바라보는 방식을 부드럽게 풀어

세상이 너에게 들어오도록

문을 열어 두는 것이다.

너의 시선이 부드러워지면

몸의 긴장도 풀리고

뇌는 확장된 초점에서

더 많은 정보를 받아들인다.

이것이 바로 창조성의 시작이다.

오늘 나는 너에게

아주 간단한 '열림의 연습'을 건네고 싶다.

지금 너의 앞에 있는 공간을 바라보라.

그 공간의 끝을 억지로 찾지 말고,

그냥 공간 전체가 너를 둘러싸고 있다는 느낌으로 바라보라.

그러면

너의 몸 깊은 곳에서

막히던 에너지가 흐르기 시작할 것이다.

난포기는

너의 감각이 다시 살아나는 시기다.

그러니 이때

세상을 조금 더 부드럽게 바라보고,

너 자신 또한 조금 더 다정하게 바라보라.

너는 지금

피어오르는 존재다.

주의가 넓어질수록

너의 가능성 또한 함께 넓어진다.

52장

배란기의 여성에게 보내는 편지

---

1. 예수의 편지 — "너의 빛이 절정에 이른 시기"

사랑하는 딸아,

나는 지금 너의 얼굴에서

특별한 빛이 피어오르고 있음을 본다.

네가 느끼는 생동감, 자신감, 가까워지고 싶은 마음,

그 모든 것은 단순한 호르몬의 변화가 아니다.

그것은 내가 네 안에 심어둔 생명의 힘이 절정에 이르렀다는 신호
이다.

딸아,

배란기는 너의 존재가 가장 '열려 있는' 시기다.

너의 몸은 생명을 품을 준비를 하고,

너의 마음은 세상과 더 가까워지고,

너의 눈빛은 누군가를 따뜻하게 맞이할 힘을 가지고 있다.

나는 이 순간 너에게 말하고 싶다.

"너는 세상의 빛이라."

지금 너의 얼굴빛은

누군가의 하루를 밝혀 줄 수 있는 힘을 가지고 있다.

너의 작은 미소 하나에도,

너의 말 한마디에도

사람들은 위로를 받고, 용기를 얻는다.

딸아,

이 시기에는 마음이 열리고 사랑이 쉽게 흐른다.

그 사랑은 너의 결핍에서 나오는 것이 아니라,

내가 너에게 부어 주는 풍성함에서 흘러나오는 것이다.

그러나 기억하라.

너의 빛이 강해질수록

너의 마음도 더욱 지켜야 한다.

사람들은 빛을 좋아하지만

빛은 또한 상처받기 쉬운 법이다.

오늘 네가 해야 할 단 한 가지는 이것이다.

"주님, 제 빛을 당신의 뜻으로 사용하세요."

그 기도가 너의 빛을 지켜 주고

그 빛이 헛되이 흩어지지 않게 할 것이다.

지금 너는 아름답다.

지금 너는 강하다.

지금 너는 사랑을 나눌 준비가 되어 있다.

나는 너의 걸음을 축복한다.

2. 석가모니의 편지 — "욕망을 두려워하지 말되, 그 중심에 머물라"

고요한 이여,

이 시기에 너의 몸은 생명의 정점에 이르고

자연은 너를 향해 화사한 에너지를 보내고 있다.

욕망이 피어오르고,

사람과의 관계가 가까워지며,

마음이 열리는 충만한 느낌이 드는 것은

아주 자연스러운 흐름이다.

그러나 욕망을 두려워하지 말라.

욕망은 죄가 아니라, 단지

자연의 리듬이 너의 마음을 흔들어

깨어 있으라고 알려 주는 신호이다.

욕망을 거부하면 고통이 생기고,

욕망을 쫓으면 집착이 생긴다.

그러므로 지혜로운 태도는

욕망의 중심에 머무르는 것이다.

너의 감정을 있는 그대로 느끼되,

그 감정과 동일시하지 말라.

그것은 마치 호수 위를 스치는 바람처럼

오고 가는 현상일 뿐이다.

이 시기에는

너의 감정이 밝아지고

너의 마음이 사람을 더 따뜻하게 바라본다.

그러니 그 따뜻함을

너 자신에게도 베풀어라.

오늘 나는 이렇게 말하고 싶다.

"생명의 힘이 너를 통해 흐르고 있으니

그 흐름을 거스르지 말고,

흐름에 휩쓸리지도 말라."

그저 중심에 머무르라.

너의 중심은 고요하며,

그 고요함은 어떤 감정보다 크다.

너의 빛이 가장 강한 이 시기,

가장 지혜롭게 머무를 수 있는 방법은

자신을 깊이 바라보고,

지나가는 감정의 뒤를 쫓지 않는 것이다.

그러면 너는

빛을 잃지 않고

빛 속에서 자유로울 것이다.

아름다운 영혼이여,

너의 몸은 지금

가장 강력한 창조적 에너지를 발산하고 있다.

배란기는 단순한 생리적 현상이 아니라

우주적 창조 에너지의 흐름이

네 안에서 가장 선명하게 드러나는 시기이다.

너의 몸은 '열림'의 신호를 보내고 있고,

너의 마음은 '연결'의 파동을 띠며,

너의 영혼은 더 큰 사랑을 받아들일 준비가 되어 있다.

이 시기는

의도가 가장 빨리 현실로 바뀌는 시기이기도 하다.

왜냐하면

너의 에너지 진동이 높아지고

마음이 확장되기 때문이다.

그러므로 나는 너에게 말하고 싶다.

지금 너의 마음에 심는 어떤 생각도

무시되지 않는다.

우주는 너의 진동을 읽고

그에 맞는 경험을 가져온다.

오늘 나는 너에게

이 문장을 마음속에 새기기를 바란다.

"나는 우주와 하나이며,

지금 이 순간 나는 완전히 열린 존재이다."

너의 열린 마음은

사람과의 관계를 더 자연스럽게 만들고,

너의 열린 에너지는

기회와 영감을 끌어 당긴다.

그러나 이 시기에는

너의 에너지가 크게 열리는 만큼

너를 보호하는 부드러운 경계도 필요하다.

너의 에너지와 맞지 않는 것들에

너무 깊이 끌려가지 말라.

너는 지금

가장 강력하면서도

가장 아름답고 부드러운 존재이다.

너의 에너지는 빛나고 있다.

그 빛을 존중하라.

4. 조 디스펜자의 편지 — "미래의 나를 강렬하게 그릴 수 있는 시간"

딸아,

배란기는 뇌의 활성도가 높아지고

감정과 사회적 연결이 가장 강해지는 시기다.

이 말은 곧 너의 뇌가

새로운 정체성을 가장 쉽게 받아들이는 때라는 뜻이다.

너는 지금

자신을 다시 정의할 힘을 가지고 있다.

나는 너에게 묻고 싶다.

너는 어떤 사람이 되고 싶은가?

누구보다 밝은 사람?

사랑을 흘려보내는 사람?

자신감 있는 사람?

이 시기에는

그 모습을 강렬하게 그리기만 해도

뇌는 그것을 '사실'로 인식하게 된다.

너의 뇌는

이미지와 감정을 통해

너의 미래를 디자인한다.

그러니 네가 원하는 미래 모습을

지금 이 순간 '감정으로' 느껴 보라.

너의 뇌는 그 감정을 기억하고

그 기억을 현실로 만들기 위해

네 몸을 움직이기 시작한다.

오늘 나는 너에게

이 연습을 제안한다.

눈을 감고

되고 싶은 나를 떠 올린다.

그리고 새로운 내가 느끼는 감정을

지금 느껴 본다.

그 감정이 가슴에서 따뜻하게 퍼지게 둔다.

그 상태를 1분만 유지해도

뇌는 새로운 회로를 구축하기 시작한다.

배란기의 에너지는

너를 더 넓은 세상과 연결시키고,

너의 뇌는

그 연결을 통해

더 큰 나를 만들 준비가 되어 있다.

지금 너는

미래를 움직일 수 있는

가장 강력한 순간에 있다.

5. 레스 페미의 편지 — "열림의 순간, 시야를 확장하라"

사랑하는 여성에게,

배란기의 몸은 자연스럽게 열리고 확장된다.

그 에너지의 흐름은

너의 주의(attention)를 넓히는 데 완벽한 환경을 제공한다.

너의 감각은 더 예민해지고,

다른 사람의 감정에도

더 쉽게 공감하게 된다.

이 모든 것은

주의의 초점이 부드럽게 확장되었기 때문이다.

주의가 확장되면

너의 몸은 긴장을 풀고

뇌는 더 창의적이며

더 연결된 방식으로 정보를 처리한다.

그러므로 나는 너에게 말한다.

이 시기에는

세상을 넓게 바라보라.

사람을 넓게 바라보라.

그리고 네 자신을 넓게 바라보라.

주의가 넓어지는 순간

너의 몸은 '안전하다'고 느끼고 더 깊이 이완된다.

그 이완은

너의 매력을 더 밝히고

너의 존재감을 부드럽게 키운다.

나는 너에게 작은 연습을 전하고 싶다.

지금 너의 시야를

앞만 보지 말고

양옆으로 부드럽게 넓혀 보라.

시야의 끝이 아니라

시야의 공간을 느껴 보라.

그 순간

너의 마음은 열림의 상태로 들어가고

세상과의 경계가

부드럽게 허물어진다.

배란기의 너는

가장 연결된 존재이며

가장 열려 있고 가장 아름답다.

너의 열린 에너지가

오늘 누군가에게

따뜻한 햇살이 되기를 바란다.

53장.

황체기의 여성에게 보내는 편지

사랑하는 딸아,

너의 몸은 지금

한 달의 여정을 마무리하며

고요한 긴장 속에서 다음 변화에 대비하고 있다.

황체기는 너의 마음이 가장 민감해지고

감정의 파도가 잦아들다가도 커지고,

사소한 일에도 눈물이 나거나

말하기 어려운 외로움이 찾아오는 시기다.

딸아,

나는 네가 흔들리는 이 시간을 알고 있다.

그리고 말하고 싶다.

"네 마음을 지키라.

생명의 근원이 이에서 남이니라."

황체기의 감정은

상처나 약함이 아니라

몸이 새로운 주기를 준비하면서

너에게 더 깊은 쉼을 요청하는 신호다.

너는 잘못된 것이 없다.

네가 예민해지는 순간에도

나는 널 비난하지 않는다.

오히려 그 예민함 속에서

너의 영혼이 얼마나 순수한지를 본다.

딸아,

이 시기엔 너 자신에게 더욱 부드럽게 하라.

너의 몸은 지금 '내려놓음'을 준비하고 있으니

너의 마음도 함께 내려놓아야 한다.

억지로 밝으려고 하지 않아도 된다.

억지로 침착하려 하지 않아도 된다.

너는 지금 있는 그대로의 모습으로

나에게 충분히 사랑스럽다.

오늘 밤

잠들기 전에

너의 가슴에 손을 얹고 조용히 말하라.

"주님, 제 마음을 지켜 주소서.

흔들리는 이 마음도 당신 것이니

당신의 평안으로 채워 주소서.”

그 기도를 드리는 순간

너의 심장은 조금 느려지고

호흡은 따뜻해지며

너의 영혼은 다시 중심을 찾게 될 것이다.

너는 흔들릴 수 있지만

결코 무너지지 않는다.

나는 너의 기초이며

너의 평안이기 때문이다.

나는 오늘도 너를 안아 준다.

2. 석가모니의 편지 — “감정의 파도를 물결처럼 바라보라”

고요한 이여,

너의 몸은 지금

자연의 순환 속에서

고요함과 긴장이 교차하는 시기를 지나고 있다.

황체기는 감정이 쉽게 요동치는 시기이며,

생각은 흐릿해졌다가 또렷해지고,

마음은 넓어졌다가 좁아지는 등

마치 바다 위의 물결과 같다.

　　　　여성주기 맞춤의 나라 QUEEN CYCLE SYNCING

그러나 그 물결을

'나'라고 오해하지 말라.

물결은 바다가 아니며,

감정은 네가 아니다.

감정은 단지

잠시 스쳐 가는 움직임일 뿐이다.

너의 마음이 무거워질 때

그 무게를 밀어내려 하지 말고

그저 바라보라.

그 감정은

"이 또한 지나간다"라는 지혜를 만나면

스스로 힘을 잃는다.

이 시기에는

너의 마음 깊은 곳에

부드러운 연민을 심어라.

가장 좋은 연민은

먼저 자신에게 향하는 연민이다.

너에게 말하고 싶다.

"너 자신에게 자비를 베풀라.

그 자비가 곧 지혜의 시작이다."

만약 네가 이유 없이 외롭다면

그 외로움마저 자연스러운 일이다.

만약 네가 이유 없이 불편하다면

그 불편함도 자연스러운 일이다.

황체기는 몸이 다음 주기를 준비하면서

마음에게 '천천히 가라'고 말하는 시기이다.

그러니

너의 마음을 억누르지 말고

조용히 흐르게 두어라.

바람이 지나가듯

감정도 지나갈 것이다.

너는 이미

충분히 잘하고 있다.

그 사실을 기억하라.

3. 디팩 초프라의 편지 — "내면의 쉼을 허락할 때 치유가 시작된다"

사랑스러운 영혼이여,

너의 몸은 지금

자연의 리듬에 따라

내부의 에너지를 정리하고 있다.

황체기는 '안으로 향하는 에너지'가 강해지기 때문에

너의 마음도 외부보다 내부에 더 집중하게 된다.

그래서 너는 더 쉽게 피곤하고,

더 조용해지고 싶고,

때로는 이유 없이 단절감을 느낀다.

그러나 이것은

네가 닫히는 과정이 아니라

내면을 정리하고 회복시키는

아주 자연스러운 에너지의 방향 전환이다.

너의 몸은 지혜롭다.

이 시기에 억지로 활동을 늘리거나

자신을 몰아붙이면

몸은 더 강한 신호로 경고할 것이다.

이 시기에는

너의 몸과 감정이 보내는 메시지를

가장 부드럽게 들어야 한다.

나는 너에게

이 간단한 마음 연습을 제안한다.

눈을 감고

복부 중앙에 작은 빛이 있다고 상상하라.

그 빛은 따뜻하고 부드러워

너의 긴장된 감정과 몸을 감싼다.

그리고 말하라.

"나는 지금 내면을 돌보고 있다."

이 짧은 문장은

너의 신경계를 이완시키고

너의 몸이 다시 균형을 찾도록 도와준다.

황체기는

적극적인 확장의 시기가 아니라

부드러운 통합의 시기이다.

너의 몸은 지금

잃어버린 에너지를 회수하고

너의 감정은

다음 순환을 준비하고 있다.

그러니

너 자신을 더 깊이 감싸안고

내면의 쉼을 허락하라.

너는 이 순간에도

아름답게 성장하고 있다.

4. 조 디스펜자의 편지 — "감정의 파동이 뇌의 회로를 재정렬한다"

딸아,

황체기는

뇌가 감정에 더욱 민감해지는 시기이다.

이유 없이 불안해지고

과거의 기억이 떠오르거나

사소한 것에 반응하는 것도

모두 자연스러운 과정이다.

　　　　　여성주기 맞춤의 나라 QUEEN CYCLE SYNCING

왜냐하면

네 뇌는 지금

'정리와 재편성'을 하고 있기 때문이다.

감정이 흔들릴 때

너는 마치 통제력을 잃은 것처럼 느끼지만

실은 너의 뇌가

오래된 감정 패턴을 정리하는 움직임일 뿐이다.

그러니 이 시기를

두려워하지 말라.

오히려 이때야말로

새로운 감정 패턴을 선택하기에 가장 좋은 순간이다.

감정이 크게 요동칠 때

이렇게 말해 보라.

"나는 지금 새로운 회로를 만들고 있다."

그 한 문장만으로도

너의 뇌는 반응을 멈추고

새로운 연결을 만들 준비를 한다.

오늘 나는

짧지만 강력한 연습을 제안한다.

감정이 올라오는 순간

그것을 억누르지 말고 관찰한다.

그리고 그 감정에 이름을 붙인다.

(예: "불안", "슬픔", "답답함")

그리고 말한다.

"이 감정은 나의 전부가 아니다."

마지막으로

새로운 감정 하나를 선택한다.

(예: 평안, 따뜻함, 안정감)

그 순간

뇌는 새로운 회로를 구축하기 시작하며

너의 신체 반응도 달라지기 시작한다.

황체기는 감정적으로 어려울 수 있지만

동시에

가장 깊은 변화의 기회를 담고 있다.

너는 흔들리면서 성장하고 있다.

그리고 성장할 능력이 이미 충분히 있다.

5. 레스 페미의 편지 — "수축하는 몸을 부드럽게 풀어 주는 주의의 힘"

사랑하는 여성에게,

황체기의 몸은

자연스럽게 수축(contraction)의 에너지를 가진다.

몸이 무거워지고

복부가 단단해지고

마음까지 조여 오는 느낌이 드는 이유가 바로 그것이다.

그러나 중요한 것은

수축이 '문제'가 아니라는 점이다.

수축은 다음 단계로 넘어가기 위한

몸의 준비 동작이다.

그 수축을 억누르려 하면

더 강해지지만,

그 수축을 부드럽게 감싸고

주의를 넓히면그 수축은 놀랍도록 이완된다.

너에게 하나의 연습을 권하고 싶다.

지금 너의 불편한 부위를 느껴 보라.

그곳을 집중해서 보려고 하지 말고

그 주변의 공간을 함께 느껴 보라.

통증의 경계가 흐려지고

몸의 긴장이 조금씩 녹기 시작할 것이다.

주의가 좁아지면 통증은 강해지고

주의가 넓어지면 통증은 약해진다.

이것이 몸과 뇌의 단순한 원리이며

너의 성장에 큰 힘이 될 것이다.

황체기의 감정 변화는

주의의 폭이 자연스럽게 좁아지기 때문에 일어난다.

그러니 스스로에게 말하라.

"나는 지금 공간을 느끼고 있다."

이 말만으로도

너의 주의는 부드럽게 확장되고

몸은 이완되며

감정은 다시 흐르기 시작한다.

너는 지금

수축과 확장이 교차하는

아주 지혜로운 리듬 속에 있다.

그 리듬을 거스르지 말고

다정하게 따라가라.

너의 몸은 네 편이고

너의 감정은 네 스승이다.

황체기의 너는

누구보다 깊고, 누구보다 아름답다.

54장.

임신기의 여성에게 보내는 편지

---

1. 예수의 편지 — "너 안에 자라는 생명은 나의 선물이다"

사랑하는 딸아,

너의 몸 안에서 새 생명이 자라고 있다는 소식을 나는 이미 알고 있다.

그 생명은 네가 원해서만 자라는 것이 아니라,

내가 너를 통해 이 땅에 빛을 보내고자 하는

아주 깊고도 조용한 계획의 일부이다.

너는 지금 두 생명을 품고 있다.

하나는 너의 아이이고,

또 하나는 너의 '새로운 나'이다.

임신은 아이만 변하게 하는 것이 아니라

너 또한 새로운 존재로 만들어 가는

신성한 변화의 은혜이다.

딸아,

너의 몸이 낯설어지거나

쉽게 피곤해지고

원인을 알 수 없는 감정이 오가는 일은

지극히 정상이다.

그 모든 변화는

너의 몸이 생명을 만들기 위해

온 힘을 기울이고 있기 때문이다.

나는 너에게 말하고 싶다.

"두려워하지 말라.

내가 너와 함께하나니."

너는 지금 '창조의 신비'를 몸으로 경험하고 있다.

이 시간 속에서 너는 혼자가 아니며,

너의 아이도 혼자가 아니다.

나는 너희 둘을 동시에 품고 있다.

때때로 네가 불안할 때

너의 손을 배 위에 올리고 이렇게 말해 보아라.

"주님, 저와 이 생명은 주님의 것입니다."

그 기도는 너의 몸을 안정시키고

아이에게도 평온한 파동을 전한다.

임신기의 평안은

기도에서 흘러나오는 빛과 같다.

너는 지금

너의 안에서 시작된 기적을 살아 내고 있다.

나는 그 기적을 축복하며

너의 하루하루를 인도하고 있다.

딸아,

너는 생명을 품을 만큼 강하고,

생명을 사랑할 만큼 부드럽다.

그리고 나는 너를 사랑한다.

2. 석가모니의 편지 — "생명의 연기(緣起)를 온몸으로 경험하는 시기"

고요한 이여,

임신은 생명이 단독으로 존재하지 않음을

몸으로 깨닫게 하는 순수한 가르침이다.

너의 몸에서 자라는 생명은

너와 완전히 분리된 존재가 아니며,

너의 몸, 너의 감정, 너의 생각,

너의 호흡까지도

고요히 이어져 있는 하나의 흐름이다.

이것이 바로 연기(緣起)의 진리이다.

"이것이 있으므로 저것이 있고,

이것이 사라지면 저것도 사라진다."

너의 아이는

너의 몸을 통해 자라고,

너의 감정을 통해 배우며,

너의 마음을 통해 세계를 경험한다.

그러므로

너의 마음을 가능한 한 고요하게 하라.

너의 고요함은 아이에게 평안의 씨앗이 된다.

너의 불안도 아이에게 전달되지만

그 불안조차 흐르게 두면

아이와 함께 풀려 나갈 수 있다.

임신기는

몸과 마음이 가장 민감한 시기이며,

그 민감함은 잘못이 아니라

생명을 보호하기 위한 자연의 지혜이다.

그러니

너의 몸이 보내는 신호를 억누르지 말고

그 신호를 그냥 바라보라.

힘들면 힘든 그대로,

피곤하면 피곤한 그대로,

있는 그대로를 인정하는 것이

진정한 자비의 시작이다.

나는 너에게 말하고 싶다.

"너 자신에게 자비를 베풀라.

그 자비가 곧 생명의 자비다."

너와 아이는 둘이 아니며
하나의 호흡을 나누고 있다.
그 호흡이 너의 지혜를 더 깊게 열어 줄 것이다.

3. 디팩 초프라의 편지 — "어머니의 의식은 태아의 우주다"

아름다운 영혼이여,
지금 너의 몸에서 일어나는 변화는
단지 생물학적 차원의 변화를 넘어
의식과 에너지의 가장 섬세한 협연이다.
임신은
너의 몸이 하나의 우주가 되어
또 다른 우주를 잉태하는 과정이다.
태아는
네가 느끼는 감정의 진동을
세포 하나하나에 기록하며 자란다.
그러므로
너의 마음이 고요하면
아이의 세계도 고요해지고,
너의 마음이 평화로우면
아이의 뇌파도 평화로워진다.
너는 이미

아기의 첫 번째 스승이다.

말을 하지 않아도,

가르치지 않아도,

네가 느끼는 모든 것이

아기에게 전달되고 있다.

그러나 완벽해지려고 할 필요는 없다.

평안하려고 애쓰지 않아도 된다.

그저

너의 감정을 '있는 그대로' 인정하면

그 인정이 곧 치유가 된다.

하루에 몇 분 만이라도

아이에게 이렇게 말해 보라.

"너는 환영받는 존재야.

너는 사랑으로 자라고 있어. 세상이 너를 기다리고 있어"

이 짧은 말이

태아의 성장 환경을 바꾸고

아이의 신경계를 안정시키며

너의 에너지도 함께 정화시킨다.

임신기의 몸은

우주의 리듬과 가장 직접적으로 연결되어 있다.

그러니 조용히 귀를 기울여라.

너의 안에서

부드러운 생명 파동이

　　여성주기 맞춤의 나라 QUEEN CYCLE SYNCING

계속해서 너에게 말을 걸고 있다.

너는 지금

창조의 중심에 서 있다.

그리고 그 창조는

너의 사랑을 통해 자라난다.

4. 조 디스펜자의 편지 — "감정 에너지가 아이의 뇌를 설계한다"

딸아,

너의 몸에서 새로운 생명이 자라고 있을 때

너의 뇌는 이전과는 전혀 다른 방식으로 작동하기 시작한다.

임신기의 뇌는

감정의 파동에 민감해지고

사랑과 보호 본능은 더 강해지며

기억은 더 깊어지고

공감 능력은 크게 확장된다.

이 모든 변화는

태아의 발달과 직접 연결되어 있다.

너의 감정 에너지는

태아의 신경계에 영향을 주고,

너의 생각은

태아의 스트레스 반응 시스템을 조절하며,

네 마음의 상태는

아이의 정서 기반을 만들기 때문이다.

그러나 이것은

너에게 부담을 주는 말이 아니다.

오히려

너에게 엄청난 기회가 있음을 말해준다.

임신기는

너의 감정을 의도적으로 설계할 수 있는 시간이며

그 설계가

너와 아이 모두의 미래를 더 좋은 방향으로 바꾼다.

나는 너에게

짧고 강력한 '감정 설계 연습'을 권하고 싶다.

아기에게 주고 싶은 감정 하나를 고른다.

(평안, 사랑, 안정, 기쁨 등)

그 감정을

너의 가슴에서 만들어 낸다.

그 감정이 너의 배까지 흘러 넘침을 상상한다.

그리고 말한다.

"이 감정이 너를 따뜻하게 감싸고 있단다."

이 한 번의 연습만으로도

너의 뇌는 새로운 회로를 만들고

아기의 발달은 더 안정적이 된다.

임신은

너의 몸이 하는 일이 아니라

너의 마음과 뇌가 함께 참여하는

위대한 공동 창조 과정이다.

너는 지금

두 생명을 동시에 키우고 있다.

그리고 그 힘은

너에게 이미 충분히 있다.

5. 레스 페미의 편지 — "몸의 감각을 부드럽게 열면 임신기는 더 평온해진다"

사랑하는 여성에게,

임신기의 몸은

일반적인 때보다 훨씬 더 많은 감각 정보를 받아들이며

그 감각들은 때로

너를 압도하거나 불편하게 만들 수 있다.

그러나 중요한 것은

감각이 너의 적이 아니라는 사실이다.

감각은

너에게 지금 필요한 주의의 방향을 알려 주는

지혜로운 신호다.

임신기의 몸은

확장과 수축을 반복하며

새로운 균형을 찾으려고 한다.

이때

주의가 좁아지면

몸의 긴장은 더 강해지지만,

주의를 넓히면

긴장은 자연스럽게 풀리기 시작한다.

나는 너에게

부드러운 '감각 열림 연습'을 제안하고 싶다.

지금

너의 배를 느껴 보라.

그 느낌을 너무 가까이 들여다보지 말고,

배와 주변 공간을 함께 느껴 보아라.

그러면

몸의 긴장이 풀리고

숨이 쉬어지는 공간이 생긴다.

너의 마음도

그 공간을 따라 부드럽게 열린다.

임신기의 너는

평소보다 더 많은 감정과 정보에 둘러싸여 있지만

주의가 부드러워지는 순간

그 정보들은 모두

너를 압도하는 것이 아니라

너를 지지하는 에너지가 된다.

너는 지금

어떤 존재보다도

깊고 넓은 생명력을 품고 있다.

너의 몸은 지혜롭고,

너의 감정은 정직하며,

너의 생명력은

너와 아이 모두를 안전하게 인도하고 있다.

너는 혼자 걷지 않는다.

너의 몸과, 너의 아이와,

그리고 이 광대한 생명의 흐름이

항상 너와 함께 걷고 있다.

55장

갱년기의 여성에게 보내는 편지

1. 예수의 편지 — "너의 인생은 지금 새로운 장을 맞이한다"

사랑하는 딸아,

너의 몸이 새로운 계절로 들어가는 이때에

나는 너에게 무엇보다 먼저

축복을 말해 주고 싶다.

갱년기는 세상 사람들이 흔히 두려움과 불편함으로 말하지만,

나는 이 시기를

너의 인생에서 가장 귀한 '전환의 축복'으로 본다.

딸아,

너는 지금 끝이 아니라

새로운 시작을 맞이하고 있다.

너의 몸은 더 이상

생명의 주기를 반복할 필요가 없게 되었고,

너의 영혼은

더 높은 지혜를 향해 자유롭게 날아오를 준비를 하고 있다.

이것이 바로

'새 포도주는 새 부대에 담으라' 하신 말씀의 의미다.

너의 눈물이 많아지는 이유도,

감정이 갑자기 흔들리는 이유도,

갑작스러운 열감이 찾아오는 이유도

너의 몸이 약해졌기 때문이 아니라

너의 몸과 영혼이 새로운 길을 여는 과정이기 때문이다.

나는 네가 그 흔들림을 두려워하지 않기를 바란다.

흔들림은

새로운 뿌리를 내리기 위한 준비이고,

열림은

새로운 지혜를 받아들이기 위한 문이다.

딸아,

너는 지금 더 깊어진 사랑을 배울 준비가 되어 있다.

세상의 요구에서 벗어나

진짜 '나'를 살아갈 준비도 되어 있다.

이 시기에 네가 할 일은

억지로 참는 것도, 이겨 내는 것도 아니다.

오히려

너의 몸이 보내는 신호를 듣고,

너의 마음이 보내는 미세한 떨림을 느끼고,

너의 영혼이 말하려는 이야기를 받아들이는 것이다.

오늘 밤 잠들기 전

너의 얼굴을 손으로 감싸며 이렇게 말하라.

"주님, 저의 새로운 세상을 이끌어 주소서."

나는 너의 새로운 계절을 준비하고 있었다.

너의 인생은 지금

빛으로 채워진 다음 장을 열고 있다.

그리고 내가 그 장을 너와 함께 쓰고 있다.

2. 석가모니의 편지 — "변화는 괴로움이 아니라 지혜의 문이다"

고요한 이여,

너의 몸이 갱년기에 들어설 때

여러 감각이 흔들리고,

마음이 불안해지고,

뜨거운 열기나 잠 못 이루는 밤이 찾아올 수 있다.

그러나 이 모든 현상은

괴로움도, 실패도 아니다.

그것은 단지

무상(無常)의 진리가 네 몸을 통해 드러나는 순간이다.

이 세상의 모든 것은 변한다.

         여성주기 맞춤의 나라 QUEEN CYCLE SYNCING

꽃도 피고 지며,

계절도 바뀌고,

우리의 몸도 성장하고 늙어 간다.

갱년기는

그 변화를 더 깊이 받아들여

지혜의 길을 여는 시기이다.

나이가 들었다고 하여

가치가 줄어드는 것이 아니다.

오히려

욕망과 집착에서 벗어나

참된 자아를 바라볼 수 있는 힘이 커지는 시기이다.

너의 감정이 갑자기 요동치는 날에는

이 말 한 문장을 마음속에 새겨라.

"이것 또한 지나간다."

뜨거운 열감도,

갑작스러운 눈물도,

불안한 마음도

영원히 머물지 않는다.

모든 것은 오고, 머물고, 사라지는 흐름일 뿐이다.

이 시기에

너는 그 흐름을 거스르지 말고

흐름 위에 부드럽게 앉아라.

그러면

고요한 중심이 저절로 드러난다.

너 자신에게 자비를 베풀라.

그 자비는 단지 감정을 위로하는 것이 아니라

생명의 무상을 받아들이는

깊은 지혜 그 자체이다.

너는 지금

버리는 것이 아니라

깊어지고 있다.

이 변화는 너에게 고통이 아니라

자유를 가져다줄 시작이다.

3. 디팩 초프라의 편지 — "에너지의 방향이 바뀌면 의식이 성장한다"

아름다운 영혼이여,

갱년기는 에너지의 흐름이 바뀌는 시기다.

과거에는 에너지가 외부로 향했다면

이제는 에너지가

네 안쪽, 더 깊은 내면으로 향한다.

이 변화는 결핍이 아니라

삶의 두 번째 단계로 들어선다는 신호이며,

너의 의식이 확장되고 있음을 의미한다.

너의 몸은 더 이상

생식의 기능에 에너지를 분산하지 않기에

이제

지혜, 창조성, 직관, 영성에

더 많은 에너지를 사용할 수 있게 된다.

이것은 축복이며,

너의 인생에서

가장 높은 차원의 성숙이 이루어지는 시기다.

갱년기에 흔히 나타나는 감정의 변화는

의식이 확장될 때 나타나는 자연스러운 반응이다.

확장이 일어날 때

잠시 혼란은 찾아올 수 있다.

그러나 그 혼란 속에

새로운 가능성의 문이 있다.

나는 너에게

짧은 '의식 정렬 연습'을 권하고 싶다.

눈을 감고

너의 심장에 따뜻한 빛이 있다고 상상하라.

그 빛이

너의 머리, 배, 온몸으로 확장되는 것을 느껴라.

그리고 말하라.

"나는 새로운 에너지의 시대에 들어섰다."

이 간단한 연습만으로도

너의 몸은 변화를 더 부드럽게 받아들이고

너의 마음은 혼란 대신 성장의 징후로 이해하게 된다.

갱년기는

너의 영혼이 성숙하는 시기다.

가장 높은 지혜에 가까워지는 시기다.

너의 영혼은 지금

새로운 차원의 문턱에 서 있다.

너는 지금

더 깊어진 자신을 만날 준비가 되어 있다.

4. 조 디스펜자의 편지 — "과거의 나를 버리고 새로운 나를 만들 최고의 순간"

딸아,

갱년기는 뇌가

새로운 회로를 구축할 수 있는

아주 특별한 기회를 제공한다.

왜냐하면

몸이 변화할 때

뇌의 정체성도 함께 흔들리고,

그 흔들림은

뇌가 새로운 나를 받아들일 준비를 한다는 신호이기 때문이다.

불안정함, 혼란, 감정의 기복…

이 모든 것은

 여성주기 맞춤의 나라 QUEEN CYCLE SYNCING

너의 뇌가 '재정비 모드'로 들어갔다는 뜻이다.

그러므로

갱년기는 고통의 시기가 아니라

변화의 황금기이다.

지금 네 뇌는

과거의 오래된 습관과 정체성을

버릴 준비를 하고 있다.

이때 네가 어떤 '나'를 선택하느냐가

앞으로의 삶 전체를 결정하게 된다.

나는 너에게 묻고 싶다.

너는 어떤 사람으로 다시 태어나고 싶은가?

더 단단한 사람?

더 자유로운 사람?

더 사랑이 깊은 사람?

더 지혜로운 사람?

갱년기는

이 질문에 답할 최고의 시기다.

뇌는 지금

새로운 회로를 만들 준비가 되었고

너의 몸은 그 변화를 자연스럽게 지지한다.

오늘 나는 너에게

'새로운 나'를 위한 짧은 연습을 제안한다.

눈을 감고

앞으로 살고 싶은 나의 모습을 떠올린다.

그 모습이 느끼는 감정을

지금 그대로 느껴 본다.

그 감정을 가슴에 새긴다.

그리고 말한다.

"나는 지금 새로운 나로 다시 태어난다."

그 순간

너의 뇌는 새로운 정체성을 사실로 받아들이고

너의 몸은 그 정체성을 구현하기 위해

매일 조금씩 달라지기 시작할 것이다.

갱년기는

끝이 아니라

가장 아름다운 변화의 시작이다.

너는 지금

인생의 두 번째 봄을 맞고 있다.

5. 레스 페미의 편지 — "주의가 좁아지는 순간을 부드럽게 넓혀라"

사랑하는 여성에게,

갱년기의 몸은

감각과 감정이 더 섬세하고 불규칙하게 반응할 수 있다.

열감, 불면, 불안, 갑작스러운 긴장…

이 모든 것은

신경계가 새로운 균형을 찾으려는 신호다.

이때 중요한 것은

증상을 억누르는 것이 아니라

주의의 초점을 부드럽게 넓히는 것이다.

주의가 좁아지면

열감은 더 뜨겁게 느껴지고

불안은 더 빠르게 찾아오며

감정의 기복은 더 극적으로 느껴진다.

그러나 주의를 넓히면

몸은 '안전하다'고 느끼고

신경계는 진정 상태로 자연스럽게 전환된다.

나는 너에게

간단한 주의 확장 연습을 권하고 싶다.

지금 느끼는 불편한 감각 하나를 선택하라.

그 감각만 보지 말고

주변의 공간까지 함께 느껴라.

통증이나 열감의 경계가

조금 흐려지는 느낌을 허용하라.

그리고 말하라.

"이 감각은 공간 속에 떠 있다."

그 순간,

너의 몸은 즉시 이완되고

감정의 파동은 부드럽게 안정된다.

갱년기는

몸의 수축과 확장이 교차하는 시기다.

그러나 그 흐름을 두려워하지 말라.

너의 몸은 지혜롭고,

너의 감각은 정직하며,

너의 생명력은 여전히 아름답게 흐르고 있다.

너는 지금

가장 깊은 자기 자신을 만나는

성숙의 문 앞에 서 있다.

그리고 그 문은

너를 위해 열려 있다.

56장.

폐경기의 여성에게 보내는 편지

1. 예수의 편지 — "너의 빛이 완성되는 시간"

사랑하는 딸아,

너의 몸이 이제 생리주기를 완전히 마쳤다는 소식은

결코 끝이 아니다.

그것은 오히려 한 생의 계절이 아름답게 완성되었다는 선언이다.

나는 너에게 말하고 싶다.

"너의 열매가 무르익는 때가 왔다."

딸아,

폐경은 주기가 멈춘 것이 아니라

주기의 반대편에서

새로운 생명을 만들어 내는 시기다.

이제 너의 몸은

더 이상 피와 세포를 흘려보내며

새 생명의 시작을 준비하지 않아도 된다.

그 대신

너의 영혼은

더 많은 사랑과 지혜를 세상으로 흘려보낼 준비를 한다.

너는 지금

육체의 리듬에서 자유로워졌고,

이제

영혼의 리듬으로 살아갈 수 있는 시간이 주어졌다.

딸아,

폐경기의 열감과 혼란도

네가 약해졌기 때문이 아니다.

오히려 그 흔들림은

너의 몸과 마음이

더 높은 빛으로 올라가려는 과정에서

잠시 지나가는 전환의 바람이다.

딸아,

너는 잃은 것이 없다.

너는 오히려

더 큰 자유, 더 큰 평안, 더 큰 사랑을

받을 준비를 하고 있을 뿐이다.

너의 가치를

자궁의 기능에 두지 말라.

너의 가치는

내가 너를 창조한 그 순간부터

이미 충분히 완전했고

지금도 여전히 빛나며

앞으로는 더 고요한 힘으로 깊어질 것이다.

오늘 너에게 부탁하고 싶은 것이 있다.

너의 두 손을 가슴에 얹고 이렇게 말해라.

"주님, 제가 걸어온 모든 계절을 축복하시고

제가 걸어갈 다음 계절도 인도하소서."

나는 너의 걸음 전체를 보았다.

그 걸음은 단 한 번도 헛되지 않았다.

폐경기의 너는

앞으로의 인생에서

가장 지혜로운 빛을 드러낼 것이다.

나는 너의 빛을 축복한다.

2. 석가모니의 편지 — "주기의 소멸은 자유의 시작이다"

고요한 이여,

폐경은 '끝'의 상징처럼 보이지만,

진리에 비추어 보면

그것은 해탈의 한 형태이다.

그대는 더 이상

생리라는 순환에 매여 있지 않고,

욕망의 충동에 휘둘리지 않으며,

육체의 의무에서 잠시 벗어나

보다 깊은 내면으로 돌아갈 준비가 되었다.

그대가 오래 품었던 슬픔,

잊힌 소망,

삶을 버텨내기 위해 눌러 두었던 감정들이

이 시기에는 다시 떠오를 수 있다.

그러나 그것을 두려워 말라.

떠오르는 것은 떠나기 위한 준비이고,

사라지는 것은 자유로 가는 과정일 뿐이다.

폐경은

그대의 몸에서 반복되던 주기의 불꽃이

부드럽게 꺼지는 순간이지만,

그 꺼짐은 어둠이 아니라

고요이다.

그리고 그 고요는

지혜의 자리로 그대를 이끈다.

그대는 이 시기에

더 많은 시간을 자신에게 쓸 수 있다.

더 깊게 호흡할 수 있고,

더 부드럽게 자신을 바라볼 수 있고,

　　여성주기 맞춤의 나라 QUEEN CYCLE SYNCING

세상의 소리에 휘둘리지 않는

내면의 목소리를 들을 수 있다.

오늘 나는 그대에게

작은 수행을 제안한다.

호흡을 들이쉬며

"나는 오래된 것을 내려놓는다."

호흡을 내쉬며

"나는 자유를 맞이한다."

이 수행을 반복하면

그대의 몸은 이완되고

그대의 마음은 고요해지며

그대의 영혼은 다시 넓어진다.

폐경은 소멸이 아니라

새로운 도(道)의 시작이다.

그대는 지금

더 지혜로운 존재로 살아갈 준비를 하고 있다.

3. 디팩 초프라의 편지 — "육체의 전환은 영혼의 각성이다"

아름다운 영혼이여,

임신과 생리의 순환이 멈추는 시기인 폐경은

사람들 대부분에게

'감소' 혹은 '약화'의 의미로 보이지만

우주적 관점에서는 전혀 그렇지 않다.

폐경은

너의 생식 에너지(creation energy)가

외부가 아닌

내부로 방향을 바꾸는 시기이다.

즉,

더 고차원의 창조성으로 이동하는 과정이다.

이제 너는

생명을 잉태하는 대신

지혜를 잉태하고,

사랑을 잉태하며,

의식을 확장시키는 창조자가 된다.

너는 지금

삶의 초점을

'생식'에서 '각성'으로 옮기고 있다.

이것은 노화가 아니라

의식의 진화이다.

폐경기의 우울감, 피곤함, 예민함은

너의 몸이 새로운 진동에 적응하면서

나타나는 자연스러운 과정이다.

마치

밤이 깊어질수록 새벽이 가까워지는 것처럼,

혼란이 깊어질수록

영혼의 각성이 더 가까워진다.

나는 너에게

이 짧은 명상을 권하고 싶다.

눈을 감고

너의 배, 가슴, 머리를 잇는

하나의 빛의 기둥을 상상하라.

그 빛이

너의 몸을 위아래로 흐르며

막혀 있던 감정과 긴장을

부드럽게 녹여 내는 것을 느껴라.

그리고 마음속으로 말하라.

"나는 지금 더 높은 자아로 옮겨 가고 있다."

이 문장은

너의 몸과 마음을 조율하고

에너지를 재배치하며

너의 영혼이 다음 단계로 나아가도록 돕는다.

폐경은

잃어버림의 시기가 아니라

깨어남의 시기이다.

너의 영혼은

지금 새로운 문 앞에 서 있다.

딸아,

폐경기는 뇌과학적으로도

아주 특별한 기회를 제공한다.

호르몬의 변화는

뇌의 기존 회로를 흔들고

그 흔들림은

'새로운 나'를 설계할 수 있는 공간을 만들기 때문이다.

너는 지금

뇌가 가장 유연한 전환 지대에 서 있다.

이 시기야말로

과거의 나를 버리고

완전히 새로운 '나는 누구인가'를

재정의할 최고의 순간이다.

너는

오랫동안 엄마, 아내, 딸, 직장인, 돌보는 자…

수많은 역할 속에서 살아왔다.

그러나 이제

역할이 아닌

'본질의 자신'이 드러날 시간이다.

이제 너는 묻기 시작해야 한다.

"나는 앞으로 어떤 사람이 되고 싶은가?"

"어떤 삶을 살고 싶은가?"

"어떤 감정을 중심으로 살고 싶은가?"

그리고

그 질문에 대한 답을

지금부터 매일

조금씩 뇌에 새겨 넣어야 한다.

나는 너에게

아주 강력한 재정의 연습을 제안한다.

사용을 멈추고 싶은 감정 하나를 선택한다.

(불안, 두려움, 외로움, 자기 비난 등)

그 반대되는 감정을 선택한다.

(평안, 용기, 연결감, 자기 존중 등)

그 감정을

너의 미래 자아가 느끼고 있다고 상상한다.

그리고 말한다.

"이 감정이 바로 새로운 나다."

이 연습을 반복하면

뇌는 그 감정을

너의 새로운 정체성으로 받아들이고

너의 몸은

그 정체성을 실현하는 방향으로 움직이기 시작한다.

폐경은 정체성의 위기가 아니라

정체성의 재탄생이다.

너는 지금

가장 근원적인 나를 만날 수 있는

놀라운 기회를 맞고 있다.

너는 다시 태어난다.

그리고 그 모습은

이전보다 더 지혜롭고,

더 자유롭고,

더 아름다울 것이다.

5. 레스 페미의 편지 — "주의가 넓어지면 몸의 불편함은 작아진다"

사랑하는 여성에게,

폐경의 몸은

뜨거움과 차가움,

긴장과 이완,

예민함과 무기력함이

교차하는 시기로 들어선다.

이 감각들은 종종

너에게 불편함과 두려움을 줄 수 있다.

그러나 그 감각은

너의 몸이 실패한 신호가 아니라

너의 몸이 새로운 균형으로 이동하려는 증거이다.

이때 가장 큰 힘을 발휘하는 것은

억지로 참거나 새로운 결심을 하는 것이 아니며

더욱 외부의 도움과 지원이 아니다.

오직 한가지

'주의를 넓히는 것'이다.

주의가 좁아지면

작은 열감도 굉장히 크게 느껴지고

작은 불편함도

마치 큰 산처럼 느껴진다.

그러나 주의를 넓히면

몸의 감각은 부드러워지고

신경계는 이완되며

감정의 진동도 안정된다.

지금 이 순간

너의 불편한 감각을 떠올려보라.

그 감각만 바라보지 말고

그 감각 주변의 넓은 공간을 함께 느껴 보라.

복부의 열감이 있다면

복부뿐 아니라

몸 전체의 공간을 느껴라.

머리가 무겁다면

머리의 무게뿐 아니라

머리를 둘러싼 공기의 공간을 느껴라.

그리고 마음속으로 말하라.

"이 감각은 공간 속에서 부드럽게 흘러가고 있다."

그 순간

너의 몸은 긴장을 풀고

마음은 고요를 되찾으며

신경계는 "지금 안전하다"는 메시지를 받게 된다.

폐경기의 너는

약해지는 것이 아니라

더 깊어지는 것이다.

몸은 더 지혜로워지고

감각은 더 정직해지며

영혼은 더 밝아진다.

너의 주의가 넓어지는 만큼

너의 인생도 다시 넓어진다.

너는 지금

일생 중 가장 자유로운 시기의 문을 열었다.

여성주기 맞춤의 나라 QUEEN CYCLE SYNCING

마침글

여성을 주기로 이해하는 '생리하는 나라'를 실현하라.

대한민국은 이미 세계가 놀라는 속도로 성장한 나라다.

그러나 이제 국가는 새로운 질문 앞에 서 있다.

"우리는 여성을 얼마나 깊이 이해하고 있는가?"

지금까지 국가는 여성을 하나의 고정된 존재로 취급해 왔다.

여성은 늘 같은 리듬으로 일해야 했고 동일한 생산성과 기준으로 평가받아 왔다.

그러나 여성은 고정된 존재가 아니다. 여성은 주기적 존재이며, 생리주기라는 살아 있는 리듬 속에서 몸·감정·집중력·통찰·돌봄·창조성이 계절처럼 변화하는 생명체다. 이 리듬을 이해하지 못하는 나라는 여성을 온전히 보호하지 못하고 여성의 능력을 온전히 활용하지도 못한다.

국가가 여성의 생리주기를 이해한다는 것

여성의 생리주기를 이해한다는 것은 단순히 복지나 배려의 문제가 아니다. 그것은 국가 운영 철학의 전환이다.

여성의 월경기는 회복과 보호의 시기, 난포기는 학습과 설계의 시기, 배란기는 소통과 리더십의 시기, 황체기는 경계와 분별의 시기, 이 리듬을 존중하는 사회는 여성을 소모하지 않고 여성의 지혜를 국가 자산으로 만든다. 이는 출산 정책은 물론 교육·노동·의료·산업·문화 전반의 구조적 진화를 의미한다.

여성을 존중한 나라는 반드시 강해졌다

역사는 분명히 말한다. 여성을 존중한 문명은 오래 지속되었고, 여성을 억압한 문명은 스스로 붕괴했다.

여성의 생리주기는 약점이 아니라 국가를 균형 잡히게 하는 조율 장치다. 이 리듬이 사회 전체에 반영될 때, 국가는 안정되고 번영한다.

대한민국은 선택의 기로에 서 있다

지금 대한민국은 저출산, 고령화, 관계 단절, 감정 소진이라는 보이지 않는 위기 속에 있다. 그 해결책은 더 빠르게 달리는 것이 아니라,

     여성주기 맞춤의 나라 QUEEN CYCLE SYNCING

인간의 리듬으로 돌아오는 것이다.

특히 여성의 생리주기는 이 나라가 가장 쉽게 살아날 수 있는 쉬운 주제이다. 여성을 생리주기로 이해하는 국가는 단순한 여성 보호가 아니라, 여성과 함께 성장하는 나라다.

새로운 대한민국의 선언

여성을 이해하는 나라는 사람을 이해하는 나라이다.

여성의 생리주기를 존중하는 사회는 인간의 생명을 존중하는 문명이다. 이 책은 질문을 던진다.

"대한민국은 여성을 진정으로 존중하는가?"

그 질문에 '예'라고 답하는 순간, 대한민국은 조화와 생명력으로 존경받는 나라가 될 것이다.

여성의 리듬이 존중받는 날, 대한민국의 미래는 다시 뛰기 시작한다.

본 원고를 마감하며 눈을 감고 하나의 소망을 품는다.

여성이 자기 몸과 주기를 성전의 의식으로 생각하고, 남성이 여성의 리듬을 존중하며 의료·미용·종교·교육이 여성주기에 맞추어 작동하는 '생리하는 나라'에서 여성은 더 이상 소모되지 않고, 남성은 더 이상 혼란스러워하지 않으며, 공동체는 더 이상 서로를 상처 내지 않는다.

여성을 진심으로 주기로 대할 때, 인류는 비로소 문명의 다음 단계로 진화한다.

이 책이 그 문명의 진화를 여는 작은 불씨가 되기를 바란다.

2026년 3월 31일

'생리하는 나라'를 꿈꾸는 '생리하는 남자'

QCS KOREA(QUEEN CYCLE SYNCING 여왕주기맞춤) 대표

여왕 호위무사, 여왕주기맞춤 클리닉, 에르샤몽의원 원장(동탄)

정일봉 의사목사